玉袋筋太郎の全女極悪列伝

玉袋筋太郎　堀江ガンツ　椎名基樹

白夜書房

まえがきに代えて――『極悪女王』変態座談会

ガンツ　玉さん！　このたび我々が愛してやまない全日本女子プロレスの本を出すことになりました！

玉袋　『極悪女王』というすごい作品が世を賑わせてるからな。ただ、あのドラマ以上に深掘りした証言を、これまで俺たちも長年『KAMINOGE』誌上で全女の各レスラーにインタビューして取ってきたからね。

椎名　レスラーだけじゃなく、極悪レフェリー阿部四郎まで！

玉袋　そうだよ。俺たちは生前の阿部四郎レフェリーにまでロングインタビューして、ある意味で看取ってるわけだから。

ガンツ　ですから、今になって全女が再評価されていますけど、やっと時代がわれわれに追いついたかな、と（笑）。

椎名　俺たちが80年代に取り残されてたとも言えるけどね（笑）。

玉袋　だから俺たちは80年代という鎖で縛られてたわけだけど、それが今回の『極悪女王』でようやく鍵が外れて、「どうだ！　全女はすげえだろ！」って、あらためて言えるようになったってことで、ありがてえなって思うよ。

ガンツ　実際、玉さんはこの本に載っているいろんな全女のレスラーのインタビューの中で、何

度も「この人生、映画化決定！」って言ってましたもんね。
玉袋　それが映画どころか、Ｎｅｔｆｌｉｘで制作されて全世界に配信されるんだから、びっくりだよな。
椎名　Ｎｅｔｆｌｉｘで作品化されるのがいまいちばん話題になりますもんね。
玉袋　でね、この本を読んでもらえれば、全女のレスラーはそれぞれスピンオフ作品が作れるくらいのすごい人生を送ってるんだけど、今回はその全員のストーリーをダンプ（松本）ちゃんの人生に集約させたわかりやすさがあったよね。
ガンツ　だからダンプ松本が主人公なんだけれど、クラッシュ・ギャルズ物語でもありましたもんね。
玉袋　ただ、これを「クラッシュ・ギャルズ物語」にしちゃうと、ちょっときれいすぎちゃうと思うんだよ。
椎名　ネトフリ的でもないですよね。

玉袋　ないよな。それをダンプ松本という悪役にピンスポットを当てたことによって、素晴らしい陰影がついたよね。

ガンツ　3年前に東スポの平塚雅人さんが書いたダンプ松本の『ザ・ヒール～極悪と呼ばれて～』（小学館）という本があるんですけど、この本の帯を鈴木おさむさんが書いてるんですよ。だから『極悪女王』もこの本が下敷きになってるんでしょうね。

玉袋　この本、俺も読んだよ。内容ももちろん素晴らしいんだけど、俺が衝撃を受けたのは、ダンプちゃんのお母さんの日記がそのまま載ってることだよ。『極悪女王』でも酔って暴れる五郎っていうひでえ父親が出てくるけど、ダンプちゃんのお母さんはノートにビッチリ「五郎早く死ね、五郎早く死ね、五郎早く死ね」って書いていたっていうね。

椎名　そうなんだ！　俺も子供の頃、母親に同じこと書かされてたよ！

ガンツ　ガハハハハ！　椎名家も一緒ですか（笑）。

椎名　一緒。うちの姉と一緒に書いてお守り入れたの。

玉袋　松村邦洋の「殺してやるノート」も同じだからね。まっちゃんは中学高校時代にいじめられたヤツの名前と恨みをノートにずっと書いてたっていうから。それにしても椎名先生が、ダンプちゃんの幼少期に共感してたとはね。

椎名　昭和の時代って、ああいうひどい父親がいたんだよね。今なら「離婚しちゃえばいいじゃん」って思うけど、あの時代は別れられなかったんだよ。それは情があるとかじゃなくて、お母さんひとりの稼ぎじゃ食えなかったから。

玉袋　昭和の全女っつーのはよ、そういう複雑な家庭環境の子がたくさんいたわけじゃない。それが親を楽させるために中学卒業してすぐに女子プロレスの世界に入って苦労する姿が『極悪女王』では、ちゃんと描かれていたよね。
ガンツ　だからこれはプロレスドラマであり人間ドラマですよね。
玉袋　考えてみれば全女っていうのは、松永兄弟がやってたわけじゃない。あの人たちってさ、プロレス団体の経営者とか会社の重役として考えちゃダメなんだよ。あれ、テキ屋なんだよ、テキ屋。生き方テキ屋だもん。
椎名　松永高司会長自ら焼きそば売ってるし。
玉袋　そう考えるとさ、松永兄弟というテキ屋にとっては全女に入ってきた女の子たちっていうのは、言わばお祭りで売ってる「カラーひよこ」だと思うわけよ。ふつうのひよこじゃおもしろくないから、ピンクとか紫とか色を塗って売られてるわけ。
ガンツ　それがキャラ付けですね。
玉袋　それで縁日に来た子供たちは「かわいい、かわいい」って言って買っていくわけだけど、そのカラーひよこも成長してトサカが出てきちゃったらもう売れねえんだよ。それが全女の25歳定年制の正体じゃねえかなって。
椎名　「ジャッキー、トサカ出てきたな」ってことで、引退するように仕向けられるわけですね。
玉袋　トサカが出てニワトリになる前に処分されちゃうんだよ。でも、そこでちゃんと生き残って堂々と〝トサカ〟を立てたのがブル中野だっていうのが俺の考え。

ガンツ　ブル様の逆立てた髪は〝トサカ〟だったんですね（笑）。
玉袋　それまでの全女っていうのは、大スターのジャッキー佐藤であろうが、クラッシュ・ギャルズであろうが、トサカが出たらテキ屋の松永兄弟に用済み扱いされてきたわけだよな。そして志生野温夫アナウンサーの役割は何かって言ったら、テキ屋のカラーひよこ売りやガマの油売りで呼び込みやってるおじさんだよ。だから松永兄弟がやってるってことで、全女っていうのはプロスポーツ興行ではあるんだけど、お祭りのテキ屋的な要素が強えんだよな。アメリカで言ったらカーニバルで、レスリングの試合があったりね。
椎名　サーカスのカーニバルレスリングなわけですね。
玉袋　そうそう。言ってみりゃサーカスなんだよ。あれも命綱なしで空中ブランコやったりする、スポーツエンターテインメントのはしりだしね。
ガンツ　そんなテキ屋のような興行師である松永兄弟が始めた全日本女子プロレスが、ビューティ・ペア時代とクラッシュ・ギャルズ時代で2度にわたって日本中で大ブームを起こして、90年代前半の団体対抗戦時代には東京ドームにまで進出するんだからすごいですよね。
玉袋　東京ドームでもちゃんと小人プロレスの試合を組んでたからな。
椎名　えらいよね。『極悪女王』でもミゼットレスラーが出てきて、「ああ、これが全女の会場の雰囲気だ」と思ったもん。
玉袋　低身長の人たちが輝ける場所を提供し続けていたわけだからね。だから全女っていうのは、サーカス的な団体ではあったんだけど、数年周期に必ずすごいレスラーが現れるその不思議な磁

場がすげえ。

ガンツ　『極悪女王』は1980年デビューのいわゆる（昭和）55年組が中心の物語ですけど、長与千種、ライオネス飛鳥、ダンプ松本、クレーン・ユウ、大森ゆかりというメンバーが、よく揃いましたよね。

玉袋　揃ったというかさ、本当は同期はもっといたわけだろ？

ガンツ　そうですね。10人以上いたんですよ。

玉袋　そこでふるいにかけられて残ったのがその5人ってことだもんな。

ガンツ　しかも、飛鳥と大森は新人時代から上で使われていたエリートでしたけど、ダンプと千種は落ちこぼれだったわけじゃないですか。普通なら途中で辞めているところ、それでも辞めずに生き残って、最大のスターになったというのは、やはり何かを持っていたんでしょうね。

椎名　辞めるに辞められない理由もあったんだろうけど、根性あるよね。

ガンツ　だってダンプ松本なんて、なかなかオーディションに受からなかったから、じつは3年先輩のジャガー横田より年上なんですよね。

椎名　1コ上なんだよね。

ガンツ　だから2浪、3浪していて、最終年はしょうがないから全女の営業スタッフ見習いとして宣伝カー回しながらプロレスラーを目指したという。

椎名　ダンプが運転免許持ってたから営業に入れてもらえたんでしょ。でも、あれだけひどい家庭環境で、よく免許取らせてもらえたね。

ガンツ あの時代ですから、10代の女性がフルタイムの仕事以外で稼ぐには免許ぐらいなきゃダメだったんでしょう。

椎名 俺も3年前、54歳にして初めて運転免許を取ったのは同じような理由だよ。将来、食えなくなったら困ると思って（笑）。

玉袋 椎名先生はダンプちゃんの何周遅れなんだよ！（笑）。

ガンツ そして運動神経がよくなかったダンプ松本だけじゃなく、長与千種もなかなか芽が出なかった。

椎名 不思議だよね。運動神経いいし、顔もいいのに。『極悪女王』の長与千種役、唐田えりかも良かったよ。目に炎が燃えていた。

ガンツ 千種はなかなか体重が増えなかったんですよね。今では考えられないですけど（笑）。

椎名 ダンプとふたりで桃色豚隊（ピンクトントン）って感じで（笑）。

ガンツ 千種は若手時代、1年遅れで新人の登竜門的なベルト、全日本ジュニア王者になるんですけど、1年後輩の立野記代に敗れて王座陥落するんですよね。立野記代は主流派であるジャガー（横田）派だから、ジャガー派の人たちが総出で千種攻略法を授けて。

椎名 立野記代ってジャガー派だったんだ。

ガンツ そうなんです。だから飛鳥と記代っていうのはジャガー派で、一緒に住んでるんですよ。ダンプも含めて。

椎名 え～！　マジで？

ガンツ　そうなんです。だから『極悪女王』では、新人時代は千種とダンプの友情物語みたいな感じになってるんですけど、あれは1年目の新人時代に巡業に連れていってもらえない残り番がダンプと千種だったというだけで、本当に仲が良かったのは飛鳥とダンプなんです。クラッシュと極悪同盟の抗争が始まってからは、「さすがに一緒に住んでちゃまずいね」ってことになったらしいですけど、それまでは飛鳥、ダンプ、記代の3人で住んでいたという。

椎名　そんなに仲良かったんだ。

ガンツ　だから長与千種vs立野記代の時、飛鳥をはじめとするジャガー派が長与千種の癖を見抜いて記代に作戦を授けて、立野記代が押さえ込みでピンフォール勝ちしたという。

玉袋　そういうの知ると自民党総裁選なんかアホらしくて見てられないよ。こっちのほうがよっぽどガチンコ、ピストルなんだから。

ガンツ　そんな中、同期のトップランナーだった飛鳥が、現場監督だった松永国松（ジミー加山）に「おまえは強いけどつまらない」って言われて、スランプに陥るという。

椎名　それ、松永兄弟に言われるの？

ガンツ　そうです。国マネージャーこと松永国松。レフェリーのジミー加山としても知られてますけど、あの人が巡業責任者でマッチメーカーなので。

椎名　国松って『極悪女王』だと誰がやってたやつ？　斎藤工？

ガンツ　あれは兄弟で一番下の俊国で、俊マネージャーと呼ばれていた人です。

玉袋　でもさ、飛鳥はスポーツエリートとして入ってきて一生懸命トレーニング積んでさ、本寸

法で勝ち続けてきたのに、「つまんねえ」って否定されちゃうっていうのは、人格破壊されるよね。

ガンツ　当時の全女のタイトルマッチで〝ピストル〟で勝敗を決めて、ずっと「強さがすべてだ」って教え込まれてきたのに、「強いだけでつまらない」って否定されてしまうという。そんな時、組まれたのが飛鳥と千種の一騎打ちだったという。

椎名　『極悪女王』でも描かれてたボコボコにやりあう試合ね。

ガンツ　そうです。「自分は必要とされていない」と感じていた長与千種が辞める覚悟で「最後に禁じ手なしで試合をしたい」って飛鳥に告げて、それを飛鳥が受けて立ったら、これまでの女子プロレスになかったような凄まじい試合になって。それまで飛鳥と千種に対して「おまえらダメだ」と言っていた松永国松が、ふたりをタッグとして売り出すことを決めるという。

玉袋　それは良いストーリーだよな。ストーリーというかそれが史実っていうところがすげえよ。

ガンツ　だから『極悪女王』では、松本香が〝ダンプ松本〟に変身するきっかけは、家族や父親への怒りと、新人時代に仲の良かった千種が自分を裏切るようなかたちで売れていったことへの怒りが元となってるように描かれてましたけど。実際は仲の良かった飛鳥だけじゃなく、同じおちこぼれだった千種まで大スターになったことで、すべてを吹っ切るスイッチが入ったという。

玉袋　すげえ話だよ。そっから先のストーリーは、『極悪女王』をじっくり見ていただくってことでね。

椎名　でも、俺はよくわからないけど、あのドラマでプロレス界の裏の話が出ていたけど、あれって本当なの？

ガンツ　あそこに関しては完全にフィクションですね。「ブック」という言葉はプロレス業界に存在しないし、あの中に出てくる「ブック破り」と呼ばれる行為もありえない。全女には「ピストル」と呼ばれるいわゆる真剣勝負が存在することは知られてきてますけど、あれは普通のプロレスをやりながら、フォールの体制に入った瞬間、本気で押さえ込み本気で逃げるという言わば〝競技〟ですから。男のプロレスで言うところの「シュート」や「セメント」とも違うんですよ。

玉袋　まあ、その辺のことはこの本の中で、いろんな人が真実を語ってくれているから。それを読んでくれれば、ドラマはファンタジーってことでいいんじゃねえかな。

ガンツ　そうですね。『極悪女王』によって、あの時代の全日本女子プロレスの人たちにもう一度光が当たることが素晴らしいわけですからね。

玉袋　当時の熱狂的なクラッシュ・ギャルズファンや、ダンプ松本の凶器攻撃で泣き叫んでいた女の子たちは、いまたぶん俺ぐらいの歳になってると思うんだよ。

椎名　俺、同じクラスに熱狂的なクラッシュ・ギャルズファンいましたもん。

玉袋　その子たちが『極悪女王』を見ることで、あの頃のかけめぐる青春がよみがえってきたならそれは素晴らしいし。俺たち変態は見ていたけど、当時の男のプロレスファンはあんまり女子プロレス見てなかったはずだから、今回、あらためてそれを知ってくれたらいいしね。

ガンツ　そしてなんと言っても、この本を読んでもらえれば、より一層あの頃の全女の凄さ、おもしろさ、狂いっぷりがわかってもらえるという（笑）。

玉袋　そうなんだよ。『極悪女王』の副読本としては最高だと思うよ。最初にも言ったけど、ここに出てくれてる人たちは、すべてＮｅｔｆｌｉｘでスピンオフ作ってもらいたいくらいの人生送ってるからね。

椎名　レスラーだけじゃなく、ロッシー小川に至るまでみんな普通じゃない人生を送ってるもんね（笑）。

玉袋　俺は日曜の午後に放送されていた『全日本女子プロレス中継』を酒を飲みながら見るのが大好きだったんだけど、酒の肴としてこんなに最高な団体もないと思うよ。だからこの本もビール片手に、焼きそばでも食いながら読んでくれ！

玉袋筋太郎の

全女極悪列伝 目次

カバーイラスト
師岡とおる

装丁
金井久幸
［TwoThree］

DTP
TwoThree

写真
タイコウクニヨシ（以下を除くすべて）
山内猛（2p-15p,59p,171p）
平工幸雄（19p,93p,133p,209p,251p,289p）
橋詰大地（210p-250p）
菊池茂夫（373p-411p）

長与千種

〃女子プロレス史上
最大のカリスマ〃

長与千種（ながよ・ちぐさ）

1964年12月8日生まれ、長崎県大村市出身。プロレスラー。1980年、全日本女子プロレスでデビュー。1984年、ライオネス飛鳥とクラッシュギャルズを結成、男子プロレスの要素を取り入れたファイトスタイルで人気を博し、『炎の聖書』などのレコードも大ヒット、社会現象となるほどのクラッシュブームを巻き起こす。一度は引退するが復帰、1994年には新団体GAEA JAPANを旗揚げ、里村明衣子などを育成。2005年、GAEA解散とともに再び引退。2014年3月よりプロデュース興行『That's女子プロレス』を開催し、10月には神取忍生誕50年イベントに出場。2015年3月、大仁田厚と組んで史上初の男女混合電流爆破デスマッチに出場、試合後に大仁田絡み限定で現役復帰することを宣言。現在は、2014年に設立した新団体Marvelousで新人選手の育成に努める。

［2015年5月8日収録］

「全女は、そこにいるしかない人たちの集まりなんだから。狂気の集団になっちゃうよね」(玉袋)

玉袋　いや〜、今日はお店（収録当時、船橋にあった長与の店『Ring Side』）の開店前におじゃましちゃって、すいません。

長与　こちらこそ遠くまで来ていただいて、ありがとうございます。

玉袋　この変態座談会って企画は、たいがいいつも中野坂上の居酒屋にゲストを連れ込んじゃって、飲みながらやってるんですよ（笑）。

長与　ああ、そうなんですか。それは素敵ですね（笑）。

ガンツ　子どもの頃からの憧れのレスラーと、大衆居酒屋で酒を酌み交わすという、ボクらにとって最高の企画で（笑）。

玉袋　プロレス界のスターを、汚ねえ地下の居酒屋に連れ込んで、煮込み食わしちゃったりしてね。ただ、さすがに女子プロレス史上最大のスーパースターをそこに連れ込むわけにいかねえなってことで、今日はうかがわせていただきました。

長与　いえいえいえ、とんでもないです。

玉袋　いや、長与さん。そこは「そうですね」って言ってくださいよ、もう。スーパースターなんだから！

長与　ありがとうございます（笑）。

ガンツ　文字通り、女子プロレス界１００年にひとりの逸材ですからね。

玉袋　そして真のレインメーカーだよ！　長与千種、クラッシュ・ギャルズがどんだけ全女にカネの雨を降らせて、どんだけそれが松永会長のクルーザーに姿を変えたのかっていうね（笑）。

ガンツ　クラッシュ・ギャルズ全盛期は、ホントにもの凄いブームでしたもんね。

長与　ただ、自分では当時のこと、ハッキリとは憶えてないんですよね。とにかく忙しかったことだけで。当時「コース表」っていうスケジュール表があって、それを消化すると一個ずつ黒塗りしていくんですけど、コース表が真っ黒になりましたから。最高で（年間）３１０試合やりましたからね。

玉袋　３１０試合！　そのスケジュールの組み方がもう昭和だよな～（笑）。特に松永一家ってとこはさ、昭和の一番古臭い、芸能から来てるから。

ガンツ　実際、その３１０試合以外に、芸能の仕事もたっぷりあるわけですもんね。

長与　だから、いま自分がどこにいて、何をしているのかわからなくなるんですよ。家になんてほとんど帰れないし。そんな中、「当時は何を必需品として持っていかれてたんですか？」ってよく聞かれたんですけど、それは10円玉ですね。ケータイも普及してなかったから。

玉袋　ああー、公衆電話で使うための10円玉か。

長与　ちょっとでも息抜きがしたいじゃないですか。だから田舎に電話したり、友達に電話したりするための10円玉が必需品でしたね。でも、すぐ電話機がいっぱいになっちゃうんですよ（笑）。

ガンツ　10円玉で満タンになっちゃう（笑）。

長与　だから毎回、「すいません、10円玉取り出してください」って言ってました。
玉袋　そうか、テレカだってない時代だもんな～。
長与　また、普通の公衆電話ならいいんですけど、フェリーで移動中の電話とかだと、10円玉の減りが早い早い（笑）。超高速。
ガンツ　バスや電車だけじゃなく、船も使って全国津々浦々を回っていたわけですもんね。
長与　たぶん、日本中ほとんど行ってます。行ってないのは父島と母島ぐらいですね。
玉袋　小笠原ね。俺もそうだな。全国のスナック回ってて、伊豆諸島あたりはみんな行ってるけど、小笠原までは行ってねえから（笑）。
長与　船が1週間に1便か2便ぐらいしか出てないんですよね。
ガンツ　行って帰ってくるだけで1週間近くかかりますもんね。それだったら、全女はほかの場所で7試合組むという（笑）。

玉袋　じゃあ、日本全国回ってるといっても移動の連続だろうから、その土地の美味しいもんとか食べられなかったんじゃないですか？

長与　食べられない。だから、私が詳しいのは体育館だけ（笑）。あとは体育館の周りの喫茶店とか、ちょっと食事ができそうな店くらいですね。

玉袋　ナポリタン食っちゃったりしてね。

長与　そうそう、喫茶店ですからね（笑）。

玉袋　若いからできたっていう部分があるんだろうな。だって、自分がどれぐらい稼いでるかちょっとわかっちゃったら、普通は待遇面なんて絶対に文句言うもん。でも、刷り込みで、それが当たり前だと思っちゃってるからできるんだろうね。

長与　もう、当時は麻痺しちゃってましたね。

玉袋　また長与さんは、スーパースターになる前の人生がすげえんだ。いろいろ本も読ませてもらったんですけど、家族も離れ離れになって、度胸一発で中学を出てすぐ全女に入ったっつうね。もう「そこしかなかった」というところに凄さを感じるな〜。

長与　そうです、生きていくにはそこしかなかったんです。自分でお金を稼ぐといっても何か一芸に秀でているわけでもないし。でも、女子プロレスなら、とりあえず年齢が若くて体力的な部分があれば大丈夫と思ってましたし。あとはスクール水着でいけると思ってた、ホントに（笑）。

ガンツ　水着1枚あればなんとかなると（笑）。

玉袋　身体ひとつで、元手がいらねえ商売っていうね（笑）。

長与　昭和55年の田舎の中学生でしたから。なんにも知らなかったんですよ。
ガンツ　でも、昭和55年といったら、１９８０年。日本はずっと景気が上向きで盛り上がってる中、ずいぶんハングリーだったんですね。
長与　世間は盛り上がってても、女子プロは盛り下がってましたから（笑）。
ガンツ　ビューティペアブームが去ったあとのどん底時代（笑）。
長与　お客さんが50人しかいないなんてしょっちゅうでしたから。そんな中、これは伝説なんですけど、私たち新人は、ひとりがパンフレットを30部ずつ持って、売って歩くんですよ。観客が50人しかいないのに、新人は十何人もいましたから（笑）。
玉袋　需要と供給がまったく合ってないよ！（笑）。
長与　だけど私たちが必死で売って歩くんで、いいお父さんは2部とか3部買ってくれたりするんですよ。そこが昭和のいいところ。甘えていいところだった。
玉袋　いい！　これで買ってもらえなかったら、『マッチ売りの少女』の世界だもんなあ。
ガンツ　パンフを抱えて野垂れ死んでたかもしれない（笑）。
玉袋　あと長与さんの10代の頃の話っていうと、半年くらい前にフジテレビでやった『ザ・ノンフィクション』を観ちゃって。あれがもう、凄い衝撃的だったんですよ。
ガンツ　日曜日の昼間にやってた、長与さんとダンプ松本さんのドキュメンタリー番組ですよね。
玉袋　また日曜の昼っつうと、ちょうど昔『全日本女子プロレス中継』やってた時間帯でさ（笑）。
長与　しかも同じフジテレビですからね（笑）。

玉袋　その頃の刷り込みがあるから、日曜昼間、何も予定がねえとき、あそこにチャンネル合わせちゃうんだ。それで、たまたま見せてもらったとき、スーパースターの壮絶な人生に考えさせられちゃったというね。

長与　まあ、いろいろありましたね……ありました。あの頃（新人時代）のいろんなことがなかったら、その後の私は構築されてなかったんじゃないかなって。だって、帰る場所がなかったですからね。

玉袋　親父さんが連帯保証人になった保証倒れで莫大な借金抱えて、家族がバラバラにならざるを得なかったんだもんね。

長与　だから帰る場所がないので、私の居場所はそこ（全女）しかないんですよ。だから途中からは、つらくてもどうやって楽しく過ごすかとか考えましたからね。

玉袋　全女＝カルト論っていうね。帰るとこない、そこにいるしかない人たちの集まりなんだから、狂気の集団になっちゃうよね。どんなにつらくても逃げられねえんだから。

長与　でも私、１回逃げたことあるんですよね。

ガンツ　あ、そうなんですか？

長与　まだ15歳のときだったんですけど、もうしんどくて。なんでこんなにブリッジとか受け身とかやらなきゃいけないんだろうと思って、早朝に寮を出て、目黒駅から電車に乗って逃げたんですよ。羽田まで行けば、飛行機に乗れるだろうという頭があったんですけど、いつまで経っても着かなくて、目黒まで戻ってきちゃったんです。山手線がグルグル回ってるって、そのとき初めて知ったんですよ（笑）。

玉袋　長崎から出てきて、新人だからひとりで電車に乗る機会もないから、知らねえか。

長与　それでしょうがないから目黒でまた降りて、道場に戻ったら、罰として道場の前で道路向きに正座させられましたね。目の前を人が通る中、ずーっと正座です。

ガンツ　いや〜、なかなか基本的人権が尊重されない世界ですね（笑）。

玉袋　それでも帰ってくるっつーのが凄いよな。

長与　私が知ってる限りだと、有名どころの人たちって1回は逃げてるんですよ。先輩もそうだし、同期もそうだし、ブル（中野）ちゃんたちもそうですし。でも観念してまた帰ってくるという。

玉袋　なーんか、逃れられない力があるんだろうな。

長与　全女の見えない力があるんでしょうね。

「私、タイトルマッチで賭けの対象にされましたからね」（長与）

玉袋　でも、戻ったら戻ったで、また大変な日々が待ってるわけだからね。長与さんの新人時代のエピソードですげえのが、みんな受け身の取りすぎで背中がアザだらけになったとき、松永兄弟が全員に「裸になれ」って言ったっていう。

長与　私が15歳のときですよ。練習後、いきなり「裸になれ」って言われて、「どういう会社？」

って。でも、周りはひとりずつみんな脱いでるから、なんか「脱がなきゃいけないんだ」みたいな（笑）。もちろん前はTシャツで隠してましたけどね。そしたら横になって、背中にサロメチール（鎮痛・消炎薬）を塗られるんですよ。しかも、普通は指先でつけるものですけど、デカい瓶に入ってるから4本指でガサッと取って、たっぷり塗られるんです。そんだけ塗られると、今度は熱くて痛いんですよ。ヒリヒリして。

ガンツ 普通、サロメチール塗ったらスースーするもんですけどね。

玉袋 それが熱持ってヒリヒリしてるっつーんだから、『因幡の白うさぎ』だよな（笑）。

長与 ホントにキツかったですけど、これ1回やってもらうとなぜか平気になっちゃうんですよね。

玉袋 通過儀礼になって。いったん強烈なのやっちまえば、身体も慣れちゃうみたいな。たけし軍団の熱湯風呂と一緒かもしれねえ（笑）。

長与 でもおもしろかったのは、松永一族の方たちって、男兄弟じゃないですか。あの人たちが控え室のなかに入ってくることはほとんどなかったですね。

玉袋 へ〜、そうなんだ。

長与 試合とか私たちにあまり興味がなかったのか、レスラーに直接なんか言うってことはほとんどなかったです。

玉袋 そこはあえて泳がせておいて、遠隔操作でレスラー間の人間関係がゴチャゴチャしたところにマッチメイクしてたのかな。

長与　そういう本気のケンカをさせるのが大好きなんでしょうね。三度のご飯よりケンカが大好きという（笑）。
玉袋　仲違いさせるような状況を、松永兄弟が作ってるんだもんね。ライバル心を煽ったりとか。
長与　私、タイトルマッチで賭けの対象にされましたからね。
ガンツ　ダハハハハ！　主催者が所属選手の試合で賭けをするって、聞いたことないですよ（笑）。
玉袋　松永一族は、人生がバクチだからね。
長与　そうそうそう（笑）。
玉袋　山あり谷ありでさ、こんな人生ないぜ？
長与　だって何十億とか持ってたとしても、一瞬にしてなくしますからね。
玉袋　そうでしょ？　クルーザー買ったり山買ったり。
ガンツ　秩父リングスターフィールドですね（笑）。
玉袋　道が狭すぎて観光バスが通れねえ山奥にリゾート施設作っちゃうんだから。カラオケボックス建てて、ドアから機材が入らなかった荒井注さんよりすげえよ（笑）。
長与　巡業で使うバスも凄いの買いましたからね。
ガンツ　ベンツの最新型のバスを導入したんですよね。
長与　でも、高級だから窓が開かないタイプなんですよ。それなのに酷使しすぎて冷房効かなくなっちゃって、暑い暑い！　どうやってこの窓割ってやろうかなって必死でしたね。「こんなもん買いやがって！」みたいな（笑）。

玉袋　長与さんは新人時代、ずっと寮生活ですか？

長与　最初はそうですね。寮っていっても事務所の屋上にトタンで作られてる小屋なんですよ。

ガンツ　文字通り掘っ建て小屋に住まわされて（笑）。

長与　トタンだから、風が強い日とか雨が降る日は、ずっとバタバタバタバタ！　って音がするんですよね。

ガンツ　ボクが知ってる全女の寮といえば、道場と事務所と一緒になった3階建てのビルですけど、そんな時代があったんですね。

玉袋　1階が道場で、2階は事務所とレストラン『SUN族』があってな。

長与　あのビルは、私たちが年間300試合やってるときに建ったんですよ。

玉袋　クラッシュマネーで、ビルまで建てたっていうね（笑）。

長与　あれが建った瞬間、私は笑っちゃいましたね。「こんなもん作りやがって」って（笑）。あまりにもやることがわかりやすい人たちだったので、私はどちらかと言ったら大好きなんですけどね、そういうわかりやすさが。

玉袋　欲に忠実で、なんにも悪びれずにピンハネして（笑）。じゃあ、恨んだりとかそういうのはないですか。

長与　私のなかでは恨み・つらみはないですね。だってあんなことよくやるなって思うし、あの人たちじゃないとできないって凄さも持ってるし。

玉袋　言えてるな。そりゃ凄いよ。また、トタン暮らしで雨風しのぐのがやっとのところに住んでた15歳の女の子が、数年後にはビル建てられるほど稼ぐっつーのが凄いよ。
長与 だからある意味、全日本女子プロレスって、ハロー！プロジェクトとかAKBの前身ですよね。
玉袋 あれを最初にやってた。毎年、新しい女の子入れて競わせて、代謝をよくしてさ。最後は引退ビジネスで儲けるっていうね。
ガンツ アイドルの「○期メンバー」っていうのはまさに全女の「55年組」とかってことですよね。
長与 まさにそうですね。
玉袋 秋元康さんや、つんく♂の原点は松永会長だったんだよな（笑）。新人時代、メシはちゃんと食べさせてもらえたんですか？
長与 お米だけいただきました。
ガンツ お米だけ（笑）。
長与 お米とトイレットペーパーは支給してもらえるんですけど、あとは自分たちのお金で全部やりくりしなさいってパターンだったんで。
玉袋 生きるために必要最低限のものしか与えられねえんだ（笑）。
長与 だけどあるときに、寮母兼経理のお母さんみたいな人から内線電話があって、「あなたたち、最近お米食べ過ぎよ」「トイレットペーパー使いすぎよ」「こんなんだったら、もう出さないよ」って言われて、ホントに削られたときがあったんですよ。

ガンツ　それ、物資が不足してた戦時中の話じゃないですよね？（笑）。
長与　1980年の話です（笑）。でも、トイレットペーパーはどうしても必要じゃないですか？
玉袋　必要ですよ。ウォシュレットなんて、あるわけねえ時代だし。
長与　だけどお金もないし、どうしようかと思って。……これ、ホントはやっちゃいけないことですけど、高速道路のパーキングエリアのトイレから、トイレットペーパーをくすねてきたりとか。
玉袋　厳しいな〜！
ガンツ　全女内だけオイルショックというか（笑）。
長与　お米も買えないから、昔は1リットル瓶のコーラがあって、あの瓶を酒屋さんに返すと40円返ってきたじゃないですか？　だから、酒屋さんの裏から箱ごと盗んできて、その盗んだ瓶を返してお金もらってたんです。きっと酒屋さんもわかってたと思うけど、私たちに何百円か握らせてくれたんですよね。
玉袋　うわー、いい話だなあ。
長与　自分たちはそういう人たちにホントに支えられたんで。（全女のあった目黒の）不動前商店街の八百屋さんに行くと、野菜の端切れをいっぱいくれたりとか。かなり助かりましたね。あとはデビル（雅美）さんですよ。デビルさんは男気があるというか女気があるというか。北九州の女なんですよね（笑）。それで、私が寮を出たあと、落ちこぼれで試合があまり組まれなかったんで、お金がなくてアパートの家賃を滞納してたんですよ。そしたら、「みっともないことしてんじゃないよ、払っておいで」って、お金をポンと出してくれたんですよね。

玉袋 カッケーなあ、デビルさん。ただ、その家賃だって、月々の払いは微々たるもんだったと思うよ。

長与 たぶん1万円台でしたね、2万円しなかったと思う（笑）。でも、それが払えなくて何カ月か溜めていたのをポンと出してもらったこともありましたし。あとデビルさんが、後援してくださってる方たちに食事に誘われることがあるんですけど、そこで自分たちも連れてってもらえるんですよ。そしたらデビルさんは食事が終わったあと、「タクシーで帰りなさい」ってポンとお金出してくれるんですよ。でも、そのタクシー代を使わなければ、それが食費に変わるので、もう何駅歩いたかわからない。途中で「ヤバい！　朝になっちゃう！」って走りましたからね（笑）。

玉袋 やっぱり、そうやって人物形成されていくんだよな。どん底から這い上がってスターになるんだから。

「自分の運命を会社に決められることで、プロとして腹が決まるのかもしれないですね」（ガンツ）

長与 当時は、ケンタッキーなんか食べられたときにはもう……。

玉袋 あれがうまいんだ！　俺もね、駆け出しの頃、ケンタッキー食えた日は嬉しくてしょうがなかったね。日本テレビの麹町のスタジオで、『スーパージョッキー』の「ガンバルマン」の収録やって、井手（らっきょ）さんが「チキンフィレサンド買ってきてくれ」っつうんだよ。それを買いに行って、楽屋で食べてる井手さんが羨ましくてよ。なんかのはずみのときに「じゃあおまえも買ってきていいよ」って言われたときに食べたチキンフィレサンドの味っつうのは、染み渡ったね！

長与 私、初めて横文字で「コンボスナック」って注文したときに、ジーンときて涙出てきましたよ（笑）。

ガンツ チキン2本にコールスローかなんか入ってるセットですね（笑）。

玉袋 あとラーメン屋でチャーシューメンなんか食えたときなんか、「俺ってビッグになったな」って思ったよ（笑）。

長与 ああ、もう！　私はお寿司屋さんで初めて自分でマグロを頼んだとき、八代亜紀さんの『舟唄』が流れてて。「八代さん、私もついに頼めました！」みたいな（笑）。そんな嬉しさがありましたね。

ガンツ 全女とたけし軍団の一番下っ端は境遇が同じだったんですね（笑）。

玉袋 同じだよ。絶対的な縦社会で、鉄拳制裁あたりまえ。それでカネはねえけど、身体は張るっていうね。

長与 だって、たけし軍団の方とはレコード会社が一緒でビクター音楽産業でしたし。

玉袋 そうだ。ビクター音産だったんだよ。

ガンツ そういえば、たけし軍団はレコード出してたんですね（笑）。

玉袋　兄さん方は出してたんだよ。

長与　それで当時、テレビの特番でレコード会社対抗の運動会っていうのがあったんですよ。そしたら、たけし軍団と私たちの活躍でビクターがダントツで優勝して。

玉袋　そりゃ、強えよ（笑）。

ガンツ　バラエティでも負けることが許されない2チーム（笑）。

長与　プロレスラーとして、ほかの歌手やアイドルには絶対に負けられないと思ってたんで、必死でしたよ（笑）。

玉袋　新人時代は10代だから、オシャレとかにも目覚める年頃じゃないですか。そういうのは全然なかったんですか？「ジャージでいい」みたいな。

長与　いや、オシャレはしたかったんですけど、お金もないし、なかなか買いにはいけなかったですね。でも一度、竹下通りの『竹の子』（「竹の子族」の由来と言われている『ブティック・竹の子』）には行きました（笑）。

玉袋　おおー、やっぱり竹の子族だあ（笑）。

長与　そのファッションで写真撮って、田舎の友達に送るわけですよ。そうすると、「東京の人ね！」「ナウかね〜！」みたいな（笑）。

ガンツ　「ナウい」の長崎弁バージョンで言われて（笑）。

玉袋　その竹下通りに、のちにダンプさんが店出すんだから、凄いもんだぜ。でもやっぱりそういう少女の憧れとか時代に乗りたいとかそういうのもあったんだろうなあ。

長与　ありましたね。ダンプさんがまだ松本香って名前のときに一度「ディスコに行きたいから一緒に付いてきてよ」って言われて。一緒に行ったら「サンダルじゃダメよ」って言われて、パンプスを2人で買いに行って、グラグラしながら入れてもらって（笑）。そこで目覚めましたね。やっぱりいろんなことを経験したい年頃だったから。

玉袋　青春だな〜。それでも全女の大変な日々があるわけでしょ。付き人や雑用をやったりね。

ガンツ　先輩・後輩の関係がもの凄い厳しい時代ですよね。

長与　ハンパじゃないですよ。新人は、いくつかのワードしか言っちゃいけないんですよ。「おはようございます」「お疲れ様でした」「失礼します」「ありがとうございます」「すいませんでした」。この5つぐらい。

ガンツ　使っていい言葉がたった5つ（笑）。

長与　先輩と会話してるときは目を見るんですけど、そのあとは斜め45度下を見てなきゃいけないとか。先輩の飼ってる犬に噛まれても文句言えないぐらいで。

玉袋　犬のほうが上（笑）。

長与　上ですよ、「お犬様」ですから。

玉袋　ダハハハハ！

長与　だから私、何回噛まれたかわからないですよ。

ガンツ　犬も、自分より身分が下って思ってるんでしょうね（笑）。

玉袋　ちなみに誰の犬ですか？

長与　そこって伏せてもらえますか？（笑）。Mさんとか、Jさんとかの犬ですね。

玉袋　新人はまさにスター選手の〝噛ませ犬〟だったんだ（笑）。

長与　ホントですよ（笑）。

玉袋　悪役の池下ユミさんとかは、どうだったんですか？

長与　池下さんは全然フランクな人で、私は憧れてましたね。デビルさんにしても、マミ熊野さんにしても、カッコいいなと思う瞬間がたくさんあったんですよ。だから、私はとにかく悪役になりたかったんです。

ガンツ　外からではなく、内部に入って見たとき、本当にカッコいいのはヒールのほうだったと。

長与　私のなかではそうでした。だから何があっても絶対にヒールって思ってて。新人はある日、最終的にジャッジメントの日が来るんですよ。会社から呼ばれて、ヒールになるかベビーフェイスになるか分けられるという。そのとき、私はヒールになりたかったんですけど、ダンプさんは歌って踊れるベビーフェイスをやりたかったんです。

ガンツ　ダハハハハ！

玉袋　かわいいねえ、ダンプちゃん（笑）。

長与　ホント、かわいいメルヘンババアなので。

ガンツ　だから、のちに桃色豚隊で夢を叶えたんですね（笑）。

長与　で、私が最初に呼ばれて、「私はヒールに行きたいです」って言ったら、「おまえの顔でどうやってヒールができるんだ、バカ野郎！　おまえはヒールじゃない、ベビーフェイスだ、行け！」って言われて。

玉袋　うわあ、問答無用なんだ。

長与　それで私が落ち込んで出てきたあと、ダンプさんが心配そうに社長室に入ってって、数分後に同じように出てきて。「アンタ、なんて言われた？」って聞いたら「『おまえの身体で何がベビーフェイスだ！』って言われた……」って（笑）。「じゃあ、もうお互いバイバイだね」って言って。

玉袋　うわあ、いいねえ。それで一緒にディスコ行ってた2人がヒールとベビーフェイスに別れて、のちに日本中を夢中にさせるすげえ抗争をするんだもんなあ。

ガンツ　自分の運命を会社に決められることで、プロとして腹が決まるのかもしれないですね。

長与　それはありますね。

ガンツ　アジャコングさんだって、ああ見えて「私は長与千種みたいになる」と思い込んで全女に入ったのに、「バカ野郎！　おまえはヒールに決まってるだろ！」って極悪同盟に入れられて、ホントに号泣したらしいですもんね（笑）。

玉袋　そこで（宍戸）江利花ちゃんが、アジャコングになるわけだもんな。

長与　みんな号泣するんですよね。「ホントにそうなりたい」っていう強い思いを、10代からみんな持っていたし。それがダメになったとき、本気で泣ける自分たちもいたんですよ。

玉袋　ピュアだよな。文字通り、女子プロレスにすべてを懸けているから流せる涙なんだろうな。そっからすぐ、長与さんはスターになっていくわけですか。

長与　いや、全然です。私は落ちこぼれだったので、よく「おまえはおシャカだ」って、ハッキリ言われてたんですよ。
玉袋　おシャカ！
長与　でも「おシャカ」の意味がわからなくて、「お釈迦様のことかな？」とか思ってたら、要は「使い物にならない」とか「いらない」って意味で。
玉袋　松永兄弟はいちいちエゲつねえ。

「横浜アリーナの引退式のあと、松永会長が『ホントにありがとう。今日は2億儲かったぞ！』って」（長与）

ガンツ　なんか、長与さんは二軍に落とされたこともあるんですよね？
長与　ああ、〝Bコース〟ですね。全女があまりにもお客さん入らなくて経営難のとき、苦し紛れなのか計算なのかわからないですけど、「2班に分かれて全国回ったほうが、お金が倍入ってくるんじゃないか」という考えで、Aコース、Bコースの2班に分かれて巡業してたことがあったんですよ（笑）。
玉袋　興行数を倍にすれば収入も倍になるって、考えがシンプルすぎるよ！（笑）。
長与　でもコースの組み方に難があって、ジャッキー佐藤さんがいらっしゃったAチームは都会を回って、Bチームのほうは田舎とか離島とかでやらされるんで、どうしても動員数に差が出てくるんですよね。そうするとBチームが赤字になってしまって。

ガンツ　Aチームの儲けがBチームに食われて、結局儲からないという（笑）。

長与　それで1年ちょっとやって、またひとつに戻ったんですけど。その1年でAチームとBチームとでは、凄く力量の差が生まれたんですね。なぜかと言うと、Aチームはテレビ撮りが入ったりするので、Aチームに行った人はテレビに慣れてくるんです。でも、私たちBチームの新人は、田舎の巡業ばかりでそういう経験が積めないので、よけい差がついちゃったんです。

玉袋　それも悪循環っちゃ悪循環だね。でも負けじ魂は芽生えたんじゃないですか？

長与　それは凄かったです。興行はAチームが松永国松さん担当で、Bチームが俊国さんだったんですよ。その2人がもうバチバチになるんで、私たちも「負けんな、負けんな」で煽られるんです。

ガンツ　ダハハハハ！　同じ団体なんだけど、AとBで熾烈なライバル心が生まれて（笑）。

長与　だから、1年後にひとつに戻ったときも、俊国さん派と国松さん派でハッキリ派閥が分かれて、ひどかったですもん。

ガンツ　全女はいちいち対立するんですね（笑）。

玉袋　兄弟とか親族同士でな。もう大塚家具どころじゃないんだよ！

長与　でも、全女の場合は会長が絶対的なトップというのは揺るがなかったんで、どんなにケンカしても大丈夫だったんですよ。

玉袋　なるほどなあ。

ガンツ　それで長与さんは、クラッシュ結成前に「もうホントに辞めよう」って思ってたんですよね？

長与　はい。もう自分がここにいる意味はないんじゃないかなって思ってたんですよ。「おまえはおシャカだ」ってしょっちゅう言われたし、先輩からは空手の技を使うのが禁じられてたし。どうしようかと思ってたとき、（全日本シングル王座の）チャンピオンだったライオネス飛鳥に挑戦できることになって。「これが会社からの最後の花道なのかな」って思ったんです。だから、どうせ最後なら、禁じ手もなく、自分の好きなように思い切りやりたいと思って。彼女に試合前、「私はこれで辞めるつもりだ。負けようが何しようが構わない、とにかく手加減なしで思い切りやりたい」ということを言ったときに、彼女も「自分もそうしたい」と言ってきたんですよ。彼女は入ったときから将来を有望視されてたエリートだったんですけど。

ガンツ　〝ジャッキー2世〟ですもんね。

長与　だから、なんでもそつなくできたんですけど、なんでもできるからこそ、彼女は彼女なりに悩みもあって。

玉袋　ジャンボ鶴田みてえなもんだろうな。体力と才能に恵まれすぎて、煮え切らないっていうね。

長与　それでなんだか2人の思いが合致して。好き勝手に殴り合い、蹴り合い、手加減なしでやりあって。試合としては成立してますけど、ある意味ストリートファイトですよね。それが松永兄弟の目に止まってしまって。

玉袋　辞めるつもりでムチャクチャやった試合が認められたわけか。
長与　松永兄弟は、そういうの嫌いじゃないんですよね（笑）。
ガンツ　なるほど。感情をぶつけ合う、本気の闘いを待ってたわけですね。
長与　「お、こういうのやるヤツが出てきたか」みたいな。でも私は、嫌いで辞めようと思ったわけじゃなくて、「自分はいらない人間なんだろう」と思ってたんで、「おまえらおもしろいな」って言われたときはビックリしましたね。
玉袋　まさかそんなこと言われるとは思わないよね。
長与　で、しばらくして「おまえら組んでみろ」って言われて。そのとき、「同じように、先輩にも食ってかかっていけ」とも言われて、「もちろんです」って答えて。食ってかかっていかないと、自分たちはまた元の状況に持っていかれると思ったんで、必死でしたね。でも相手もやっぱり凄いので。ジャンボ堀さんと大森ゆかりさんですから。
玉袋　いやー、強い。WWWAタッグチャンピオンですよね。
ガンツ　だから、クラッシュ・ギャルズは、越えなければいけない壁が強大だったのがまた良かったんですよね。ジャンボ堀&大森ゆかり組って、見るからにデカくて強い。男子プロレスで言えば、テリー・ゴディ&スティーブ・ウィリアムス組みたいなチームですからね（笑）。
長与　でも立ち向かっていくしかないので。それが逆にまたウケちゃって。
玉袋　そっから火がつきだしてからは、お客さんも急激に増えていって、それは凄かったんじゃないですか？

長与　凄かったです。でも、ホントにあれよあれよという感じだったので、あんまり憶えてないんですよ。憶えてるのは、どこに行ってもお客さんがいっぱいになって。松永兄弟は「チケット」のことを「テケツ」って言ってたんですけど、テケツの売り場を通って控え室に行くと、もう段ボール箱からお金が溢れてるんです。それを足で踏んで蓋を閉めようとして、「入んねーんだよ！」とか言ってるんです（笑）。

玉袋　お金を足で踏むっていうね。見ちゃいけないものを見たみたいな（笑）。

長与　それが日常的な行為になりましたからね。だって物販だけでも4トントラックで来るんですもん。いま、いろんな方に「こんなグッズ出てたんですよ、買ったんです」って言われるんですけど全然知らなくて（笑）。

玉袋　ダハハハハ！　自分の知らない長与千種グッズが大量に出回ってて（笑）。

長与　「え、これ何？　エプロンまで？」みたいな（笑）。

ガンツ　でも当時はグッズのお金なんか、選手には全然入ってこないという（笑）。いまみたいに、ちゃんとロイヤリティ契約してたらとんでもないことになってたんでしょうね。

「長与千種は、強くてカッコイイだけじゃなく、やられる姿でもまた惹きつけるんですよね」（ガンツ）

玉袋　大変だよ～。でも給料ってのは、クラッシュで人気が出て一気に上がったんですか？

長与　上がっていきましたね。でも1試合の単価はいまのレスラーたちより安いんです。

玉袋　えぇ〜っ⁉　そうなんだ！

長与　年間300試合以上やってたんで、年収にするとまとまった額になるんですけど、1試合の単価は、いまの中堅ぐらいのキャリアの人たちと同じくらいかな？

玉袋　それぐらいのギャラで、馬車馬のように働いてたわけか。

長与　私が初めて日本武道館でやったとき、試合後、珍しく松永会長が控え室に来られて、「長与ー！」って言うんですよ。私の試合について何か言ってくれるのかと思ったら、「物販で1500万売れたからなー！　ありがとなー！」って言われて、「………あ、よかったですねー！」みたいな（笑）。

ガンツ　クラッシュストーリーのピークのひとつである武道館大会も、興味があるのは物販の売れ行きだけという（笑）。

長与　それで横浜アリーナの引退式のあとも、「ありがとな」ってまた来たんですよ。最後だから、ねぎらいの言葉をかけてくれるのかと思ったら、「長与、ホントにありがとう。今日は2億儲かったぞ！」って。

ガンツ　これまでの現役生活のねぎらいじゃなくて、その日の興行収益のお礼（笑）。

玉袋　日銭にしか興味がねえんだよな（笑）。

長与　でもそういうところが好きだった。豪快だし、隠さないし。だから、2億儲かったって言われて、「よかったですね、私は親孝行できたでしょうか」「おお、親孝行だ！」って。それが引退の挨拶代わりみたいな感じでしたね。
玉袋　いやー、凄いよ。現金商売の人だよな。きっと税務署とかも関係ない人たちだもんな（笑）。
長与　逆に節税なんかもしてないから、儲かってるときは、税務署に対してもポーンと何億も出すんでしょうね。
玉袋　そうだよな、なくなったってまたスターが出りゃ稼げるって考えだもんね。
長与　だって当時社長室に入ると、高級菓子とか今半のお肉とかがいっぱいあるんですよ。銀行がそういう菓子折り持って、しょっちゅう来てたんで。それで、「長与、好きなの持っていってい いぞ」「これ若い子たちに食べさせていいですか?」「持ってけ持ってけ」みたいな。で、当時にしてはデッカいテレビの画面は全部、株相場ですからね。
ガンツ　株に大金を投資しながら、毎日、数百円の焼きそばを会場で売ってるんですよね（笑）。
長与　あ、でも会長は、そっちのお金のほうが大事らしいです。
玉袋　そこはテキ屋イズムが入ってるんだよね。
長与　数万円売れただけで、凄いキャッキャキャッキャしてるので。
玉袋　でもそれはわかる！　やっぱり現金が目の前で行ったり来たりするわけだから。株だったら数字だけだしよ、電話1本だからね。やっぱり現金商売で生きてる人なんだよね。
長与　とにかく、焼きそばを売るのが大事だったみたいで、新しいマシンとか、いろんなものが増えていくんですよ。
ガンツ　焼きそばへの投資は惜しまない（笑）。

長与　一時は、焼きそばだけじゃ飽き足らず、出店もいろいろできてきて。スムージーがきたときはびっくりしましたよ（笑）。

玉袋　スムージー！（笑）。

長与　横のテントとかは凄くアナログなのに、なんでこのマシンだけ一番いいやつなんだみたいな（笑）。

玉袋　テキ屋で言ったら、テキ屋史上、一番カネ動かした人だろうな。

ガンツ　そうでしょうね。日本一のテキ屋（笑）。

長与　焼きそばとか、興行が後半戦になってくると、半額以下になりますからね。

玉袋　そこもいい！　変動相場制でね。メインが終わったら、１００円で投げ売りしてるんだから（笑）。

長与　何も考えずに、どんどん焼いちゃうんですよね。

ガンツ　ボクが子どもの頃、全女の野外興行に行ったとき、第3試合ぐらいの途中で松永会長が客席に向かって「焼きそば焼けたぞー！」って叫ぶ声が聞こえましたから。「試合なんか観てないで、俺の焼きそばを買いにこい」みたいな（笑）。

玉袋　そういうテキ屋のおじさん、いなくなったな〜。いまはお祭りでもテキ屋さんは排除されちゃったりして、日本の懐かしい風景が失われていってる気がするね。

長与　また、会長はお金の遣い方が粋だったんですよ。「宵越しのカネを持たない」っていう江戸っ子と同じですからね。高級車を買っても、3カ月ぐらい経つとクルマが変わってましたから。たぶん、買ったときは嬉しくても、すぐ飽きちゃうんじゃないかと。

ガンツ　買うこと自体がよろこびなんですね（笑）。

長与　だって、「長与ー、これ買ったんだよ！」って、クルーザー2台見せられたことがあったんですけど。「凄いですねー。これ、会長が操縦されるんですか？」って聞いたら、「乗りたいけど、俺、免許ねえんだ」って。

ガンツ　ダハハハハ！　クルーザー2台のオーナーだけど、自分では乗れない（笑）。

玉袋　これだよな〜。だいたい火傷する人ってクルーザーに手を出すんだよ。

ガンツ　後先考えてないのが、よくわかりますね（笑）。

玉袋　そうやって、クラッシュ・ギャルズが稼いだカネが、どんどんいろんなものに変わっていくというね。だけど長与さんはそんな中で、年間300試合闘って、芸能の仕事もバリバリやって、親御さんが保証人倒れで背負った億単位の借金を返したってところが、ホントに立派だよね。すげえよ、普通返せねえもん、そんな額。

長与　なんて言うのかな……やっぱり、親に対する感謝ですよね。小学生の頃に家族がバラバラになって、私はいろんなところに預けられたんですけど。両親はギリギリの生活の中で、黙って仕送りをし続けてくれたんで……。これでまた家族がひとつになれるんだったら、どんだけでもがんばってやる。自分が身体を張っていただいたお金を渡すだけでそれができるなら、簡単なことと言えば簡単なことだなって。

玉袋　身体ひとつで稼いだお金のほとんどをわたして、それを「簡単なこと」と言えるのがすげえよ。

長与　だから大金を手にしても自分を見失わず、いいお金の遣い方ができたのかな、とも思うんですよ。あとは、お家を買ってあげられなかったことだけが残念ですね。「お家を買おうか？」って言ったこともあったんですけど、そのときは「墓を買ってくれ」って言われたんで、お墓を買ったんです。お墓って凄く長くもつからいいんですよ。リフォームもいらないし。いまは父も眠ってますけど。お墓は、大事ですね。見晴らしのいいとこに変えたんですけど、田舎なので敷地が一個ずつデカいんですよ（笑）。

玉袋　ちょっとした古墳みたいになっちゃって（笑）。

長与　都内では絶対その値段じゃ買えないぐらいなんで、お墓は買ってよかったですね。

玉袋　でもそれでね、身体張ることによって家族がまたひとつになれるって、凄いよなあ。

長与　でもね、なんかギクシャクすることもあるんですよね。姉弟間がギクシャクしたりとか。自分はリングネームが本名で、しかも「長与」ってめったにいない苗字じゃないですか。それで弟が就職のとき、履歴書に「長与」ってあると、そういう目で見られて嫌になっちゃったりとか。迷惑はかけましたね。

玉袋　それはね、俺も家族バラバラになっちゃったから、わかるよ。こっちで一生懸命やってるのに、姉弟なのにわかってくれなかったりとかさ。そういうのがあったりするんだよね。

長与　そんなつもりじゃないんですよね。でもちょっとギクシャクしたりすることがありますね。

玉袋　あと長与さんはね、家族だけじゃなくて、全国の悩める少女たちを、ある意味でたくさん救っていたわけだからね。学校で嫌なことやつらいことがあっても、クラッシュ・ギャルズを観ることで、強く生きていけるっていうさ。

ガンツ 80年代半ばは、ホントに少女たちの教祖でしたもんね。

玉袋 教祖だよ〜。

ガンツ 「信じるものは千種だけ」みたいな子が、全国にもの凄い数いましたよ。

玉袋 そういう多感な時期の女の子たちの心をつかんで離さなかった、あの色気っちゅうのは凄いよな。

ガンツ あと長与千種は、強くてカッコいいだけじゃなく、やられる姿でもまた惹きつけるんですよね。

玉袋 耐える姿がいいんだよ〜！

長与 あれはクラッシュの役割分担として、考えてやってましたね。飛鳥はホントに身体能力が高くて心肺機能も強かったんですけど、心肺機能の強い人たちって、攻めるスキルが凄い高いんです。だから私は彼女の隣にいるなら、受けに回ったほうが絶対にいいと思って。ピッチャーとキャッチャーのように。それを徹底して追求していくと、やっぱり女房役のほうがケガが多いんですね。

玉袋 相手の攻撃を受けまくってるわけだもんね。

長与 だから、うまい女房は奥歯がほとんどウソの歯なんです。私も奥歯は全部ブリッジ入れたりしてるんで。で、攻めの人は前歯がないんです。前に出て行くから当たるじゃないですか。だから、飛鳥は前歯が差し歯なんですよ。

玉袋　それぞれの役割をはたしながら、身体を張ってたんだね。

「全女のあった目黒の土地、クラッシュ全盛期に松永一族が持ってたカネがあったら、簡単に買い戻せるんだろうな（笑）」（玉袋）

ガンツ　だからクラッシュ・ギャルズって、ファンクスみたいですよね。長与さんがテリーで、飛鳥さんがドリー。クラッシュvs極悪同盟って、ファンクスvsアブドーラ・ザ・ブッチャー&ザ・シークそのものですもん。

玉袋　ホントそうだよ。長与さんが凶器攻撃で血だるまにされてさ、観客が泣き叫んでね。それで男のファンも「おお、すげえ！」って思わせちゃうところが凄いんだよ。

長与　〝坊主マッチ〟のときもそうでしたね。

玉袋　坊主マッチ！　長与千種vsダンプ松本の敗者髪切りデスマッチがすげえんだ。会場中が阿鼻叫喚だもん。

長与　本気で泣いてますからね。作りいっさいなしで悔しかったし。

ガンツ　あの試合は、男子も含めて、プロレス史上最も凄惨で壮絶な試合と言っていいんじゃないですかね。

玉袋　言っていいよ！　あんな映像、いまテレビじゃ絶対に流せねえもん。

長与　あれ実際、放送禁止になったんですよね。
ガンツ　あの試合はゴールデンタイムで放送されたんですけど、ダンプ松本の悪行とあまりの凄惨さに、抗議の電話がテレビ局に殺到しすぎて、関西地区では人気絶頂なのに『全日本女子プロレス中継』が打ち切りになったんですよ。
玉袋　反響がありすぎて打ち切りなんだもんな～。
ガンツ　それで翌年のリマッチはフジテレビでも放送できないってことで、最初からビデオ発売のみだったんですよね。
玉袋　凄いよ、ホントに凄い。フレッド・ブラッシーの噛みつきで、おばあさんが死んだ事件を超えてるもん。
ガンツ　人気絶頂のアイドルが血だるまにされて、さらに頭を刈られる姿がゴールデンタイムで流されるわけですからね。
玉袋　だからAKBのあの子（峯岸みなみ）が坊主にしたって何にも感じなかったよ。こっちは長与vsダンプを観てるから、どうってことねえもん。
ガンツ　長与さんが極悪同盟に押さえつけられて、頭を刈られるシーンは、キリストの処刑にすら例えられましたからね。
玉袋　ゴルゴダの丘だよ！　だから逆に言えば、あれ、刈るほうも刈るほうだぜ!?
ガンツ　あれだけ悪に徹するって凄いですよね（笑）。
玉袋　それもすげえよ、やっぱり。

長与　いま2人でよく言うのは、『ホントに憎しみ合ってたよね』って。
ガンツ　あれ、普通の感覚じゃできないですよね。あの試合にかぎらず、ダンプさんの凶器、ホントにグサグサいってますよね？
長与　全っ然、やってますよ。やってますとも。あれはホント、シャレにならない。痛すぎて笑いが出るんですよ。
玉袋　新人時代にジャッジメント・デイのとき、「歌って踊れるベビーフェイスになりたかった」って泣いてた人がさ（笑）。人間、開き直ると凄いね。
ガンツ　ダンプvs大森ゆかりのときは、腕に刺したハサミがそのまま刺さってるっていうのがあって……。
長与　あー！　それ知ってる、知ってる！　モニターで見た！　みんなに「見て見て、凄いことになってる！」みたいな（笑）。
ガンツ　いや、長与さんも同じようなことやられてたんですけど（笑）。だから、あの頃の全女は、どんなハードコアマッチより凄い試合が日常でしたよね。
玉袋　ライバル抗争の気持ちと覚悟が、極限まで登りつめちゃうんだろうな。
長与　だから全女ってモンスターを育てる団体だったのかもしれない。また、そっちに仕向けるのもうまいですよね。会社の手です。べつに、そこまで憎しみあってなかったのに、会社がそう仕向けるんですよ（笑）。
ガンツ　長年女子プロレス興行をやって、どうやったら本気の怒りを引き出すのか、闘う若い女性の心理を知り尽くしてるんでしょうね。

長与　だと思いますね。

玉袋　でも松永会長も松永兄弟もみんな亡くなって、あの松永王国がいまや跡形もなくなっちまったことに、言いようのない寂しさっていうかさ、虚無感を感じるんだよね。

長与　でも私、あそこの土地、また買い戻しますよ。

ガンツ　おおっ！

玉袋　全女の事務所兼道場があった目黒の土地、買い戻しますか！　素晴らしい！　やりましょうよそれ。

長与　いま、あそこはコインパーキングになってるんですけど、私の最終目標はあの場所を買い取って、平屋で道場を作って、そこから次の世代の人たちにわたせればいいってことですから。

玉袋　またトタンから始まるんだ。

長与　そうですよ！（笑）。

玉袋　いや〜、オリンピック開催も決まって、東京の地価も上がっちゃってるけど、ここはひとつ長与さんにがんばっていただいてね。目黒にふたたび女子プロレスを根付かせてほしいね。

長与　でもまだ無理。目黒ですから（笑）。20年計画で目標にして、自分の人生をかけて取り組んでいきたいですね。

玉袋　これも私事だけどさ、俺も新宿出身で、新宿の一等地に俺のじいちゃんがビル建てたわけだよ。それでちっちゃい頃、いつも「いいか、このビルはおじいちゃんが昭和39年に、野球賭博で大洋に一点張りして建てたんだ」って聞かされててね。
一同 ワハハハハハハ！
ガンツ そんないわく付きのビルだったんですか（笑）。
玉袋 ずーっと引きずってたんだけど、あとから聞いたら、おじいちゃんは株の場立ちやってたからさ。そのときにマルハの株の……マルハは大洋の株な、そのインサイダー取り引きで儲けて建てたビルらしいんだよ（笑）。だけどおじいちゃんが死んだら遺産相続で揉めて、売らざるを得なくて。売っちゃったわけだよ。だから俺の夢も、やっぱり新宿の土地を買い戻したいんだよ！
長与 いいですね。
玉袋 でもやっぱり、高すぎる！（笑）。
ガンツ 新宿西口の駅前、いまヨドバシカメラが建ってるあたりなんですよね（笑）。
玉袋 でも買い取りたい！ 長与さんの夢が俺と一緒でね。無理かもしれねえけど、夢は持ってねえと。
長与 目黒のあそこの場所は、私たちにとって本当に特別な場所なんで。いまの40代、50代の女子プロレスラーの青春は、あそこにみーんな詰まってますから。
玉袋 聖地だよね。グラウンド・ゼロになっちゃったわけだ。
長与 本当に自分たちの聖地ですから。だから、取り戻したいんですよね。
玉袋 エルサレム奪回だよ。そういう気持ちだよね。でも、クラッシュ・ギャルズ全盛期に松永一族が持ってたカネがあったら、簡単に買い戻せたんだろうな（笑）。

長与　あれ、どこ行っちゃったんですかね？（笑）。ちゃんと遣ってくれたのかな。遣ったんでしょうね。

玉袋　遣ったんだろうね。日本経済を回したんですよ！　ケチよりずっといい。

長与　粋なんですよ。バカがつくほど粋だから。

玉袋　天龍（源一郎）さん的なね。

ガンツ　あ、天龍さんといえば、先日亡くなった阿修羅・原さんには、長与さんも現役の頃にお世話になったらしいですね？

長与　あ、もちろんです。凄くかわいがってもらいました。

ガンツ　阿修羅・原さんとは、どういうきっかけで知り合われたんですか？

長与　あれはたまたま、埼玉かどっかの試合のときに、お知り合いの方と全女の会場に来られたんですよ。で、「長与千種でしょ。おまえ、どこの出身なの？」「長崎です」「長崎はわかってるけど、どこ？」「大村市です」「俺、（大村の隣の）諫早だよ」って言われて。「えー、そうなんですか！」って。「おまえ、同郷だからな、かわいがってやっからな」って、それからしょっちゅうごはん連れてってもらって。

玉袋　ああ、そうですかあ。

長与　私、基本的にお酒飲めない人なので、お酒の席でも周りの人を見るクセがあるんですけど、阿修羅さんはどんなに飲んでも酔ったところ見たことないですね。

玉袋　その原さんも亡くなっちゃったもんな。合掌だな。

長与千種

長与　私もショック受けましたね。お葬式のとき、お花だけは送らせていただいたんですけど。でも、私の中ではずっと、あのカッコよかった阿修羅さんのままなので。思い出は育てていこうかなって。

ガンツ　カッコいい男だったんでしょうね。

長与　ラガーマンなので胸板厚いじゃないですか。で、ちょっと訛り言葉の標準語みたいな九州の言葉。歌もうまいし、モテたと思いますね。そのときにいつも一緒に連れられて来てたのがターザン後藤さんで。私は（本名の）政二って呼んでましたけど。政二と冬木（弘道）さんがしょっちゅう来てて。一緒にかわいがってもらいましたね。

玉袋　冬木さんもいなくなっちゃって。

長与　なんか惜しい人がいっぱい亡くなって、寂しいですね。でも、そういうお世話になった人たちに報いるためにも、これからもがんばっていきたいと思います。

玉袋　いや〜、長与さんの人生はすげぇ！　女子プロレス王国の再建、応援してますんで、これからもひとつ、よろしくお願いします！

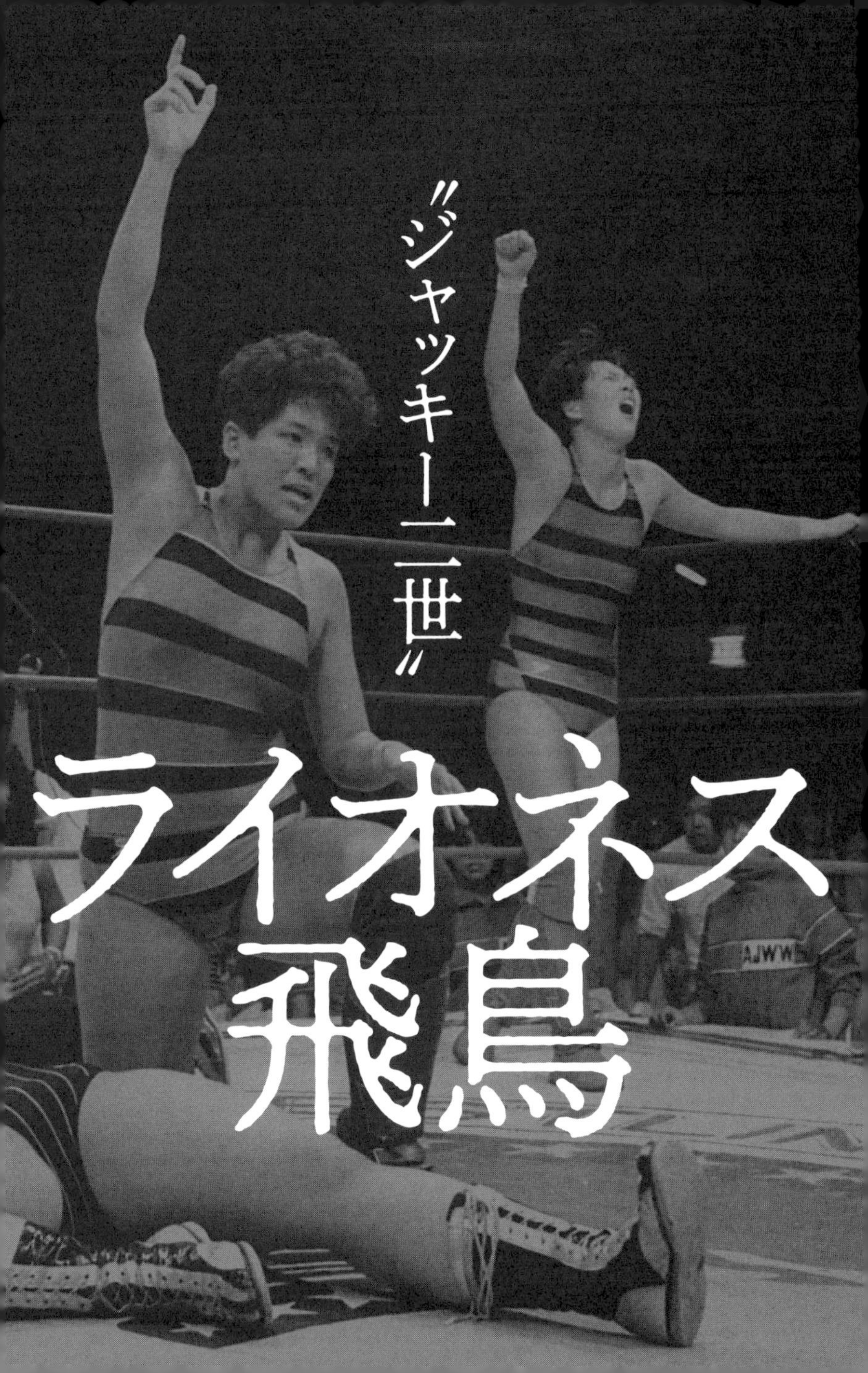

〝ジャッキー二世〟

ライオネス飛鳥

ライオネス飛鳥（らいおねす・あすか）

1963年7月28日生まれ、埼玉県蓮田市出身。本名・北村智子。元プロレスラー。高校を中退した1980年に全日本女子プロレスに入団。同年5月10日に同期の奥村ひとみ、師玉美代子との巴戦でデビュー。1981年に全日本ジュニア王座、1982年に全日本シングル王座を獲得し、1984年8月には長与千種とのタッグ「クラッシュ・ギャルズ」がWWWA世界タッグ王座を獲得。さらに同年8月、『炎の聖書』で歌手デビューも果たし、一大ブームを巻き起こす。1989年に一度現役を引退する。引退後、タレント活動を行うが1994年11月の全女の東京ドーム大会で現役復帰。1998年12月27日にGAEA JAPAN初登場。長与とは1999年4月4日、9月15日に2度にわたるシングルマッチをおこない、2000年5月14日に「クラッシュ2000」として再始動する。2005年4月3日、GAEA JAPAN横浜文化体育館大会を最後に現役を引退した。

［2023年8月9日収録］

「中1のとき、私は凄い肥満児だったんですけど『絶対にジャッキーさんみたいになる』って決めて20キロ痩せたんです」（飛鳥）

玉袋　飛鳥さん、先日はどうも！

飛鳥　このあいだはありがとうございました。

ガンツ　玉さんと飛鳥さんは、最近お仕事か何かで一緒だったんですか？

玉袋　いやこの前、井上尚弥の試合に招待してくれた人が観戦後に銀座のお店に連れて行ってくれてね。立派なお店だったんだけど、そこが偶然、飛鳥さんのお店だったんだよ！

飛鳥　そう。ご一緒させていただいて。

玉袋　それ以来ですよね。そのときもいろいろお話をうかがったんですけど、今日は飛鳥さんのレスラー人生を振り返ってもらいたいなと。

ガンツ　この座談会にはこれまでいろんなレスラーや関係者の方に出ていただいていますけど、全女の人にもけっこう出てもらっているんですよ。

飛鳥　いままで誰が出ているんですか？

玉袋　長与（千種）さんとかブル（中野）ちゃん、立野記代さんとかね。

椎名　あと忘れちゃいけない、阿部四郎さんも（笑）。

玉袋　亡くなるちょい前に、阿部さんの〝シマ〟である（東京都）立川の居酒屋でやらせてもらったんだよな。

飛鳥　阿部ちゃんは、もともとレフェリーじゃなくて興行師なんですよ。それが極悪同盟を作るとき、「レフェリーでも悪役が必要だよな」ってなって、「じゃあ、俺がやる」って（笑）。

玉袋　なんで興行師が立候補してるんだってね（笑）。極悪の前に普通のレフェリーもやってたりはしなかったんですか？

飛鳥　いや、最初から極悪でした（笑）。クラッシュと極悪の抗争があれだけ盛り上がったのは、阿部ちゃんのおかげでもあると思うんですよ。

椎名　絶対そうですよ。あからさまに極悪びいきのレフェリング！（笑）。

飛鳥　私たちがフォールされると、もの凄く速くカウントを取るから、真剣に肩を上げないといけないんですよ（笑）。

玉袋　あれがよかったんだよな〜。あの腹が出た体型もふくめて完璧だったよ。

椎名　レフェリーがドクロのバックルのベルトをしてましたからね（笑）。

玉袋　飛鳥さんと女子プロレスの出会いっていうのは、どんな感じだったんですか？

飛鳥　好きになったのは中学生のときですね。それまでは嫌いだったんですよ。私は凄い肥満児で背も高かったから、よく「プロレスラーになれ」とか言われてて。頭の中は女子プロレス＝肥満児っていうイメージで、コンプレックスだったんです。でも中1のときにたまたまテレビでビューティ・ペアを観て、ジャッキー佐藤さんもマキ上田さんもスタイルがよかったじゃないですか？　それでジャッキーさんが大好きになったので、「絶対にジャッキーさんみたいになる」って決めて、そこから20キロ痩せました。

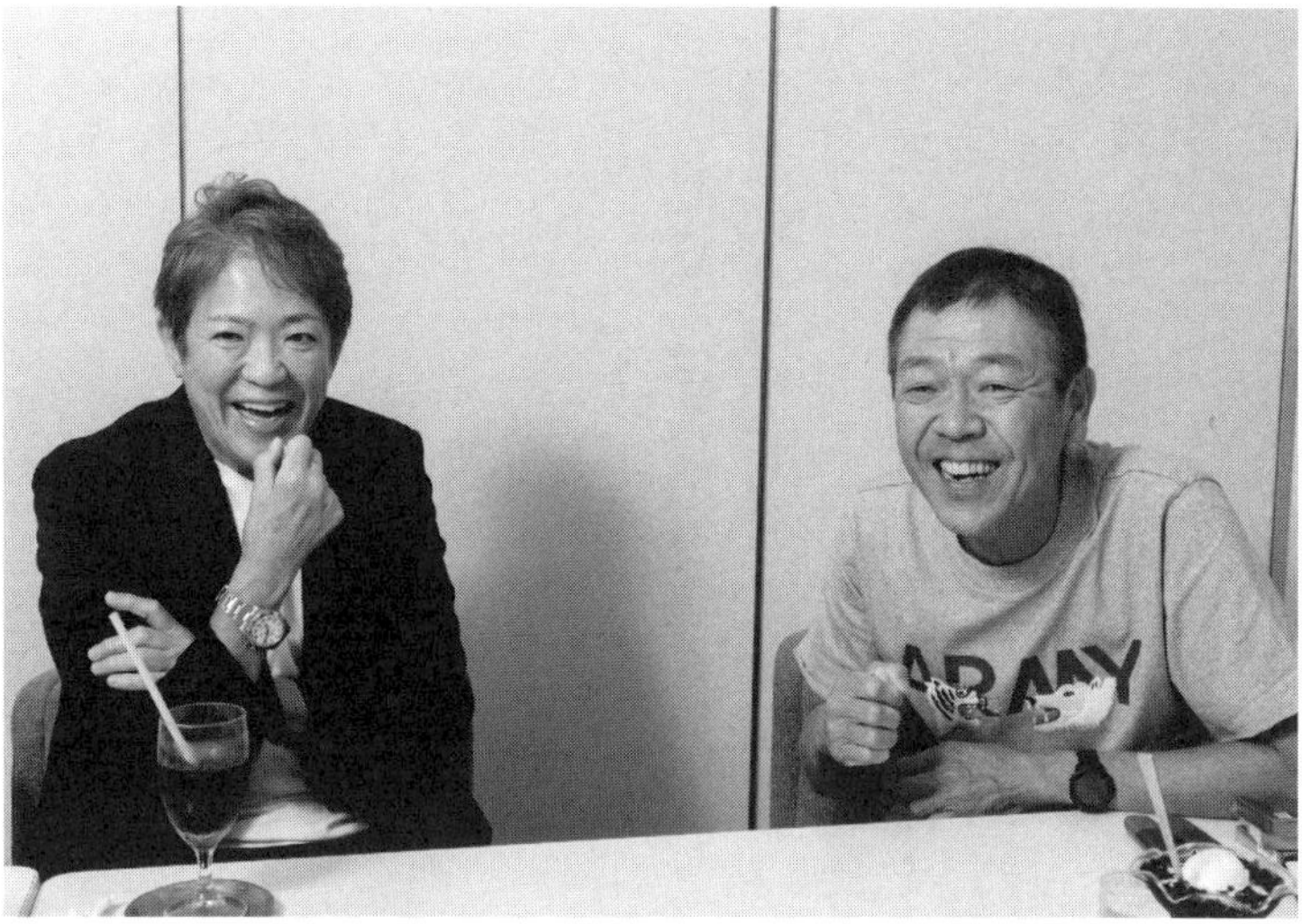

玉袋　すげえ！　どんなダイエットグッズよりジャッキー佐藤を見ろと。

飛鳥　ジャッキーさんを見た日から毎日、腹筋300回やって炭水化物を食べなくなりましたから。

椎名　その頃から炭水化物カットのダイエットしてたんですか？

飛鳥　ご飯粒を抜くと痩せるっていうイメージがあったので。それまではお姉ちゃんのおかずを盗んで食べていたくらいなんですけど（笑）。炭水化物抜き、甘いものもいっさい摂らなくなりました。ジャッキーさんがいなかったら、いまの人生はないですね。

玉袋　そういう女のコがたくさんいたんだろうな～。ビューティ・ペアみたいになりたくて女子プロレスを目指すっていうね。

飛鳥　それまで女子プロレスに入るコはスカウトで入っていたんですけど、ビューティ・ペアが大人気になって、初めてオーディションをおこなうことになって、その第1号がジャガー（横田）さんだったんです。
椎名　ジャガーさんが、ある意味で現代女子プロレスの第1号なんですね。
飛鳥　昔の女子プロレスは家が貧乏だったり、片親だったり、学校に行くのが嫌だったり、いろんな家庭の事情があるコが多かったんですよ。でもアジャ（コング）から下の世代から変わりましたね。ラス・カチョーラスのふたりなんか、下田美馬はお父様が銀座でクラブを2軒出してたりとか、三田英津子は三田財閥長男のご長女ですから。
椎名　三田財閥（笑）。
飛鳥　時代が変わったなと思って。

「飛鳥さんは書類選考を通過した200人中4人だけ選ばれる狭き門を通過したエリートだったんだな～」（玉袋）

玉袋　でも、その時代を変えたのがビューティ・ペアであり、クラッシュ・ギャルズってことだもんな。
ガンツ　財閥のお嬢様すら憧れる存在という。
玉袋　飛鳥さんは、男のプロレスには興味なかったんですか？
飛鳥　私はプロレス自体より先にジャッキーさんが好きになったので、男子のプロレスはいっさい観ることはなかったです。自分の世代の女のコが憧れるのは、ピンク・レディーか宝塚のベルサイユのばら、それかビューティ・ペアかで、私はビューティ・ペアだったんですよ。
椎名　その3つが、女のコが「カッコいい」と憧れる対象だったんですね。たしかにピンク・レディーって、女のコ女のコしてないもん。
ガンツ　振りつけもダイナミックで、アスリートっぽいですもんね。
玉袋　それを考えると、飛鳥さんが少女時代に読んでいた少女コミックはなんだったんですか？
飛鳥　『マーガレット』と『フレンド』ですね。私の「ライオネス飛鳥」っていうリングネームも漫画から取ったんですよ。あるとき、会社から「おまえ、明日からリングネームは『ライオネス』な。下の名前は自分でつけろ」って言われて、読んでいた漫画の主人公の名前が「あすか」だったんでつけたんですよ。漫画のほうは「明日香」という漢字で、私の名前も最初は「ライオネス明日香」だったんですけど、その頃、全日本シングルのベルトを獲っていたのに、松永兄弟から「おまえは強いけどつまんねえな」って言われて、精神的スランプに陥って。
玉袋　そのデリカシーのなさが松永兄弟！
飛鳥　それで画数を調べたら「明日香」より「飛鳥」のほうがよかったんで、「ライオネス飛鳥」になったんです。ちなみに占いの先生にみてもらったら、本名の「北村智子」って運勢は最悪だったんですよ。
玉袋　え〜っ、よさそうだけどな。
飛鳥　だからライオネス飛鳥に助けられた人生だと思っているんです。
玉袋　ということは、待てよ。俺も本名の赤江祐一じゃなくて「玉袋筋太郎」に助けられたってことか？

ガンツ　玉さんの場合、画数はあまり関係なさそうですけどね（笑）。

椎名　画数を超えた名前のインパクト！（笑）。

飛鳥　私は17歳の頃からライオネス飛鳥なので、人生の大半をライオネス飛鳥で過ごしているんですよ。クラッシュ・ギャルズになる前からですから。

玉袋　全女は何歳のときに入ったんですか？

飛鳥　高校1年で中退して入っています。

玉袋　飛鳥さんの時代はオーディションを受けた人数も凄かったんじゃないですか？

飛鳥　いや、私が受けたときはビューティ・ペアもマキ上田さんがすでに引退されていて、女子プロレスが下火になっていたときだったんで、そんなにいなかったと思います。一応、曙橋のフジテレビでオーディションをやったんですけど、たぶん200人とか。

玉袋　それでも書類選考を通過した200人の中から選ばれたのはすげえよ！

飛鳥　そのとき受かったのは、自分と伊藤浩江ことタランチュラと、奥村ひとみと師玉美代子の4人だけだったんですよ。

ガンツ　じゃあ、ダンプ松本さん、長与千種さん、大森ゆかりさんはオーディション外だったんですか？

飛鳥　大森と千種は推薦で入ってきたんです。千種は空手をやっていたからどこかの空手の先生から、大森はお父さんが相撲関係だったんでどっかの親方の推薦で。だからデビューは半年違うんですよね。

玉袋　全女に縁故があったって初めて知ったよ！

飛鳥　それでダンプとかクレーン（・ユウ）は、当時松永兄弟が調子に乗ってA班、B班に分けて2グループの巡業を始めて、選手が必要ってことで第2次オーディションをやって、そこから入ってきたんです。

ガンツ　元祖・極悪同盟のふたりは、正統なオーディションでは受からず2次募集だったんですね。

玉袋　そう考えると、飛鳥さんは200人中4人だけ選ばれる狭き門を通過したエリートだったんだな〜。

「私は1試合3万5000円で、千種とダンプは4万5000円だったんです。同じことをやっていて年間で300万円違ったんですよ！」（飛鳥）

飛鳥　でも松永兄弟のずるいところは、入るときに誓約書にサインをさせられたんですよ。そこには「ポスターに載ったら3カ月間は辞めることはできない」とか、いろんな縛りが書かれていて。私たちは子どもだったし、プロレスがやりたいからよく読まずにサインしたんですけど。あとから「こんなに縛られてたんだ」って気づいて、怖いなって。

玉袋　興行師は怖いよ〜。お金はどうだったんですか？

飛鳥　ビューティ・ペアのときは全女が初めて大儲けして、選手にどれぐらい払えばいいかわからないから、ジャッキーさんとかは1試合7万円くらいもらっていたらしいんですよ。自分たちの場合は、デビュー前は月5万円で寮費を5000円引かれて、お米だけ支給されて。

玉袋　新人は生かさず殺さず、最低限の生活しか補償しないのが全女なんですよね。ユニセフとかから怒られるぞっていう。

飛鳥　でも当時は巡業が多かったんで、2班に分かれているときは全員連れて行かれたんですけど、それがまた1班になったときは人数が多すぎるってことで、まだ未熟な新人は置いていかれるんです。自分と大森は鍛えて身体もできていたんで巡業は全部連れて行ってもらえたので、試合給ももらえてあんまりお金には困らなかったんですよ。千種とかダンプは巡業に連れて行ってもらえなくて、お米しかないから、ご飯にタバスコをかけるタバスコライスとか、ご飯にバターを乗せるだけのバターライスとか食べていたらしいんですけど、私は食べたことないんです。

玉袋　全女は新人時代から〝格差社会〟だったんだな〜。弱肉強食っていうね。

飛鳥　試合に出られるようになると前半が6000円、後半のセミやメインに出ると8000円とかになって、最終的に人気絶頂のときは私は3万5000円だったんです。

玉袋　1試合3万5000円？　もっともらってもいいよ！

飛鳥　全盛期は年間300ぐらい試合をしていたんですけど、辞めてから聞いたときに千種とダンプは1試合4万5000円だったんですよ。年間300試合なんで、同じことをやっていて300万円違ったんですよ！

玉袋 クラッシュ・ギャルズ同士でも格差があったんだ！　これは揉めるぞ～！

飛鳥 当時は知らなかったので、お金で揉めることはなかったんですけど。あとになってわかったのは、よく事務所に顔を出す人は給料が上がっていくんです。

玉袋 ワハハハハ！

飛鳥 大森なんて松永兄弟に気をつかったりしないから2万5000円だったんですよ。「言いに行け」って言って、3万5000円になったんですけど。

ガンツ 松永兄弟の露骨なえこひいきっていうやつですね（笑）。

飛鳥 あの兄弟は平気でそういうことするんです。もう笑うしかない（笑）。

玉袋 いやあ、たまらんな～。

ガンツ ちょっと話を戻しますが、憧れのジャッキーさんと同じ団体に入って、内側から見た印象はいかがでしたか？

飛鳥 私は新人の頃から「ジャッキー2世」ってポスターにも書かれていたんで、凄くかわいがってもらったんです。普通じゃありえないことなんですけど、トップスターのジャッキーさんが新人の私に対して手取り足取り教えてくれて。ジャッキーさんの得意技だったビッグブーツも「使っていいよ」って言ってもらえて。それで16歳の私は調子に乗っちゃったんですね。ある日、モンスター・リッパーがソバージュをかけてきて、ジャッキーさんが「モンちゃん、かわいいね」って言ったとき、私が「ジャッキーさん、自分は？」って言ったら、それ以来ひと言も口を利いてくれなくなったんですよ（笑）。

ガンツ　ジャッキーさんがモンスター・リッパーを「モンちゃん」と呼んでいたことも衝撃ですが（笑）。かわいがってはいても、新人が調子に乗って軽口を叩くのは許さなかったんですね。
玉袋　詫びを入れたりしてもダメなんですか？
飛鳥　ダメですね。
玉袋　カテェ！

「70年代までは『女は女らしくなきゃいけない』っていう時代だったけど、80年代前半から女のコたちがクラッシュを観てカッコいい女に憧れた」（ガンツ）

飛鳥　でもジャッキーさんは人にも厳しいけど、自分にも厳しい人だったんです。最後にご病気になられたとき、全女の35周年大会（2003年5・11横浜アリーナ）のときにビューティ・ペアが来られたんですけど、そのときも痩せ細っていて。なんか人伝えに聞いたら、完治に向けての治療をしなかったようなんです。
玉袋　そうなんですね。
飛鳥　ジャッキーさんのインタビューを見ると、「40代の人生でいい」って言ってらっしゃったんですけど、本当に41歳ぐらいで亡くなったんで。
玉袋　まあ有言実行とはいえ寂しいですよね。
飛鳥　ビューティ・ペアがいたからこそ、私たちがいて。私たちを見てアジャたちがいて、アジャたちを見て次が入ってきて、そうやって歴史をつないでいっていまがあるので。それより前の世代のマッハ文朱さんや赤城マリ子さんにも感謝していますけど、女子プロレスを世の中の表舞台に出して、存在価値を作ってくれたのがビューティ・ペアだから、やっぱり凄いなって思います。

玉袋　ビューティ・ペアなくして、その後の女子プロレスはないわけだもんね。

飛鳥　私のお店に来るお客さんで、私がライオネス飛鳥ってわかっているのに「歌ってよ。ビューティ、ビューティ」ってかならず言われるんですよ。ボケじゃなくてマジで。だからクラッシュの歌って私たちのファンの方しか知らないけど、ビューティ・ペアの歌って誰でも知ってるんだなって。

椎名　当時は子どもまで、みんな知ってましたからね。

玉袋　ただ、それでもクラッシュ・ギャルズはビューティ・ペアブームを全部凌駕したっていう気持ちがボクにはあるんですよ。

飛鳥　ありがとうございます。時代もありますよね。バブルの時期だったし。

玉袋　プロレス版・宝塚だった女子プロの概念を全部ひっくり返したのがクラッシュ・ギャルズだと思いますよ。

飛鳥　いまになってファンのコたちに当時の気持ちを聞いたりすると、クラッシュの試合を観たことで、学校のいじめや家庭の問題なんかにも向かっていける勇気が出たっていうような話が多いんですよ。がんばってよかったなって思いますね。

椎名　熱狂度が凄かったですもん。
玉袋　あと歌の歌詞で「俺たち」ってフレーズが出てくることで、あの頃からすでにジェンダーフリーだったから。
飛鳥　デビュー当時の曲は「俺たち」って出てくるんですよね（笑）。
ガンツ　70年代までは「女は女らしくなきゃいけない」っていう時代ですもんね。80年代前半、女のコたちがクラッシュを観てカッコいい女に憧れたっていう。
玉袋　女性の時代の先駆けだよ。それで社会現象になったんだから。
ガンツ　プロレス界で言うと、「プロレス」と「女子プロレス」って、それまでは別物扱いだったんですよね。「女子プロはあくまで女子プロであって、プロレスじゃない」みたいな感じだったのが、クラッシュ・ギャルズから同じ「プロレス」になって、プロレス雑誌にも毎号女子プロレスが載るようになったという。
飛鳥　そういう意味では嬉しいですね。当時は女子プロレスに市民権を得たいっていう気持ちでやっていたので。
椎名　プロスポーツ選手としての尊敬もほしいですもんね。
玉袋　俺の親父たちが観に行っていた頃の女子プロレスは、セクハラの対象でしかなかったから。
飛鳥　松永兄弟が女子プロレスを始めたときはキャバレー回りでリングなんかなくて、マットを敷いてやっていたらしいですからね。で、これは絶対に冗談だと思うんですけど、投げたときにお酒の瓶がアソコに入ったとか。

玉袋　ワハハハハ！　スッポリと。けん玉じゃねえんだから（笑）。

椎名　そういうことを言うんですか（笑）。

飛鳥　その当時の諸先輩方は、そういったキャバレー回りから始めているので、ある意味、松永兄弟も凄いなと思うんですけど。

玉袋　言ったら、酔客相手のエロ混じりの見せ物だったのが、ビューティ・ペアやクラッシュ・ギャルズではゴールデンタイムを席巻するまでになるわけだからね。

「UWFというプロレス界の新しいムーブメントを女子が真っ先に取り入れたのがハマってた。長与千種がハーフハッチを使ったりして」（椎名）

ガンツ　クラッシュ・ギャルズは試合内容でも女子プロレスを変えましたよね。女子プロの〝様式美〟的なことを破壊したというか。

飛鳥　その最初の試合が、クラッシュ・ギャルズの原点ともなった試合なんですよ。自分が全日本チャンピオンで、千種が挑戦してくる後楽園の試合（1983年1・4後楽園ホール）だったんですけど。当時、身体も細くて勝てずに下でくすぶっていた千種から試合前、「このまま（トップに上がる）順番待ちしていても時間がかかるから、禁じ手なしのいままでにない試合をしたい」って言われて。私も松永兄弟から「試合がつまらない」って言われてスランプだったんで、「いいよ」ってなって。これまでの女子プロレス＝華麗な試合、綺麗な試合っていうのをぶち壊したのが、後楽園での一戦だったんですよね。
ガンツ　ナマで攻撃を入れ合うような過激な試合をしたんですよね。
飛鳥　その試合でファンの方が凄く反応してくれて、松永兄弟も「これはいけるんじゃねえか」となって、「おまえら、組め」って言われて千種と組むようになったんです。やっぱり時代を壊したいっていう思いがあったんで、名前はクラッシュ・ギャルズになって。
ガンツ　クラッシュ・ギャルズの登場は、本当に革命だったなって思いますよ。
飛鳥　それまでの女子プロレスにないものを導入していくアイデアは、ほぼほぼ千種だったんです。千種は自分と違って、新人時代から男子プロレスをよく観ていたので。
ガンツ　それまでの女子プロレスって伝統芸能的側面があるというか。技も先輩から譲り受けるもので、女子プロレスの様式を守るのが当たり前でしたよね。
飛鳥　そうですね。新人は技を引退した先輩からいただくんですけど、クラッシュはいきなり誰もやってないサソリ固めとかやってましたから。
ガンツ　芸を譲り受けないでやるっていう。
飛鳥　千種は本当にプロレスが好きだったから、いろんなスープレックスや蹴り技を取り入れたりして。
椎名　ＵＷＦを取り入れてたんですよね。
飛鳥　ＵＷＦです。クラッシュが人気絶頂のときも前田（日明）さんや髙田（延彦）さんと一緒に練習したり。

椎名　ＵＷＦというプロレス界の新しいムーブメントを、女子が真っ先に取り入れたのがハマってましたよね。長与千種のハーフハッチとか。前田日明しか使わない技をもう女子が使ってるっていう。

飛鳥　そうなんですよ。ちゃんと前田さんの了解は得ていて。

玉袋　そりゃそうだよ。〝そういう関係〟があったんだから。

ガンツ　そういう関係（笑）。

飛鳥　有名なんだ（笑）。

椎名　ＵＷＦのファン感謝祭でのファンからの質問コーナーでも、「長与さんとの仲はどうですか？」って聞かれてましたから（笑）。

ガンツ　プロレス界の若きスターカップルというのも新しかったですよね。

玉袋　芸能界のマッチと明菜みたいなね。

椎名　たとえが悪い！（笑）。

ガンツ　少し話を戻して。クラッシュ・ギャルズは１９８３年夏に結成されて、１年後にはＷＷＡ世界タッグのベルトを獲ると同時に人気が沸騰するわけですけど、その前からブームの兆しは感じていましたか？

飛鳥　（前タッグ王者の）ダイナマイト・ギャルズ（ジャンボ堀＆大森ゆかり）と３連戦があって、１回目は負け、２回目が引き分け、３回目でベルトを獲って、その日がちょうどレコードデビューの日だったんですけど、後楽園の南側客席の上のほうからリングに向かって降りていく入場シ

ーンで、本当に前に進めないほどファンの人たちがいてくれたんです。全女も消防法を無視してチケットを売れるだけ売ってたんで。
玉袋　そっからはもう怒涛の日々でしょう。一気に来たからね。デビュー曲の『炎の聖書（バイブル）』もいい曲だったしね。
ガンツ　『炎の聖書』は作詞・森雪之丞、作曲・後藤次利ですから、フジテレビが本気で売り出そうとしていたのがわかりますよね。

「松永会長から退職金としてもらったのが700万円ずつ。千種と『1億円もらってもよかったよね』って話をしたんですけど」（飛鳥）

椎名　突然、スーパースターになったことに対するプレッシャーも大きかったんですか？
飛鳥　それに関しては、毎日忙しすぎてプレッシャーすら感じなかったんですよ。頭も身体もついていけてなかったですね。「嫌だ」って言っても毎日ビッチリ仕事を入れられていたし。レギュラー出演していたドラマ『毎度おさわがせします』も、私たちが夜や午後は予定が埋まってるから、TBSの緑山スタジオで朝の撮影だったんです。
玉袋　全女は全国を巡業で回っているわけだしね。
飛鳥　あるとき、当時のマネージャーのロッシー小川に「明日は目黒の事務所を朝8時出発」って言われていたのが、直前になって「ごめん。緑山に6時に来て」って言われたことがあって。でも私は「目黒に8時。それ以外は受けつけない！」って突っぱねて。共演者は篠ひろ子さんとか木村一八さんとかミポリン（中山美穂）と錚々たるメンバーだったのに、私たちのために数時間待たせちゃって。

玉袋　ワハハハハ！　緑山で言うと『風雲！たけし城』の収録のとき、（たけし）軍団の兄さんの付き人をやってたんですけど、中野坂上のロケバスに集合が朝10時半とかだったから、8時でも全然早い。

ガンツ　錚々たるメンバーと言っても、当時は『毎度おさわがせします』に出ているほかの誰よりも、ちょい役のクラッシュのほうが人気でしたからね。

玉袋　そうだよ！

飛鳥　セリフもなくて暴れるだけだったんですけどね（笑）。

ガンツ　クラッシュは当時のトップアイドルと同等か、それ以上の人気だったじゃないですか。雑誌は『明星』や『平凡』に毎月出ているし、歌番組やバラエティ番組にも出まくっていたので、相当忙しかったんだろうなって。

飛鳥　当時はアイドル番組がいっぱいあったんです。歌番組も「何回歌うの、この曲」みたいな。アイドルの人たちって大変だなって思って。

ガンツ　いや、クラッシュはさらにプロレスもやっているんだから、もっと大変ですよ（笑）。

椎名　そういうアイドルとしてのギャラってどれぐらい入っていたんですか？

飛鳥　全然わからないです。1試合のギャラはわかってましたけど、芸能の仕事は会社が何割取って、自分たちはどのくらいもらっていたのかは、全然気にしてなかったから。最近、千種とは「きっと100億ぐらいは稼いだよね」って話していますね（笑）。

玉袋　大袈裟じゃなく、それぐらい稼いでたと思うよ。

ガンツ　80年代半ばの日本がいちばん景気のいい時代ですしね。

飛鳥　クラッシュの絶頂期、まだ「辞める」なんてなんにも言ってなかった頃、松永会長から「おまえらに退職金を渡しておくわ」って言われて、そのときにもらったのが700万円ずつでしたからね。

玉袋　それは相当抜いてるな（笑）。

飛鳥　千種とは「当時、1億円もらってもよかったよね」って話をしたんですけど。

玉袋　クラッシュからピンハネしたお金で、松永兄弟はきっとクルーザーを購入していたんだろうな（笑）。

ガンツ　クラッシュはプロレス興行の人気と芸能の人気のダブルだったから、相当凄かったと思いますよ。

飛鳥　クラッシュ・ギャルズの5周年コンサートのバックバンドはドリカムでしたからね。

椎名　凄い！　ドリカムがまだ売れる前ってことですよね？

飛鳥　そうです。だから当時から持ち歌だった『うれしい！たのしい！大好き！』とか『未来予想図』なんかは売れる前から知っていたんですよ。ドリカムは「お金がないから歩いてきた」とか「全然食べてない」とか言っていたのに、1年後くらいには急にトップスターになって。以後、ドリカムの経歴にクラッシュのバックバンドだったことは載っていないんですけど（笑）。

玉袋　ワハハハハ！　消された未来予想図だな（笑）。

飛鳥　でも本当に5周年のビデオを観ると、クラッシュ・ギャルズのTシャツを着た中村（正人）さんがベースを弾いて、（吉田）美和ちゃんがコールしているんですよ。

玉袋　それぐらい歌手活動でも人気がありながら、年間３００試合やってたっていうんだから信じられねえよ。

飛鳥　でも、それが当たり前だったんで。全女の興行は18時半に第1試合が始まって、歌のコーナーが19時半なんですよ。でも私たちは直前まで芸能の仕事をして、19時半ギリギリに会場入りして歌を歌って、着替えて試合をして。そして試合後にまた芸能の仕事があるっていう。

玉袋　よく生身の人間をそこまで働かせるよな（笑）。

飛鳥　「ビューティ・ペアみたいになりたい」と思ってこの世界に入って、本当になれたから幸せだったんですけど。あるとき、「なんでプロレスラーなのに練習ができないんだろう？」って思っちゃったんです。当時の友達から言われた「プロレスラーなのになんで練習しないの？」っていう言葉が頭に残っちゃって。そこから歯車が狂って思い悩んで、一時「芸能活動を辞めます」って言っちゃったんですけど。

「飛鳥さんがそこまで苦しんでたとは知らなかった。でも思い悩んでノイローゼになったのもプロ意識あってこそですよ」（玉袋）

ガンツ　それでクラッシュ・ギャルズも活動休止というか、一時解散状態だったんですよね。飛鳥さんはクラッシュの青の水着もやめて黒の水着になって、長与さんがひとりで芸能活動を続けて。
飛鳥　千種は全日本女子プロレス全体を背負っているという意識だったので、ひとりで芸能活動をやってくれていたんですけど、私は自分のことしか考えていなかった。
玉袋　いや、それは「考えていない」んじゃなく「考えられない」状態になってたんだと思うよ。精神的に限界に来ていて。
飛鳥　本当に精神的に苦しみましたね。そういう状態になると、前にもうしろにも、右にも左にも行けないんですよ。巡業中も誰にもしゃべりかけられたくないから、ずっとウォークマンのイヤホンをしっぱなしにして。本当は音楽なんか聴いていないのに、まわりを拒絶するために耳にイヤホンしていた。それがまわりのみんなもわかってるんですよ。もうノイローゼに近かったですね。
玉袋　飛鳥さんがそこまで苦しんでたとは知らなかったな。
飛鳥　当時、神谷美織が付き人をやってくれていたんですけど、「明日は何をしますか？」って聞いても私がいっさい答えないから、美織は自分で考えて、次の日を全部用意してくれてたんですよ。
玉袋　うわー！　神谷さんも大変だ。それにしても飛鳥さん、相当病んでましたね。回復してよかったよ。

飛鳥　ケガもあって3カ月くらい休んだあと、自分がちょっと元気になったとき、千種が千葉でソロコンサートをやっていたんですよ。私の復帰のきっかけとして、会社からファンのコには内緒で「アンコールで『炎の聖書』を歌え」って言われて、千種も了承してくれて出ることになったんです。そしてコンサートの最後に最後に『炎の聖書』のイントロが流れて、私と千種が一緒にステージに上がったとき、会場の盛り上がりが凄かったですね。

玉袋　悲鳴のような歓声だったろうな。ファンの女のコたちは、みんな泣いていたと思うよ。

飛鳥　ライブが終わってバックステージに戻ってきたとき、汗まみれで涙まじりの顔の千種に「やっぱりクラッシュには勝てないよ」って言われたんです。そのとき、「なんて申し訳ないことをしちゃったんだろう」って思って。千種は全女を背負ってひとりで芸能活動をしてくれていたのに、休んでいた私がポンと出ただけで「クラッシュには勝てないよ」と言った、千種のひと言が忘れられないですね。

玉袋　いやあ、それを飛鳥さんが言えるのも凄いよ！

飛鳥　自分のほうが歳はひとつ上なんですけど、千種のほうがプロとしての意識を持っていたんだなと思います。

玉袋　いやいや、飛鳥さんが思い悩んでノイローゼになったのも、プロ意識あってこそですよ。

ガンツ　雨降って地固まるじゃないですけど、あの時期があったからこそ、絆が深まった部分もあるんじゃないですか？

飛鳥　そうですね。ふたりとも1987年に引退して復帰したあと、自分はヒールをやってから2000年にクラッシュを再結成しましたけど、そのときも自分の中では「あの頃は本当にごめんなさい」という思いプラス、「あの時期があったからこそ、また組めるんだな」という思いがありましたね。

椎名　でもコンビとしてそれだけ売れて、もの凄く忙しい中で四六時中一緒にいると、コンビ仲もギスギスしてきますよね。

飛鳥　このあいだ千種ともその話をしていたんですけど、何が嫌ってわけじゃないんだけど、本当に箸の上げ下げさえも気に食わないんですよ（笑）。

玉袋　それは俺もどっかで感じたことあるな……。

ガンツ　プロレス界、お笑い界にかぎらず、これはコンビあるあるですか？（笑）。

玉袋　あるあるでしょう！

飛鳥　仲がよかったら売れないんですよね、きっと。お互いに自我があって、自分が感じるストレスと違うストレスを千種も感じていたかもしれないし。いまだからわかり合えますけど、当時はまだ子どもでしたから。

玉袋　10代で入って、ハタチくらいで大スターだもんね。

飛鳥　16歳で世間から離れて、ずっとプロレスやって人気が出たとき、千種とはお互い「天狗になるのやめようね」って言っていたんです。でもトップになったあとはすべてまわりがやってくれるから、知らず知らずのうちにそうなっていたのかもしれないですね。

ガンツ　またクラッシュ・ギャルズっていうのは、チームのエース格は飛鳥さんですけど、司令塔である長与さんのカラーが強かったから、そこもストレスになったんじゃないですか？

飛鳥　最初は全部、千種に合わせていたんですよ。千種の髪型がストレートだったんで、タッグチームらしく自分もしばらくはストレートにして。でも空手着というコスチュームも千種のカラーだし、髪型も千種と同じは嫌だと思って、この髪型にしたのがきっかけで、千種と全部一緒は嫌だなと思うようになっていきましたね。私たちは性格もまったく違うから、一緒にインタビューを受けても正反対のことを言うんです。でも質問に先に答えるのは千種なんで「合わせなきゃいけないんだ」というストレスもあったかもしれないですけどね。

「『長与が引退したあとはおまえを中心にやっていく』って言われたんですけど、3カ月半毎日、立野記代とシングルマッチだった」(飛鳥)

玉袋　でもよかったよ。いろいろあったけど、クラッシュ・ギャルズが復活できたわけだから。

ガンツ　1987年に長与さんが先に引退するって決まったときは、どんな思いだったんですか？

飛鳥　あのとき、本当はふたりで一緒に辞める予定だったんです。

ガンツ　えっ、そうだったんですか⁉

飛鳥　自分の新人時代は全女の低迷期で、ジャッキーさんの引退試合もお客さんがまばらで凄く寂しかったんですよ。

ガンツ　ブームが去ったあとは、大スターだったジャッキーさん引退試合ですらそうなってしまうと。
飛鳥　だから千種から「じつは辞めようと思う」と打ち明けられたとき、ビューティ・ペアの最期を見ている私は、会社とフジテレビに対して「ひとりで残るのは嫌だから、一緒に引退させてくれ」って言って、強く交渉したからOKしてもらったんです。ところが東スポが「長与千種引退」ってすっぱ抜いたあと、松永兄弟から「このあと、おまえが引退を発表しても後追いになるからやめとけ」って言われて。「長与が引退したあとは、おまえを中心にやっていくから」って言われたんで自分も「じゃあ、わかった」と納得したんですけど、千種が横浜アリーナで引退したあと、3カ月半毎日、前のほうの試合で立野記代とシングルマッチをやったんです。
ガンツ　完全に窓際に追いやられてるじゃないですか！（笑）。
玉袋　平気で約束を反故にするっていうね。松永兄弟恐るべし！
飛鳥　あのとき、もう会社はいま大相撲浅香山部屋の女将になっている西脇（充子）と堀田（祐美子）ちゃんを売り出したかったんですよ。
玉袋　ファイヤー・ジェッツね。
飛鳥　あの頃、ファイヤー・ジェッツとか若いペアがいっぱいいたじゃないですか？
ガンツ　北斗晶とみなみ鈴香の海狼組とか、前田薫と高橋美香のハニー・ウイングスとか。
飛鳥　そのどれかが当たればいいと思って、早く売り出したかったんですよ。
ガンツ　そして、ギャラが高いのはお払い箱だと。

玉袋　ギャラが高いって言っても、抜いているわけだから。安いって言ったら安いんだよ？

飛鳥　でも完全に辞めるように仕向けられてたので、体力の限界も何も感じていなかったんですけど、その扱いが嫌だったんで「もう辞めます」って言って。大宮スケートセンターが地元に比較的近いから「そこで辞めろ」って言われたんですけど、「絶対に嫌だ。最後は聖地で終わりたい」って言って、正式な引退試合は後楽園ホールでやるということだけは通しましたね。

玉袋　25歳定年制がまだあった頃だよね？

飛鳥　ありました。自分が26、千種が25で。ジャガーさんもそれぐらいで辞めたのかな？

ガンツ　当時の全女は昭和のアイドルと同じで、ある程度の年齢にいったら強制的に卒業させられていたんですよね。

玉袋　技術はあるわけだから、まだまだリングで素晴らしい試合ができるのに、辞めなきゃいけないのはもったいないよな。

飛鳥　少しでも落ち目になってきたらもういらないんですよ。仕方ないですけどね。向こうも人気商売だから。

ガンツ　既存のスターを長く引っ張るより、次のスターが出てくるだろうという。

飛鳥　だからビューティ・ペアで当たって大金を稼いで、松永兄弟全員が家を建て替え、クルマを買い替え、船を買い。ウチらで稼いでまたみんな家を買い替え、クルマを買い替え、船を買いましたからね。

玉袋　その船が沈んだんだよな（笑）。

椎名　それは女子プロレスが全女しかなかったからできたんだと思いますけど、90年代になると多団体時代になって、全女を辞めてもほかの団体でいくらでもできるようになりましたよね。だから25歳定年で辞めなきゃいけないのはクラッシュが最後じゃないですか。

飛鳥　女子プロレスの構造自体が変わりましたね。ブルの時代は私もテレビ解説に入っていましたけど、彼女たちはつらい時代に男子プロレスと交流して新しい男のファンを取り入れることで、私たちの時代とはまた違ったプロレスになっていったので。その後の時代はあのコたちが築いたんだと思いますね。

「クラッシュは千種が司令塔だったけど、ヒールとしてプロレス頭を使うことに目覚めてからはプロレスが本当に楽しくなった」（飛鳥）

椎名　クラッシュで女子プロレスに革命を起こした飛鳥さんから見ても、ブル、アジャ、北斗晶のプロレスは過激でしたか？

飛鳥　過激だし、複雑になっていましたね。だから1994年に「千種が復帰したなら自分もできるじゃん」って安易な気持ちで現役復帰したとき、プロレスそのものが違うからもの凄く苦労しました。ちょうど甲状腺の病気にもなって、ジャイアントスイングも回せなくなり、東スポに「ライオネス飛鳥はゴミ」って書かれたんですよ。

椎名　ゴミ！　ひどいですね～。

飛鳥　復帰したときは、ジャガーさん、バイソン木村と「ライディーン・アレイ」というユニットを組んでいたんですけど、ジャガーさんとバイソンだけ吉本女子プロレスに誘われて、自分が取り残されたときは号泣して。このままフェードアウトしようかなとも思ったんですけど、こんな無様なまま消えたら、クラッシュ・ギャルズ時代のライオネス飛鳥も無駄になると思って、病気をしっかり治して、総合格闘技も経験してから復帰したんです。

ガンツ　飛鳥さんって黎明期の女子バーリ・トゥードにも出てましたけど、病み上がりだったんですか！　しかも飛鳥さんって、そこから復帰後にまさかのヒールに転向して、レスラーとしての実力の全盛期を迎えるから凄いですよね。

飛鳥　そのきっかけをくれたのがFMWのレフェリー兼広報だった伊藤豪さんだったんですよ。「飛鳥さん、猛毒隊（シャーク土屋&クラッシャー前泊中心のヒールユニット）と組んでヒールをやってみませんか？」って言われて、悩んだんですけど、病気のときも一か八かで治療して治ったので、人生って一か八かなんだなと思って、思いきってヒールの道を選んだら、凄く楽しかったんです。

ガンツ　プロレスってこんなに楽しいものなんだって、ヒールになって気づいたみたいな。

飛鳥　本当にそうですね。

椎名　平成裁恐猛毒GUREN隊ですよね。なんちゅう悪い名前だと思って（笑）。

ガンツ　各団体の悪い3チームが合わさって、銀行の合併的にその名前になったんですよね（笑）。

飛鳥　そうそう（笑）。ウチらが裁恐軍だったんですけど、そこに猛毒隊とLLPWのイーグル沢井がやってた平成GUREN隊が合わさって、平成裁恐猛毒GUREN隊でしたね。

玉袋　悪の全部盛りだな。でもクラッシュ・ギャルズで一世を風靡した飛鳥さんが、復帰してヒールになってからプロレスの本当の楽しさを知ったっていうのが深いな。

飛鳥　クラッシュ・ギャルズは司令塔が千種だったんで、私は頭を使う必要がなかったんです。でも復帰してヒールとしてプロレス頭を使うことに目覚めてからは、プロレスが本当に楽しくなりましたね。クラッシュ・ギャルズのときはそこを楽しめてなかったんで。

ガンツ　ヒールになって、自分のプロレス頭に自信がついたからこそ、長与さんのGAEA JAPANにも乗り込んで行けたんじゃないですか？

飛鳥　そうですね。平成裁恐猛毒GUREN隊もそうなんですけど、GAEAでのSSCは芸術だと思っているんで。それと同時にクラッシュ2000を結成したときも、千種はそれまでヒラヒラがついたコスチュームでしたけど、自分はヒールで作り上げたイメージを消したくなかったんで、ヒラヒラのついていない黒で統一したコスチュームにしたんですよ。ふたりの衣装を作るとき、「これだけは譲りたくない」と思って言わせてもらいました。だからクラッシュ・ギャルズとはまた違ったクラッシュ2000を楽しめたかなって思いますね。

ガンツ　長与さん主導のクラッシュ・ギャルズとは違って、クラッシュ2000は本当の意味でふたりの個性が合わさったものになったんですね。

玉袋　カアー！　たまらんねえ。

飛鳥　その5年後、自分は首をケガして医師から「次にやったら、四肢が麻痺するよ」って言われて、千種も肩が悪かったから、ふたりで「今度こそ一緒に引退しよう」と決めたんです。それでGAEAとも話して、（2005年4月3日）横浜文体で同時引退することが内定したんですけど。（里村）明衣子や（加藤）園子やGAEAの若いコたちが「クラッシュさんたちがいなくなるなら、自分たちもフリーでやります」っていう意見を言ったらしくて。文体の1週間後の後楽園で解散式をやることになったので、千種の引退はその後楽園になったんですけど。おもしろいのは、最初の引退は千種が横浜アリーナで、私は聖地の後楽園。2度目の引退は、千種のほうが後楽園で、自分が同じ横浜の文体になったので、それも運命なのかなって。

玉袋　横浜と後楽園に磁場があるんだろうな。

ガンツ　そういう縁があるからこそ、今年（2003年）10月1日におこなうクラッシュ・ギャルズ40周年のイベントも横浜武道館でやることになったんですか？

飛鳥　それも運命なんですよ。最初は35周年のとき、千種の団体マーベラスから「KAORUが復帰するから、その大会でクラッシュとして歌ってくれないか」という話をもらったんです。KAORUも自分の元付き人だったので。それで事務所の人と相談したら「何十年ぶりにふたりが揃うなら、後輩の復帰の日じゃなく、ちゃんとクラッシュ・ギャルズ復活をメインでやったほうがいいんじゃないか」ということになって、話が途中まで進んでいたんですけど、お互いのスケジュールの都合もあってうまくいかなくて。そうこうしているうちにコロナが始まってしまい。

玉袋　コロナでの計画中断は、ここ数年たくさんありましたもんね。

飛鳥　そして今年、コロナも緩和されてきてちょうど40周年、自分も60歳になる記念すべき年だ

ライオネス飛鳥

からやろうってことになったんですけど、どうにも会場が取れないんです。それでいろんな人に協力いただいて、遠方からも来られる日曜日と考えたときに押さえられたのが横浜武道館だったんです。だから、これも意味があるのかなと思いますね。

ガンツ　横浜武道館は、旧横浜文体の後継会場ですもんね。

玉袋　そうか！

飛鳥　自分はまだ新しくなってから一度も行けてないんですけど、バンドも入れて大掛かりにやりたいと思っているので「いよいよだな」という感じですね。

玉袋　最高！

椎名　苦しい時期もあったけれど、40周年でまた一緒にやれるのが素晴らしいですね。

飛鳥　本当に来てくださるファンの皆さんと同じ空気を吸って、あの頃に戻れたらなと思いますね。

ファンの人たちもいろいろな問題を抱える年代になってきて、大変な局面に突入している人もいると思うんですけど。あの頃、クラッシュ・ギャルズを観てつらいことを乗り越えてくれたように、少女の頃に戻って、また明日に向かって前向きになれるようなイベントにしたいですね。

玉袋　いいね。泣けてきちゃったな。

ガンツ　『炎の聖書』や一連のヒット曲を聴いたら、一瞬であの頃にタイムスリップしちゃいますよ。

椎名　みんな紙テープを買って集まってほしいね。

ガンツ　女子プロレスは紙テープを投げる文化がまだ残っているのがいいですよね。普通のコンサートじゃ、紙テープ投げは禁止ですもんね。

飛鳥　これはおこがましいんですけど、また女子プロレスが盛り上がるきっかけになってくれればいいなと思っているんです。「クラッシュ復活」のニュースが報道されて、クラッシュ引退以来、プロレスから離れていた大人たちがまたプロレスを観にくるかもしれないし。子どもたちを連れてきてくれるかもしれない。

玉袋　子どもどころじゃない、もう孫を連れてくるよ！

飛鳥　そうやって女子プロレスに恩返しができたらなって思っています。

玉袋　いや〜、素晴らしい！　では10・1横浜武道館、大成功をお祈りしてます！

〝女帝〟
ブル中野

ブル中野（ぶる・なかの）

1968年1月8日生まれ、埼玉県川口市出身。1983年に全日本女子プロレスに入門。ダンプ松本率いる極悪同盟の一員として活躍する。1988年のダンプ引退後は獄門党を結成し、ヒールとして全女を牽引する立場となる。1990年にはWWWA世界シングル王座を奪取。その後、アジャ・コングとの抗争を繰り広げ、金網デスマッチで一世を風靡する。1993年よりアメリカのWWF（現WWE）に参戦。WWE世界女子王座を獲得する。1997年に現役を引退。2024年、日本女子レスラーとしては史上初となるWWE殿堂入りを果たした。

［2016年7月15日収録］

「中1でもうオーディションは受かってたので、半分全女に入ってましたね」(ブル)

ガンツ　玉さん、今回は我らがブル様に満を持して登場していただきました。中野さん、今日はよろしくお願いします！

ブル　は～い、よろしくお願いします。

玉袋　うれしいね～！　でも、シラフでブルちゃんの前に来ると、どうも照れるんだよな（笑）。

ガンツ　ボクらが『中野のぶるちゃん』に来るのは、だいたい酔っ払ったあとですもんね（笑）。

玉袋　いつもベロンベロンだよ（笑）。だから、まずは乾杯からいかせてもらおうか。それじゃあ、カンパーイ！

一同　カンパーイ！

玉袋　（ビールを飲み干して）クゥ～、うめぇ。中野さんは、引退されて何年ですか？

ブル　18年ですね。

玉袋　もう18年も経っちゃったんだ！　つい、この間みたいな感じがするよ。

ブル　30歳で引退して、いま48なので。

ガンツ　そして、ブル様が金網のてっぺんから飛んで、もう25年なんですよね。

玉袋　もう四半世紀か！　そりゃ、俺たちもトシ取るよな（笑）。

ブル　でも、25年前の試合を、ファンの皆さんがちゃんと憶えていてくれるのがうれしいですね。

玉袋　そりゃ、忘れらんないよ！　一生忘れねえ。
ブル　ああいう試合は、現役の間に1試合か2試合できたらホントに幸せなことだと思うんですよ。そういう試合がない人もいるわけだから。
ガンツ　後世に残る、自分の〝代表作〟ってことですよね。
玉袋　いま思い返してもドキドキするもんな。しかもさ、クラッシュギャルズやダンプ（松本）ちゃんが引退して、草木も生えなくなってた全女をあれだけ盛り返したんだからね。あの試合は深夜にフジテレビで放送されたの憶えてるけど、テレビの前の人間、全員に衝撃を与えたよ！
ブル　当時、『全日本女子プロレス中継』にはスポンサーがどこもついてなかったので、あの試合もＣＭがひとつも入ってないんですよ。だから、ＤＶＤで観てる感じで観られるんです。
玉袋　ある意味、贅沢な番組だったんだな（笑）。こうやって、深夜に晩酌しながら観る女子プロも好きだったけど、もともとは日曜の午後やってたやつが好きだったね。
ガンツ　昔は月に2回、日曜の午後に1時間半枠とかでやってたんですよね。
玉袋　いいんだよな〜。団しん也とか、鈴木ヒロミツ、松岡きっこなんかが放送席のゲストに来ちゃってね。たぶん、ブル中野の試合を初めて観たのも、お昼のテレビだったと思うよ。
ブル　私、デビュー2年目からメイン出てましたからね。
ガンツ　10代の頃から（笑）。
玉袋　早え！（笑）じゃあ、まずは若え頃の話から、聞かせていただきたいね。
ガンツ　中野さんは全女入りする前は、どんな生活を送ってたんですか？

ブル　プロレス入るまでは、手芸部でした。
ガンツ　手芸部！（笑）。
玉袋　かわいいな〜。金網を編んでたわけじゃないですよね？
ブル　金網は編まない（笑）。手芸部でエレクトーンも習ってたんです。
玉袋　そりゃ、お嬢様だよ！
ガンツ　それで、プロレスも好きだったんですか？
ブル　プロレスは小学5年生でアントニオ猪木さんに憧れて、最初は女子プロは観てなかったんです。でも、そこからプロレスのことをいろいろ調べるうちに、女子も観るようになって。私が中学2年のとき、ジャッキー（佐藤）さんが大田区体育館で引退式をやったんで、それは録画しましたね。まだタイマー予約ができないデッキの時代なんですけど。
ガンツ　「せ〜の！」で録画ボタンと再生ボタンを一緒に押すやつですよね（笑）。

玉袋 ガッチャンってやつだよ（笑）。そのあとですか、全女に入るのは。
ブル いや、中1でもうオーディションは受かってたので、半分入ってましたね。
玉袋 中1だったんですか！　中1の女の子をプロレス団体で働かせていいのかよ（笑）。
ブル 募集要項では、15～18歳までってなってたのに、ウチの母がおかまいなしに応募して、あっちもよく見ないで合格っていう（笑）。
玉袋 年齢ぐらい確認しろよってな（笑）。全女だな～！
ガンツ ちょうど、レスラーのなり手もいない時代だったんですかね？
ブル いなかったですね。ミミ（萩原）さんが半ケツ出して歌ってた頃なので（笑）。
玉袋 女子中学生が「私もリング上で半ケツ出した～い！」って、あんま思わねぇもんな（笑）。
ガンツ ビューティ・ペア時代が終わったあとの、谷間の時代だったんですね。
ブル それでもお客さんはけっこう入ってたんですけど、おじさんとか、お年寄り、子どもが中心で、ピューティ・ペアのハッピを着て応援されていた方たちが一切いなくなってましたね。
ガンツ 中野さん自身は、女子プロレスラーになりたくて受けたんですか？
ブル なるつもりはなかったんですけど、母に「オーディションに行けばデビル（雅美）さんにサインとかしてもらえるんだから」って無理やり連れて行かれました（笑）。
ガンツ お母さんが入れたがったんですか（笑）。
玉袋 当時の親だったら、ホリプロのスカウトキャラバンとかに出すもんだけどな（笑）。
ブル たぶん私が内気だったし、なんにも真剣に取り組んでなかったから、世間のつらさを覚えてほしいっていうつもりで入れたんだと思うんですけど。
ガンツ　戸塚ヨットスクール的な感じですかね（笑）。
ブル　きっと3カ月もしないで、音をあげて帰ってくるだろうって踏んでたんでしょうけど、そこから15年帰らなかったんです。
玉袋　中学生女子が、そっから15年だよ！　途方もないよ。
ブル　一応、義務教育は卒業しなきゃいけないから、卒業後に正式入門というカタチになったんですけど、中2、中3の夏休みには、もう全女の寮に入ってましたから。
玉袋　それは、相当強烈な夏の思い出になっちゃうよ。
ブル　巡業にも連れていかれて、リングを作ったりもしたんですけど、ほとんどはパンフレット売りが私の仕事で。あと、第1試合の前に非公式の試合を、全女の新人とやってましたから。
ガンツ　非公式とはいえ、中2で試合までやってましたか（笑）。そのとき、おいくつですか？
ブル　14歳ですね。
ガンツ　14歳！　あのテリー・ゴディがデビューした年齢と同じですね（笑）。
ブル　でも、ノーギャラなんですよ～。
玉袋　まあ、それは非公式なんだからしょうがない。でも、一度そうやって大人の世界を知っちゃったらさ、二学期に学校戻っても、学校の先生とか凄くチンケに見えちゃうよね。
ブル　そうでしたね。全女では朝から晩まで働きっぱなしなので、二学期に学校戻ったら、「学校ってこんなに楽なんだ」って思いましたから。あと、女子プロレスの内部に入ったことで、テレビで見ていた人の本当の顔というか、「この人、ホントは怖いんじゃん」とか「悪役だけどやさしいんだな」とか、そういうものも全部見えちゃったので。

玉袋　ある意味、それも大人の世界を知ったってことでね。

ブル　なんか、ショックでしたよ（笑）。

玉袋　俺もたけし軍団に入ったときがそうだったもんな～。兄さんの中には、「こんな嫌な野郎だったのか！」っていうのがいたもん。いたっていうか、まだいるんだけどさ（笑）。

ガンツ　たけし軍団に25歳定年制はないですからね（笑）。

「ブームのたびに、厳しいほうに〝憲法改正〟されちゃうわけだな」（玉袋）

玉袋　永遠に居残ってたりするんだよ！（笑）。で、通いの練習生だった中学時代っつーのは、先輩にかわいがってもらえたんですか？

ブル　最初はよくしてもらったんですけど。私、エレクトーン以外に柔道もやってたんですね。なので、前座で新人選手とやったとき、勝っちゃったんですよ。そこからいじめられ始めて。「あんた、いつ入ってくんの？」みたいな。

玉袋　おいおい、手ぐすね引いて待ってるよ。ゾッとするね。女だけの世界でよ。

ガンツ　それはすぐ上の先輩なんですか？

ブル　残っていれば1コ上の先輩だったんですけど、私が正式に入門したときは、もう辞めてましたね。ああいう、せこい性格の人は辞めちゃいますよ。

ガンツ　せこい性格（笑）。

玉袋　でも、正式入門ってことになると、通い時代とは比べものにならないくらいつらかったんじゃないですか？

ブル　そうですね。私はケンカやスパーリングは強かったんですけど、運動神経は鈍いほうだったんですよ。だから、一応同期になる小倉由美、小松美加、永友加奈子は運動神経が凄く良かったので、あっという間に抜かされて。スパーリングは一番でも、走ったりとか基礎体力はいつもビリで。プロテストもなかなか受からなくて、3回目に補欠でやっと受かったんです。

玉袋　新人時代っていうのは、松永会長とお話する機会とかあるんですか？

ブル　ありましたよ。会長が毎日教えてくれていたので。

ガンツ　へ〜、会長が直で教えてくれる時代だったんですね。

ブル　でも、会長がなんでも教えてくれちゃうので、あとで痛い目に遭ったんですよ。

ガンツ　どういうことですか？

ブル　全女では「この技はこの人の技」っていうのが、しっかり決まっていて、他の人、ましてや新人は絶対に誰かの技を使ってはいけなかったんですよ。でも、そんなことは知らなくて、デビュー前に前座でエキシビションマッチをやったとき、ド新人なのに会長に教えてもらった技をどんどん使ったんですよ。アトミックドロップとか、あとダンプさんの技である体当たりとか。そしたらもう、控え室に戻ったあと、ケチョンケチョンにやられました。

玉袋　うわ〜、こえ〜！

ガンツ　知らずに先輩の技を使ったら、リンチが待っているという（笑）。

ブル　しかも、先輩方は会長に「あんなの絶対にデビューさせちゃダメですよ」とか、言ってるんですよ。

玉袋　先輩のかわいがりは怖い！

ガンツ　会社が決めることより、現場のことは選手間で脈々と受け継がれてきた先輩・後輩の〝掟〟のほうが重要なんですね。

ブル　そうですね。白いものも先輩が黒と言えば黒ですから。

玉袋　全女だと新人は、先輩のペットの犬より位が下だもんね（笑）。

ブル　そうですね。だいぶ下です（笑）。

玉袋　犬以下なんだから、すげえ世界だよ。

ブル　それでみんな、夜になると寮の下にある公衆電話で、家に電話して、「もう帰りたい……」って泣いてるんですよ。

玉袋　そりゃそうだよ、逃げたくもなるよ。

ブル　私も一回だけ「もうダメだ」と思って、「帰りたい！」って親に電話をしたんです。それまでは電話で話してても「うん、大丈夫だよ」って意地を張ってたのが、「帰りたい」って言い出したんで、お母さんが「すぐ帰ってきな！」って言ったんですね。逆に「何言ってるの、がんばりなさいよ」って言われたら逃げていたと思うんですけど、「すぐ帰ってきな！」って言われたら、やっぱり帰れないと思って、そこはとどまりましたね。
ガンツ 「帰ってきな！」と言われたことで、心配かけたくないと思ったわけですか。
ブル そうですね。あと、自分には帰るところがまだあるんだと思ったんで、ギリギリまでもう一度がんばろうって。
玉袋 そっからまた、旅（巡業）が始まるわけだもんな。新人時代、日記とかはつけていたんですか？
ブル 日記を書く余裕はなかったんですけど、とにかく巡業中は配られたスケジュール帳を毎日塗りつぶして、「ああ、今日もやっと終わった。あと何日だ、早く帰りたい」って感じでしたね。
玉袋 それ、刑務所で壁に棒線を引いてる囚人と一緒だよ！（笑）。巡業中はテレビなんか観る暇もなかったんですか？
ブル なかったですね。地方だと当時はコンビニがないから、試合が終わると食べるところを探すのもひと苦労で。あと新人の頃は、ホテルじゃなくて旅館の大部屋だったので、ご飯も宴会場みたいなところでみんなで食べるんですよ。そうすると、先輩のおかわりをやらなきゃいけないから、自分たちが食べる暇がなくて。先輩が食べ終わると、今度はお風呂の順番を回すっていう仕事があって、全員入り終わるまでお風呂場で待ってなきゃいけないんですよ。それで結局食べられず、新人はどんどん痩せていくという（笑）。
玉袋 身体作らなきゃいけねえ時期に、食う時間もねえんだ。つれえ！
ブル だから先輩がバスに残していった食べ物をこっそり食べたりとか、ゴミ箱に捨てたものを食べるとかそういう感じで。

ガンツ ゴミ箱漁って、食べ物を探してましたか！

玉袋 スラムでネズミ食ってた、ロード・ウォリアーズと変わらないよ！（笑）。

ガンツ しかも、こっちはリアルですからね。

玉袋 そういう縦社会の倣いっていうのは、全女の創成期の頃からあったんですかね？

ブル だんだん、作られていったんだと思いますね。昔の先輩に聞くと、「そこまでは厳しくなかったよ」って言うんで。やっぱり、ビューティとかクラッシュのブームの時の新人が一番大変なんですよ。そのときに、いろんな決めごとができちゃうので。

玉袋 ブームのたびに、厳しいほうに〝憲法改正〟されちゃうわけだな。

ブル だから私がトップの頃、新人が入ってくると、ノートを渡されてましたよ。「これが全女のルールだから」って、そのノートにいろんな掟が書いてあったみたいで（笑）。

ガンツ 裏の全女ルールブックが存在しましたか（笑）。

ブル 「ノートになんて書いてあったの？」って聞いたら、「先輩とは絶対に目を合わせてはいけない」「先輩が話しているときに目を見てはいけない」とか、「〝はい〟、〝ありがとうございます〟しか言わない」とか細かく書いてあって、びっくりしましたね（笑）。

ガンツ いちいち口で教えるのが面倒だから、その頃には条文化されていたんですね（笑）。

玉袋 まさに、〝押し付けられた憲法〟だな（笑）。でも、年間250大会ぐらいやってたら、基本的にオフなんかはないんでしょ？

ブル　ないですね。
玉袋　じゃあ、数少ない休みのときは何をしてたの？
ブル　練習と、あとは先輩のガウンの洗濯とか、そういう仕事ですね。

「クレーンさんは仲間割れで極悪同盟追放になって、そのまま引退なんですよね？」(ガンツ)

玉袋　そういう日々からいつ解放されるのかも、わからないわけだもんね。それに耐えられたっていうのは、なんなんだろ。
ブル　当時は全女しかなかったので辞めたらプロレスが一生できないっていうのと、あとやっぱり「プロレスラーになるんだ」って言って東京に出てきたので、有名になるまで地元には帰れなかったですね。
ガンツ　途中で帰ったら、「中野さんちの子、逃げて帰ってきたよ」ってことになっちゃいますもんね。
玉袋　ご近所や周囲の目もあるし、地元帰ったら同級生なんかにも会っちゃうだろうしな。
ガンツ　ご近所の目という意味では、極悪同盟に入ったときも、そうとうつらかったんじゃないですか？
ブル　もう、みんな手のひら返しでしたね。地元の友達とか知人、親戚なんかもみんなデビューの時は応援してくれて、水着を買ってくれたりしてたんですけど、極悪に入ったら、「なんでこんな悪役になっちゃったの！」って凄かったですね（笑）。

ガンツ　なりたくてなったわけじゃないのに（笑）。

ブル　あの頃、「悪役での人気がある」みたいなことは、ありえなかったので。悪役になったら最後、世間に顔向けはできないし、家族も白い目で見られるし、地獄みたいな感じだったんですよ。

ガンツ　〝ヒールターン〟なんて甘いもんじゃなくて、〝悪人〟〝嫌われ者〟になるわけですもんね。

玉袋　それまで苦しい新人時代に応援してくれた人まで、みんな手のひら返されるって、これまたつれえな〜！

ブル　悪役になる前は、ファンの子もちょっとずつ増えてきて、交換日記をやったりとかしてたんですけど（笑）。

玉袋　ファンと交換日記！　ＬＩＮＥなんか、ねえ時代だもんな。

ガンツ　新人時代、自分にファンがついたときは、うれしかったんじゃないですか？

ブル　初めてファンレターが事務所に来たときは、もううれしくて、ずっと取っておきましたね。

玉袋　だよな〜。そういうのが、苦しい修行時代の支えになるんだよ。

ブル　でも悪役になると、それがピタリとなくなりますから。ベビーフェイスはいろんな差し入れがもらえて、食べる物も着るものももらえちゃうんですけど、悪役には一切ないですからね。

玉袋　当時、悪役になるつーのは、シャバとの縁を切るようなもんだったんだろうな。全女というと、先輩たちに派閥があったって言われますけど、中野さんの時代はどうだったんですか？

ブル　私の頃は、ジャガーさん派とデビルさん派ですね。で、クラッシュができてからは、チコさん（長与千種）派、トモさん（ライオネス飛鳥）派、ダンプさん派で。

ガンツ　リング上では、ベビーフェイスと極悪の2派の対抗でしたけど、実際は3派に分かれていたという（笑）。

ブル　クラッシュさんの対立のほうが、むしろ激しかったかも（笑）。

玉袋　まあ、そうなんでしょうね。昔の資料をあたるかぎり、かなりの対立だったみたいですからね（笑）。

ブル　新人が入ってきたらすぐに、「誰のファンなの？」って聞いて、自分のファンじゃなかった人はもう無視されるっていう世界なんですよ。ホントにこの3人の名前のどれかを言わないと生き残っていけないんです。

玉袋　候補者は3人だけ！　他の〝泡沫候補〟に投票したら、居場所がねえわけか〜。

ガンツ　でも、その3人だと、ダンプさんに憧れて入った人って、ほとんどいないんじゃないですか？

ブル　たまにいるんですよ。そういう子は、めっちゃめちゃかわいがられますね。

ガンツ　逆にアジャさんは、極悪入りしたあとも長与千種信者の心が消えてないことがバレてて、ダンプさんに嫌われてたんですよね（笑）。

ブル　悪役は、会社から「おまえ、極悪に行け」って、言われるのでそうなっちゃうんですよね。

ガンツ　長与千種みたいになりたくて全女に入ったのに、会長に「おまえがベビーフェイスのわけねえだろ！」って言われて（笑）。

玉袋　アジャさんにも、そういう暗い過去があるんだよな〜。それがいまや、ワハハ本舗所属で明るくやってるんだから、えらいよ！

ガンツ　中野さんの場合は、ダンプさんからドラフト1位的な感じで、極悪に引っ張られたんですよね？

ブル　そうなんですよ。ダンプさんは、もともとクレーン・ユウさんと組んでたんですけど、あまり仲が良くなかったので、私を引き入れようと思ったんじゃないかと思います。

玉袋　その仲が悪かった理由っていうのは？

ブル　完全に同期だからですね。やっぱり自分が絶対に一番じゃなきゃ嫌で、同期だと張り合っちゃうから。それはクラッシュさんも一緒だったと思います。

ガンツ　クラッシュも極悪も、パートナー同士で「どっちが上かってことで」仲が悪くなってたわけですか。

ブル　クラッシュの場合、タッグ結成前は凄く差が開いていたんですよ。飛鳥さんは、〝ジャッキー二世〟と呼ばれて、ほとんどメインに出てて。で、長与さんは1試合目、2試合目で、後輩の私たちと試合をしてたんです。それがクラッシュを組んだ瞬間、長与さんがガーッと上がっていっちゃって、最後は抜いちゃったじゃないですか。その完全に抜く前の、抜くか抜かないかのときに大ブームになってるから、どっちも気が気じゃないみたいな（笑）。

ガンツ　あのブームの真っただ中に、パートナー同士でバチバチのライバル抗争が裏であったんですね（笑）。
ブル　で、ダンプさんは、ジャッキーさんに憧れてたのに悪役にさせられて、〝ジャッキー二世〟と呼ばれた飛鳥さんには相当なライバル意識を持っていたようですからね。
玉袋　全女では、そういった個人の感情を松永兄弟がコントロールして、わざと仲違いをさせて、それをマッチメイクしていったという話を聞いたんですけど、実際にそうだったんですか？
ブル　そうですね。時間差で事務所に呼びつけて、「あいつがこういう悪口を言ってる」って（笑）。
玉袋　焚き付けだよ（笑）。新人で入ってきた少女はさ、そりゃ純真だから。
ブル　信じちゃいますよね。
玉袋　信じちゃうよな〜。
ブル　そこでもう、「あいつなんか！」ってなっちゃうから。「ホントに言ったの？」って、本人に聞く暇もないんですよ。すぐに試合が組まれちゃうから。それでお互いが全然話をしなくなっちゃって、その対立がリングからも見えたから、それが良かったんでしょうね。
ガンツ　中野さんは、ダンプさんとクレーン・ユウさんが、完全に割れる瞬間も見てるんですよね？
ブル　はい、あのときはセコンドにいたので。
ガンツ　ダンプさんとユウさんが、極悪同士のシングルマッチをやったんでしたっけ？
ブル　そうですね。『ジャパングランプリ』という総当たりリーグ戦で、年に一度だけ悪役同士もあたるんですよ。それで試合前、ダンプさんに「俺のセコンドにつけよな」って言われて。

玉袋　「俺」なんですね（笑）。

ブル　ダンプさんに言われたら、もう「はい！」しか言えないんで。それでクレーンさん側には誰がつくのかなと思ったら、ほぼ全員がダンプさんに付いていたんですよ。

玉袋　うわ～、それはちょっとクレーンさんに同情するな。

ブル　本当にかわいそうな辞め方でしたね。

ガンツ　仲間割れで極悪同盟追放になって、そのまま引退なんですよね？

ブル　そうですね。何もなく突然引退させられて。

ガンツ　組を破門になった者は、この世界では生きていけない的な（笑）。

ブル　それで会長が「おまえ、レフェリーをやれ」って。

ガンツ　それまでダンプ松本と並ぶ、極悪同盟のツートップでやっていたのが、翌週からは縞模様のシャツ着てレフェリーになってるっていう（笑）。

玉袋　残酷だな～（笑）。いやあ、それはヒリヒリするわ。

「私は『悪役になれ』って言われたとき、『人生終わった』と思いましたからね」（ブル）

ブル　結局、ダンプさんが引退したあと、マスクを被って悪役にカムバックするんですけど、そのときはもう私が上になってるので、クレーンさんは後輩扱いになっちゃうんですよ。それも大変でしたね。

ガンツ　ダイナマイト・ジャックに改名してましたけど、中野さんの子分的立場でしたもんね。

玉袋　元先輩の上になったときの気持ちはどうだったんですか？

ブル　そのときは、自分がトップでやってきたという気持ちがあるので、「いまクレーンさんが戻ってきても、仕事に関しての流れは全部自分が決めなければいけない」と思ってました。でも、クレーンさんも「ブルちゃんの好きなようにしていいよ」って言ってくれていて。そういうやさしい人だったからナンバー2だったのかなと。

ガンツ　全女という弱肉強食の世界で、そこまで我が強くなかったんですね。

玉袋　だけど悪役になったからには、甘さは捨てなきゃいけないっていうね。甘さどころか、自分の人生だって、一旦捨ててるようなもんなんだから。

ブル　実際、私は「悪役になれ」って言われたとき、「人生終わった」と思いましたからね。

ガンツ　それぐらい過酷な宣告で。

ブル　やっとプロになれて、その年の最後の後楽園で同期に勝って新人王になったんですね。それで「やったー！　来年もがんばろう！」って思ってたのに、その直後に「悪役になれ」って言われたときは、もう天国から地獄に落ちた感じでした。

ガンツ　それで髪も半ハゲに切られて。

玉袋　それが17歳だろ？　まいっちゃうよな〜。地元に帰れば、みんな恋なんかしちゃってる頃にさ。

ブル　中学時代の友達に電話したら「デートで映画見に行った」とか言ってましたからね。
ガンツ　でも中野さんも、当時彼氏がいたんですよね？
ブル　はい、頭を剃る前ですね。吉川晃司に似てたファンの子と付き合っていて（笑）。
ガンツ　吉川晃司に似たファン（笑）。
玉袋　17歳ですでに三禁を破ってたわけだな（笑）。
ブル　私も中学を卒業してすぐに入門して、当時はウブだったので、「好きだ！」って言われると、あっちはプロレスラーとして好きだったのかもしれないですけど、「あっ、好きなんだ」って思っちゃって。その人は九州の小倉に住んでたんですけど、巡業で九州に行くたびに会えて、もううれしいみたいな（笑）。
玉袋　そういう淡い恋も、全部刈っちゃったわけだな。
ガンツ　仏門入りですよね。

玉袋　ホント！　瀬戸内寂聴だよ！
ブル　それで剃ってからすぐ嫌われたというか、自然消滅で。そしたら、しばらくして私の同期の子と付き合ってたので、びっくりしました（笑）。
玉袋　単なる女子プロレスラー好きの男じゃねえかよ！（笑）。でも、悪役で生きていくって決めて、頭も刈ってるわけだから、吹っ切れていいかもしれないけどね。
ガンツ　でも、当時もの凄く奇抜だったあの髪型、いまや中邑真輔が受け継いでますよね。
ブル　いまは、みんなファッションでやってますからね（笑）。
玉袋　みんなブル中野から30年遅れてるってことだよ！（笑）。でも悪役になってからは、昔の同級生なんかよりお米（お金）は、だいぶもらってたんじゃないですか？
ブル　ダンプさんと組ませてもらってから、試合以外にバラエティとかドラマにも出させてもらっていたので、月70万～100万くらいはもらってましたね。
玉袋　デビュー2～3年でそれは凄い！　その稼ぎっていうのが、ひとつの支えだったのかもね。
ブル　でも、買い物する時間もなかったので、ずっと貯金してる感じでしたね。初めてのお給料から、父と母と私と妹の分の通帳を4つ作ったんですよ。そこに毎月1000円ずつ入れていたんです。そこからだんだん額を多くしていって、いつか両親や妹にあげようって。
玉袋　いい話だな～！　どこが極悪なんだよ（笑）。ホントに善良で、親孝行ないい娘だよ～！
ガンツ　ダンプさんもプロレスで稼いだお金で、お母さんに家を買ってあげたんですよね。
ブル　そうですね。ダンプさんの稼ぎは桁が違ってて、いつも給料袋が立ってましたからね。しかも、それが3本！　たぶん、300、300、300ですよ。
玉袋　うおっ、月に900万か！
ガンツ　それが30年前の話ですからね。
玉袋　立たせてみてえな〜！
ブル　途中から振り込みになったんですけどね。
玉袋　でも、10代だったブルさんにとって、ダンプさんと組んで、ドラマの現場に行けたりするのは、うれしかったんじゃないですか？
ブル　そうですね。ホントにテレビで観てる人が目の前にいるので、緊張して話すこともできなかったんですけど。
ガンツ　中山美穂とドラマで共演ですもんね。
玉袋　『毎度お騒がせします』だな。
ブル　美穂ちゃんもたぶんそのときにデビューしてるんですよね。あと、ピンク・レディーのMIEさんもいらして、「MIEちゃんだよ！」みたいな（笑）。
ガンツ　極悪メイクの下で、ときめいてましたか（笑）。
ブル　で、影かほると私でキャーキャー騒いでたら、ダンプさんからの命令で、「それならドラマが終わるまでにMIEさんを食事に誘え」って言うんですよ（笑）。まだ、私は18歳でそんな大人の人を食事に誘ったりなんてしたことないし、しかも相手は大スターだし、だけどやらなきゃダンプさんに怒られるし。

玉袋　先輩は無理難題を言うんだよな（笑）。
ブル　それで、少しずつ近づいて、勇気を出して「お食事とか行きませんか？」って言ってみたんですよ。そしたら「なんの料理が好きなの？」って聞かれて、「なんでもいいです！」って言ったら、「私はフレンチが好きだわ」って。それで「じゃあ、ぜひ！」って言って。結局、「約束だけは取り付けました！」って報告したんですけどね（笑）。

「利害関係のない、阿部四郎が一番公平だよ（笑）」（玉袋）

玉袋　いい話だな～。でも、当時の忙しさで言えば、極悪同盟のほうが、〝全盛期のピンク・レディー状態〟だったわけだからね。
ガンツ　年間250試合の巡業の合間に、芸能の仕事がびっちり入ってるわけですもんね。
ブル　地方から飛行機に乗って東京でテレビに出てすぐとんぼ返りとか、よくありましたからね。
玉袋　自分がいま、どこにいるのかもわからなかったと思うよ。
ブル　関東とか、2～3時間で行けるところは日帰りなんですけど、ダンプさんは試合が終わると「すぐ帰るぞ！」ってタクシー乗って、新宿二丁目に直行するんですよ。それで朝まで一緒に付き合わされるんで、東京にいるときのほうが大変なんですよ。
ガンツ　その忙しさで、朝まで飲んでましたか。
ブル　私もダンプさんからお酒を教わったというか、とにかく飲まされて「吐きながら覚えろ！」

って（笑）。

玉袋　恐るべし！（笑）。

ガンツ　当時は、とんねるずの『一気！』が流行ってる時期ですしね（笑）。

ブル　だから、ヘネシーをアイスペールに注ぎ込んで、それを全部飲まなきゃいけないとか。そういう時代でしたね。

玉袋　ダンプちゃんもストレス溜まってただろうから、そういうことでしか発散できなかったんじゃないのかな。

ガンツ　普段はヒールとして、笑顔すら見せられなかったわけですからね。

ブル　また、飲みにいくと、酔っ払って「あ、ダンプ松本だ！」とか、絡んでくるのがいるんですよ。そのときは私たちが守らなきゃいけないんだけど、相手は酔っ払いだから、私も怖いんですよ。一度だけ外国人の方が「ダンプ！　ダンプ！」って絡んできて、シカトしたらビール瓶をバーンと割って「この野郎！　殺すぞ！」みたいな感じで来て、「ヤバイ！　ダンプさんを守れない……」って思ったんですけど、なんとかみんなで走って逃げたり。

玉袋　リングを降りても、悪役のイメージを崩せねえんだもんなあ。異常な全女の中でも、ヒールっつーのは、また特異な存在だよ。

ブル　でも、悪役になれたので、若くしてメインイベンターにもなれたし、良かったですよ。ダンプさんに取ってもらったあと、「ここでしか生きていけないんだな」って、覚悟も決められたし。

ガンツ　しかも、いまとなっては、いろんな方が語られていて、ファンも知っていることですけど、当時はいわゆるピストル、完全実力主義の時代だったんですよね？
ブル　はい。ピストル（シュート）でしたね。
玉袋　ピストルだよ～！　全女はみんなが懐に〝チャカ〟を持ってるっていうね。ある意味、〝仁義なき戦い〟だから。
ガンツ　中野さんは新人王で全日本ジュニア王者だったから、それは実力で取ったわけですよね。
ブル　そうですね、はい。
玉袋　それは、松永兄弟に「明日、ピストルだからな」って、言われるんですか？
ブル　というか、タイトルマッチはすべてピストルなんですよ。ジャガーさんとデビルさんのWWWAシングルもそうだったんで。それが、クラッシュさんになってから、そうもいかなくなったんですけど。
ガンツ　クラッシュがへんなところで負けるわけにいかないですもんね。それにしても、頂点のベルトであるWWWAシングルまでピストルって、凄いですね（笑）。
ブル　で、俊マネージャー（松永俊国）はジャガーさん、国マネージャー（松永国松）はデビルさん側だったので、どっちがレフェリーをやるかで、これもまた揉めるんですよ（笑）。
ガンツ　どちらかに肩入れしたレフェリングをするのは、阿部四郎さんだけじゃなかったんですね（笑）。
玉袋　利害関係のない、阿部四郎が一番公平だよ（笑）。
ブル　それでジャガーさんとデビルさんのシングルのときは、俊マネージャーがレフェリーで、ジャガーさんが勝ったんです。それでデビルさんが試合後、リングサイドを歩きながら「もう引退してやる！」って怒ったんですよ。またフォールの時、反対側から見ると、カウント2で肩が上がってるように見えたりして（笑）。

ガンツ　疑惑の3カウントがありましたか（笑）。

ブル　結局、デビルさんは辞めませんでしたけど、ジャガーさんが負けてたら、そこで引退してたかもしれないですね。

玉袋　そしたら、ジャガーさんも木下（博勝）先生を捕まえられなかったかもしれねえな（笑）。

ガンツ　〝ピストル〟っていうものがあるっていうのは、新人時代に教えられるものなんですか？

ブル　新人は毎日ピストルなんですよ。

ガンツ　毎日！（笑）。じゃあ、新人時代は全部シュートで、しばらくしてから、いわゆるプロレスを覚えていくわけですか。

ブル　そうですね。初めはすべてピストルで、勝った人は次の日も試合に出られて、負けた人は試合がないんです。

ガンツ　そうなると収入も変わってくると。

ブル　はい。新人は1試合3000円で、試合数もそうですけど、負けると半額の1500円になっちゃうので。

ガンツ　勝ったほうが負けたほうの倍もらえるって、いまのUFCと同じシステムですね（笑）。

玉袋　ホントだよ。UFCを30年先取りしてるよ！（笑）。よくできたシステムだよな。

ブル　昔のレスラーは片親の人が多かったんですよ。だから、みんなハングリーで「お母さんに家を買ってあげよう」とか、そういうモチベーションでやっていたので、ギャラは大事でしたね。

玉袋　昔は芸能界もみんなそうだしね。でも、ブルさんはそういう世界で頂点に上り詰めるんだから、やっぱり凄いですよ。

ガンツ　ただ、ブルさんは10代でピークを知って、その後、会社の経営が一番大変なときにトップになってしまったわけですよね。

ブル　恥ずかしかったですね。全部、トップである自分のせいだって思ってましたから。クラッシュやダンプさんがいなくなったら、お客さんが全然いなくなって。観客が50人とか、いちばんひどいときには18人のときとかありましたからね。スタッフのほうが多いじゃんっていう（笑）。

ガンツ　でも、クラッシュやダンプさんが急にいなくなったら、客が減るのは会社もわかってたと思うんですけど、それでも定年制が優先されたんですか？

ブル　いや、それ以前に選手間で結構追い出しにかかってましたね。

玉袋　出た～！　仁義なき戦い！　すげえよ！

ブル　トモさんが「歌をやめる」って言い出した頃、試合に来なかったりいろいろ問題があったんですよ。その試合に来ないってことで、まず後輩を含めたみんなの信用を失って。他に残っていた先輩も一時期、そういうことがあったから、その頃にはもう先輩扱いしなくなってたんですよ。それで現場では私が一番上になって、練習とかも仕切るようになってたんで、下の子は私の言うことを聞くようになってたんです。

ガンツ　クラッシュ時代の末期から、内部はブル中野政権になり始めてたんですね。

ブル　だから、たまにその先輩が来て、「今日は練習休みにして、プールに行くよ！」みたいに言っても、私が「練習やるよ」って言うと、みんな練習に来て、プールに行ったのはその先輩と新人2〜3人とか（笑）。そういう状態だったんですよね。

玉袋　サル山と一緒だよ。ボスの座を奪われたら居場所がなくなるっていうね。

「あの試合が終わったとき、私はリング上でおしっこを漏らしちゃったんですよ」（ブル）

ガンツ　実際、そういう立場になると、全女はどんなスター選手でも露骨に肩たたきが始まるんですよね？

ブル　そうですね。デビルさんが辞められるときは、それまでずっとメインだったのに急に2試合目になったんですよ。

ガンツ　あのデビル雅美が、前座第2試合！

玉袋　あからさまだな〜、全女っつーところは。

ブル　その姿を見て、「辞めるときは、会社にこういうふうにされちゃうんだね」ってセコンドについてる新人が思うわけですよ。ある意味、惨めな姿をさらさせて、辞めざるをえなくする。

玉袋　それはもう北朝鮮だよ。粛清に近い！

ガンツ 恐ろしいですね～（笑）。

玉袋 だけど、それは金正恩の恐怖政治じゃないんだよ。そこにはちゃんとした権力闘争、世代闘争があるっていうね。

ガンツ ある意味、ダンプさんや、クラッシュが早く引退したのは、そういう扱いになる前に辞めてしまえっていうのがあったんじゃないですかね。

玉袋 イメージが落ちねえように、トップのうちに引退するっていうね。

ブル だから私は、その先輩3人の誰にも勝たないうちに、引退されてしまったんですよ。それが悔しくて。

ガンツ 変な話、大スターの人たちって、自分たちが辞めたら、団体自体が終わってもいいぐらいの気持ちがあったんじゃないですかね。

玉袋 やり逃げだよな。

ガンツ 自分がトップだったという事実だけが残ればいいみたいな。

ブル ホントに潰れてほしいと思ってたんじゃないですか（笑）。

玉袋 それはトップの人にありがちだよ。

ブル やっぱり、いつまでも自分が一番でいたいと思っていたでしょうしね。

ガンツ で、実際にその3人が一気に辞めて、お客が減って、荒野のようになったところから、中野さんが一座を率いることになって（笑）。

玉袋 そうだよな～。でも、ブル中野一座は凄かった！

ガンツ　中野さんは当時、四六時中、お客さんを会場に呼ぶことを考えてたんですよね？

ブル　そうですね。クラッシュさんがいた頃は、何をやっても沸いてたんですけど、これからはお客さんをなんとしてでも惹きつける試合をしなきゃ絶対にダメだっていう思いがあったので、もう大変でしたね。

玉袋　あの頃のブル様の一途さは、たぶん岩をも通すじゃないけど、興味もねえヤツの首根っこを捕まえてでも、こっちに振り向かせてやるっていうイズムだったんだよね。

ガンツ　実際、そこから徐々に、新しいファンが増えていったんですよね。

ブル　そうですね。それはアジャたちがユニバーサルに出たのがきっかけというのが、自分としては悔しかったんですけど。そこに来てくれたお客さんを、絶対にウチらでキャッチしてやるっていう感じですよね。

玉袋　しかも、そっからブルさんとアジャさんが割れて、抗争が始まるっていうね。

ブル　まさかアジャとあんなに憎しみ合って闘うようになるとは思ってなかったんですよ。アジャはダンプさんにいじめられてた頃からかわいがっていたので。でも、アジャが出てきて良かったです。それまで、ベビーフェイスでも海狼組（北斗晶&みなみ鈴香）がダメで、ファイヤージェッツ（西脇充子&堀田祐美子）もダメだったし、西脇&メデューサの日米美女コンビもダメで、もう私の相手がいなかったんですね。そこにアジャが出てきてくれて、あそこまで憎いと思った選手はこれまでいなかったので。

玉袋　憎しみ合ってたよな〜。ビンビンに伝わってきたよ。

ブル　アジャは3年も後輩なんですよ。それでも本気にさせてくれたし、凄かったし、強かった。「今日殺さなかったら明日殺されるな」って思ってたくらいなので（笑）。
玉袋　ちょっと前まで、一番かわいがってた先輩と、殺し合いみたいなことするって、アジャさんもすげえよな。きっと、「なんで私たちがやり合わなきゃダメなの？」って思ってるよ。
ブル　でも、そこも会長が別々に呼んで、「アジャがおまえのことを辞めさせるって言ってたぞ」とか言って。
玉袋　でた、焚き付けだ！
ブル　あっちにも同じようなことを言ってたって、あとでわかったんですけどね（笑）。
玉袋　でも、その煽りが効いてたね、感情が全部出てたもん。
ブル　それが全女だし、松永兄弟が全女なんですよね。
ガンツ　そして、ブルさんとアジャさんが完全に仲違いしたあと、その翌月には一回目の金網デスマッチが組まれたんですよね。
玉袋　ギロチンで金網のてっぺんから飛び降りる、前のヤツか。
ブル　そうですね。大宮スケートセンターでやって（1990年9月1日）。でも、金網なんてやったことないし、観たこともないので、どうやっていいかまったくわからなかったんですよ。
ガンツ　それもあって、一回目の金網は失敗だったんですよね。
ブル　一発目はもう最悪で、ブルドッグKTがレフェリーやって。
ガンツ　いまの外道さんですね。

ブル　外道さんがアジャに加担して、アジャが勝ったんですけど、そんな結末だったし、金網なのに普通と変わらないような試合やっちゃって。お客さんが怒って、初めて「カネ返せ！」コールが起きてしまって、大変でしたね。

ガンツ　ちょうど、男のプロレスファンが一気に増えたところだから、「カネ返せ！」コールとかやっちゃうんですよね。

玉袋　当時の男のファンっつーのは、新日本の蔵前とか両国で暴動起こしちゃう、どうしようもねえのばっかりだから！　俺がそうなんだけどさ（笑）。

ガンツ　玉さんは、たけしプロレス軍団のときは、たけし軍団の下っ端なのに、「カネ返せ！」って叫んでたんですよね？（笑）。

玉袋　そうだよ。「ガダルカナル・タカ、引っ込め！」とか、普段言えねえことを、どさくさに紛れて言ってたね（笑）。

ブル　でも、その「カネ返せ！」コールが自分の中では本当にショックで。この悔しさを絶対に忘れないようにしようと、部屋中、トイレの中まで、嫌いなアジャの写真を貼りまくって、毎日、金網での再戦のことを考えるようにしてましたね。

玉袋　すげえなあ。そこまでやるのが、ブル中野なんだな。

ガンツ　そしてその2カ月後、11月14日の横浜文化体育館で、アジャさんとの金網再戦が組まれるんですよね。

ブル　会社的には私がそこで負けて、これからアジャの時代っていうのを考えてたみたいなんですよ。でも、実際にやってみたら、最後は大「中野」コールになっちゃったので、会社の考えと違う時代が始まったんですね。

ガンツ　じゃあ、あそこで中野さんがお払い箱になる可能性が高かったんですか？

ブル　いつも、ひしひしと思ってましたよ。

ガンツ　肩たたきをしようとする足音が（笑）。

玉袋　でも、そのときって孤独でしょ？　自分で背負うだけ背負って、追い込むだけ追い込んで。

ブル　アジャにはバイソン（木村）という仲間がいましたけど、私には後輩はいてもパートナーがいなかったので。だから私が勝ったときは、セコンドについた後輩の（井上）京子とか、渡辺智子は本気で喜んでましたよ。「これで獄門党はまだなくならない！」みたいな。もし、これで私が辞めちゃったら、あの子たちは行き場がないから。どこでどう晒されるかわからないっていう。

ガンツ　うわ〜、派閥の親分がいなくなったら、下の人の居場所までなくなるわけですか。

ブル　それこそ、どっかのグループの、また一番下からやっていかなくちゃいけない（笑）。

ガンツ　恐ろしい世界ですね。だから、すべてを背負って、金網のてっぺんからギロチンで飛び降りたと。

ブル　だからあの試合が終わったとき、私はリング上でおしっこを漏らしちゃったんですよ。本当に凄いプレッシャーだったんで、「良かった……。まだ生きていける。まだ辞めなくていい」って、安心しすぎて。

玉袋　凄い試合があったもんだよ。最近は金網のオクタゴンでしか感動できなくなってたんだけどさ、こっちの四角の金網は、ある意味もっとすげえ。オクタゴンはスポーツになりすぎちゃってる部分があるけど、こっちはそれを超えて、人間ドラマが渦巻いてる。すべてを背負いこんで飛び降りたから、怖いものがなくなっちゃうのだろうな。そりゃ、失禁するよ。俺なんか、テレビの前で失禁しそうになってるんだから！

ブル　アハハハハ！

玉袋　あんなことができたレスラー、男でもいねえよ！

ガンツ　しかも、アジャさんとの抗争はそこからさらに続いて激化していくわけですからね。

玉袋　タッグで髪切りマッチやったりとかな。

ブル　そのあと2年間、アジャとは毎日ずっとやってましたね。

玉袋　毎日死闘を展開だよ。『お笑いウルトラクイズ』の沖縄でもやったしな（笑）。

ガンツ　では、最後アジャさんに負けて、ベルトを明け渡したときは、どんな気持ちだったんですか？

ブル　「もうこれで終われるかな」っていう感じですね。私は抗争が始まってから「ひとつも手を抜くことなく、アジャが勝ってくれるまで、絶対に高い壁になろう」と思って、闘い続けていたので。

ガンツ　超えられるなら、最強のブル中野として超えられてやると。

ブル　はい。私は先輩に誰ひとり勝てずにトップになってしまったから、ずっと自信が持てなかったんですよ。そんな思いを後輩にはさせたくなかったので。本当に超えられるまで、絶対に負けるまいと思ってました。だから定年制もやめさせて。
ガンツ 25歳定年制は、ブル政権が続いたことで取り払われたんですね。
玉袋 いや〜、ホントにすげえ大河ストーリーだよ。もうNHKの朝ドラでやるべき！
ガンツ 連続テレビ小説『ぶるちゃん』で（笑）。
玉袋 『あまちゃん』を超えられるのは、『ぶるちゃん』だけだよ！ だってよ、どんな脚本家でも書けない人生じゃん。しかも、リアルであり、ドキュメンタリーでありながら、客前で物語を紡いでいくっていうね。プロレスってすげえなって、あらためて思うよ。

「WWEはメデューサより、〝ウチの中野〟を先に殿堂に入れないと！」（玉袋）

ガンツ でも、赤いベルトを明け渡したあとは、会社から「そろそろおまえも引退だな」みたいには、言われなかったんですか？
ブル そのときはなくて、25歳も過ぎてるから、定年制もなしにしようという感じだったんですよ。だからといって、私がずっと全女にいたらダメだとも思っていたので、何か違う人生を見せなきゃいけないと思ったときに、アメリカのWWE（当時WWF）から話が来たんですよ。
ガンツ ブル中野第2章がWWEって、カッコ良すぎですよ（笑）。
玉袋 なんなんだろうな。日本でやるだけやった江夏豊が、本当に大リーグ入りして、ブリュワーズで試合に出るようなもんだよな。

ガンツ　しかも、WWE女子世界王者になるわけですもんね。日本人でWWEトップのベルトを巻いたのは、猪木さんが一瞬巻いた以外、ブル様だけなんですよ。

玉袋　偉業だよ、偉業！

ブル　でも、向こうに行ったら、また新人に戻ったみたいで大変でしたね。言葉がしゃべれないのに、周りに日本人はいないし。それで、初めはテネシー州のナッシュビルというところに住んで、あるレスラーの奥さんがハーフで日本人だったんです。『びっくり日本新記録』の司会をやっていたパティーっていう人が結婚をしてテネシーにいたんで、地下の広い部屋を貸してもらって。

玉袋　そこで『びっくり日本新記録』っていう、志生野温夫アナウンサーの要素が入ってくるのがたまんねえ（笑）。

ガンツ　パティーって、優勝者に祝福のキッスをする人ですよね（笑）。でも、そうやって苦労しながら、アメリカに日本式の女子プロレスを根付かせたわけですよね。メデューサと抗争しながら。

ブル　メデューサもカタイというか、下手っていうか、ああいう感じだったので。そのメデューサと毎日試合をするって、罰ゲームみたいな（笑）。

玉袋　当時、助けてもらったレスラーとかいたんですか？

ブル　みんないい人ばかりだったので、いろいろ助けてもらったんですけど、トップだったブレット・ハートとオーエン・ハートの兄弟とか、アンダーテイカー、ショーン・マイケルズとか。

ガンツ　凄まじいレジェンドばかりですね（笑）。
ブル　当時、WWEはAチーム、Bチームに分かれていて、Aは必ず1万人以上の大会場、Bはハイスクールの体育館みたいなところでやってたんですよ。それでギャラは、お客さん入りのパーセンテージで決まって、私はAだったので、あれよあれよという間にお金が貯まっていったんですよ。
玉袋　全女にマージン抜かれたりとかはなかったんですか？
ブル　普通、全女から行く人は、まず全女にギャラが振り込まれて、そこからもらうんですけど、私の場合は「全部もらっていいよ」って言ってもらえたので、直でもらえたんですよ。プラスして全女の所属だったので基本給ももらえたので、会長にはもの凄く良くしてもらいましたね。
玉袋　太っ腹だな～！
ガンツ　全女もちょうど対抗戦で儲かってた頃だったんでしょうね（笑）。
ブル　だからアメリカに行って、「プロレスでこんなに稼げるんだ！」と思ってビックリしました。自分のギャラもそうですけど、たとえばバンバン・ビガロがアメフト選手とやったとき、ハンパじゃない額で本当にビックリして。
ガンツ　NFLのスーパースター、ローレンス・テイラーの相手を務めたんですよね。
ブル　で、あっちの人は「お金を稼ぐ人が偉い」という価値観なんで、ビガロが試合終えて帰ってきたら、みんなで拍手して迎えてたんですよね。そのとき「ああ、ここではお金を稼ぐ人が絶対なんだな」って。

玉袋　ショービズの世界ではそうだもんな。

ガンツ　そういう価値観って、ようやく今になって日本のプロレス界にも浸透し始めてますよね。

玉袋　そう考えると、ブルさんは20年以上先を行ってたんだよ。

ガンツ　こうなると、そろそろブル中野のＷＷＥ殿堂入りもあるんじゃないですか？

玉袋　そうだよ、殿堂入りだよ！　遅いぐらいだよ。

ガンツ　実現したら、日本人女子初のＷＷＥ殿堂入りですからね。

ブル　できたらうれしいですよね。

ガンツ　メデューサが入ってるんだから、ブル中野は入って当然ですよ！

玉袋　メデューサより、〝ウチの中野〟を先に入れないと！

ガンツ　中野さんが殿堂入りするなら、来年の『レッスルマニア』、現地まで行っちゃいたいですよね。

玉袋　そりゃ行くよ！　開催地はどこだ？

ガンツ　来年はフロリダですね。

玉袋　フロリダ！　いいね〜！

ガンツ　フロリダは、マサ斎藤さんや（ザ・グレート・）カブキさん、天龍（源一郎）さんにいたるまで、みんな「最高だ！」って言いますもんね。

玉袋　男の憧れだよ！（笑）。じゃあ、中野さん、次はフロリダでお会いしましょう！

ブル　アハハハハ！　そうなったら、いいですね（笑）。

ガンツ　中野さんには、「女子プロレスラーはこういうところのステータスにまで行けるんですよ」っていうのを見せてほしいですよね。
ブル　なんかいまは、昔やってたことで生きてるみたいな感じなんですけど。お店もそうだよ（笑）。
玉袋　いや、そんなことないよ。お店だって大変なんだから。毎日が真剣勝負だから。毎日ピストルだもん（笑）。
ガンツ　そして、毎日興行打ってるようなもんですよね。
玉袋　そうだよ。昔の全女より興行数多いよ（笑）。中野さんには、とりあえずSUN族（かつて全女が運営していたレストラン）の営業期間を超えてもらって、ゆくゆくは目黒の事務所跡と並ぶ〝全女の聖地〟である、秩父リングスターフィールドがあった土地を買い戻してもらいたい！（笑）。
ブル　アハハハハ！　事務所があったあの場所は駐車場になってるんですもんね。

玉袋　長与さんは、「いつかあそこを買い取る」って言ってましたよ。
ブル　えーっ、ホントに？　おいくらなんですか？
玉袋　高いよ～、あそこは（笑）。
ブル　何十億ですか？
玉袋　いや、そこまでしないよ（笑）。
ブル　でも、高いですよね。じゃあ、私は秩父のほうを目指します（笑）。
ガンツ　あそこのほうが、可能性ありそうですよね。
玉袋　ただ、車が通れるように道を整備しないといけないけどね。全女の全盛期は、バスツアーやったのに、道が狭すぎて観光バスが通れねえっていうんだから！
ガンツ　ボックスに器材が入らなかった、荒井注のカラオケボックスの先駆けですね（笑）。
ブル　こないだ山さん（山田敏代）が見に行ったら、もう道がなかったって（笑）。
玉袋　やべえよ！　このままじゃ、ジャングルに埋もれた遺跡になる！（笑）。
ガンツ　じゃあ、まずは来年、フロリダに殿堂入り式典を観に行って、その後、秩父ですね（笑）。
玉袋　そうだな。よし、行くぞフロリダ！　アリーナラッツ、待ってろよ～！　中野さん、ありがとうございました！

〝全女の聖子ちゃん〟

立野記代

立野記代（たての・のりよ）

1965年12月1日生まれ、栃木県足利市出身。元プロレスラー。

1981年、全日本女子プロレスに入門。同年7月12日、坂本一恵戦でデビュー。1982年8月10日、長与千種を破り全日本ジュニア王座を奪取。その後、山崎五紀とのタッグ「JBエンジェルス」を結成し、WWWA世界タッグ王座に君臨、クラッシュ・ギャルズの対抗馬として活躍し、WWF（現WWE）でも人気を博した。1991年に一度引退するが、1992年のLLPW旗揚げに参加して現役復帰。2010年10月10日、『立野記代30周年&現役引退興行～ファイナルネックブリーカー～』で引退。

［2020年4月11日収録］

立野記代

「もしプロレスに受からなければ、ダイエットして競馬の騎手か競艇の選手になりたいなと思っていました」（立野）

ガンツ 今回はレッスルマニア開催月ということで、女子レスラーとして元祖WWEスーパースターともいうべき、立野記代さんのお店で変態座談会をやらせていただきます！

立野 よろしくお願いしま〜す！

玉袋 MSGで活躍したママがいる店なんて、なかなかないよ。「ママ」って呼んでいいのかな？

立野 いつもは「ノリちゃん」って呼ばれてますね。

玉袋 でも俺の妻がね、ノリちゃんなんですよ（笑）。

立野 じゃあ、呼びにくいですね（笑）。

玉袋 でもママ、俺もスナックやってるんだけど、いまのコロナ禍のご時世、ホント嫌になっちゃうよね。

立野 そうですよね。ウチもしばらく店を閉めようと思って今週は休んでたんですけど、今日から15時〜20時で再開したんです。

ガンツ 東京都から居酒屋営業は夜8時までっていう指針が出ましたもんね。

立野 だから急きょ、ほかのお客さんがいる中での取材になっちゃってすみません（笑）。

玉袋 でも、このご時世でちゃんとお客さんが入ってるって凄いよ。

椎名 レッスルマニアは〝無観客〟なのに（笑）。

玉袋　あと驚いたのは、ここに来るまでに井上京子の店の前を通り、隣は影かほるの店で、武蔵小山にどんだけ全女が集まってるんだってことですよ（笑）。
立野　全女の事務所が下目黒にあったので、遠からず近からずで。商店街もあるし、みんなこのへんに住んでいたんですよ。
玉袋　寮を出たら、ここらへんが便利だからってことですか？
立野　そうですね。私もハタチからずっとこの近辺に住んでますから。自分たちの代は下が入ってこなくて、寮生活が長かったんです。
玉袋　下が入って来なかったっていうのは、いつぐらいの時期なんだろ？
立野　自分たちの下がブル（中野）ちゃんたちなんですけど、新人時代は凄い低迷期だったんで。
椎名　ビューティ・ペアのブームが終わった頃ですか？
立野　そうですね。私が入ったときは、もうマキ上田さんは引退されていて、ジャッキー佐藤さんだけが残っていて。
ガンツ　じゃあ、ちょうどどん底に落ちていくとき（笑）。
立野　ホントにそうなんですよ（笑）。
椎名　なんで女子プロに入ろうと思ったんですか？
立野　小学3年生のときに全女が地元に来て、近所の人たちと観に行ったら「あっ、私はプロレスラーになるために生まれてきたんだ」って勘違いをして、中学を卒業してすぐに入門した感じですね。

立野記代

玉袋　子どもの頃って思い込んじゃうんだよな〜。

ガンツ　立野さんって栃木県足利市生まれですよね？　ボクも一緒なんですよ。

立野　ああ、そうなんですね。

ガンツ　家は足利競馬場の近くだったんですよね？

立野　そう。競馬場は廃止になって、いま日赤（足利赤十字病院）になったの。

玉袋　鉄火場のそばで育ったわけか。

立野　親が厩務員をやってたんです。

玉袋　厩務員じゃ大変でしょう？　馬を中心とした生活だから。もう娘を中心としないんだから（笑）。

立野　もう全然。朝起きたら親がいないみたいな。それで私は勝手に学校に行く、帰ってくる、やっぱりいない、勝手におやつを食べる、みたいな（笑）。

玉袋　将来、ジョッキーになろうとは思わなかったの？

立野　私は身体が大きかったので。騎手ってみんな身長160センチもなくて、155前後くらいで痩せてたんで。でも、もしプロレスに受からなければ、ダイエットして競馬の騎手になりたいなと思いましたよ。もしくは競艇の選手。

椎名　おー、いいっスね～。

立野　すみません、勝負の世界ばかりで（笑）。

玉袋　そこに競輪も入れてほしかったけど、当時はまだガールズ競輪ねえもんな。でも、まわりから「高校に行け」とは言われなかったんですか？

立野　言われました。でもプロレスをやるなら中卒で入るのが自分たちの時代は当たり前だったんで選択肢もなかったんです。「私はプロレスラーになるために生まれてきたんだ」って思っちゃってたんで。

玉袋　厩務員のパパは反対しなかったんですか？

立野　私は「プロレスラーになる」っていうのは心に秘めていて、ギリギリまで言わなかったんですよ。

玉袋　ほとんど家出少女と一緒だよ（笑）。

ガンツ　自立心があったってことですよ！（笑）。

「立野さんの全女入門秘話に愚連隊の神様、万年東一が出てくるところが凄いよ！」（玉袋）

立野　中3のとき、まわりは受験勉強してましたけど、私は全日本女子プロレス一本で、みたいな。

玉袋　でも全女に入れるかどうかわからないんだから、一応受験はしましょうよ（笑）。

立野　コネみたいなものがあったんですよ。たまたま同じ厩舎の騎手のお父さんが土建屋の社長さんをやっていて。

玉袋　いいねー、土建屋って。ヤクザでしょ？

立野　違います！（笑）。で、たまたま競馬場の近くにそのお父さんがマンションを建てたんですよ。そのときに「信頼できる人」ってことでなぜかウチの両親が管理人に選ばれて。そのマンション1階に入った老夫婦のお父さんが元ボクサーで、松永さんたちとつながっていたんですね。

玉袋　えーっ!?　柔拳時代からの知り合いってことですか。

立野　それで最初は、ボクシングと女子プロレスを万年会長がやってたじゃないですか。

玉袋　愚連隊の神様、万年東一ですね。

立野　万年会長から女子プロレスの興行を譲ってもらったのが松永高司さんだったんです。で、そのマンション1階のお父さんは昔、万年さんのところでやっていたボクサーだったので、親が「ウチの娘、来週の日曜日に女子プロレスのオーディションなんだ」って言ったもんだから、そのおじさんから松永さんに話がいって、もうコネですよ（笑）。
玉袋　いや〜、でも入門秘話に万年東一が出てくるところが凄いよ！
ガンツ　松永兄弟以前の女子プロレス創始者ですからね。
玉袋　いや〜、ビックリだなあ。じゃあ、トントン拍子？
立野　3月に中学卒業して入って、5月に大宮スケートセンターでやったプロテストも親とそのおじさんが観にきてたんですぐ合格で（笑）。それで7月にデビュー戦ですから。
椎名　コネのおかげもあって、エリートだったと（笑）。
立野　だからいきなり地元で10分1本勝負をやって。
ガンツ　デビュー戦がいきなり凱旋興行ですか！（笑）。
立野　そうなんですよ。全然できないのに。
玉袋　それも万年のチカラだろうな（笑）。入ったときは誰の付き人だったんですか？
立野　自分たちの時代は付き人制度がなかったんですよ。雑用はたくさんあったんですけど、特定の人に付くことはなくて。「女のコなんだから自分のことは自分でしなさい」っていう教育だったんで。
椎名　そのあとの世代とはちょっと違いますね。
立野　それが変わったのは、クラッシュギャルズが全盛になってからですね。ファンにもみくちゃにされるから、荷物を持っていたら危ないってことで、付き人制度が始まったんです。
椎名　なるほど〜。

玉袋　じゃあ、立野さんの時代は意外とゆるやかっていうか。
立野　ゆるかったですね。先輩、後輩の上下関係はありましたけど。
玉袋　いちばん厳しかった先輩は誰なんですか？
立野　いちばんねえ……。
玉袋　まあ、軽くで（笑）。
立野　意地悪な人はいましたね。それはナンシー久美さんでしたけど。
玉袋　そうだったんだ。俺、すげーファンだったんだよ、ナンシー久美（笑）。
立野　でも、それは自分が鈍くさかったからかな。
玉袋　もう、そのときはビューティはいないわけですよね？
立野　私がデビューしてすぐにジャッキーさんが引退したので。静岡の寂しい体育館で。
ガンツ　あの大スターだったジャッキーさんの引退は、華々しいものじゃなかったんですよね。
立野　昔はそうだったんです。ヒールの人たちなんか、地方で辞めたらそのまま実家に帰って行ったんですよ。「お疲れ様でした」って。
ガンツ　ヒールは引退発表すらなし（笑）。
立野　マミ熊野さんとか実家が関西で、「このへん近くだから、じゃあここで終わりね」って。
椎名　寂しいな～（笑）。
ガンツ　ほとんど「釈放」って感じですね（笑）。

「ミミ（萩原）さんはギリギリの水着を着てましたからね。それは会社に言われたわけじゃなく自分の趣味で（笑）」（立野）

立野　それもオープンの会場とかで、人知れず辞めていくんですよ。昔は「ヒールに引退式はないから」って言われていて、それが当たり前だと思ってたんです。
玉袋　でも、そのヒールの哀愁が俺は好きだな。
立野　荷物1個持って「バイバイ」みたいな感じでしたから。
玉袋　で、ジャッキーさんの引退後、どん底になるわけですか。
立野　そのどん底のときにがんばったのが、ミミ萩原さんとデビル雅美さん、ジャガー横田さんなんです。
椎名　メンバー的におもしろそうですけど、そんなにお客さんが入ってなかったんですか？
立野　入ってなかったですね。午後6時半開始なのに、6時の時点でだいたい20〜30人みたいな。それで「お客さんがもうちょっと入るまで開始時間をずらそう」とか言って、7時くらいまで待ってたりして。
ガンツ　お客さんが集まるまで始まらない（笑）。
玉袋　その間、松永会長が焼きそばを焼いてたのかな？
立野　いや、その頃はまだやってませんでしたね。
椎名　全女にまだ焼きそばもない時代（笑）。

立野　お客さんが入らなくて給料も遅れてたんですけど、そのかわり海が好きだったから、海の近くで試合があるときは「みんなで海に行こう」とかやっていたんですよ。
ガンツ　金を払えないかわりに海に連れていく（笑）。
立野　浜辺でバーベキューをして、会長が焼きそばを焼いてくれて、それがテキ屋の商売に繋がったんです（笑）。
椎名　そこからだったんですか！（笑）。
ガンツ　一気にたくさん作れるし、安く済むし、「これを売れば商売になる」と（笑）。
玉袋　立野さんが入った頃、試合は年間どれくらいやってたんですか？
立野　年間300試合近くありましたね。
椎名　客が入らないのに年間300やるんですか？　不思議ですね。
ガンツ　1興行の上がりが少ないから、回数を増やすという（笑）。
立野　しかも当時はA班、B班で分かれて興行してたんですよ。A班がジャッキーさん中心、B班がナンシーさん中心で。だから同じ日に別会場でそれぞれやってたんですね。そうしたら余計にお客さんが入らなくなっちゃって。
ガンツ　そりゃそうですよね。スターが半分しかいないわけで（笑）。
立野　それで私が全女に入ってから半年後くらいには合同になったんですね。もう1年で20人くらいが辞めてしまったんで。
玉袋　その頃、ヒールのトップはデビルさんですか？

立野　最初は池下ユミさん、マミ熊野さんがいて、そこからデビルさん、松本香（ダンプ松本）、本庄ゆかり（クレーン・ユウ）ですね。

ガンツ　のちの極悪同盟ですね。

玉袋　立野さんはベビーフェイスでいくっていうレールが最初から敷かれていたんですか？

立野　それはわからないんですけど、女子プロレスにとって「赤城マリ子」っていう名前は大切だったんで、私が三代目になる予定だったらしいんですよ。

ガンツ　三代目・赤城マリ子ですか！　凄いですね。

玉袋　三代目コロンビア・ローズみたいな（笑）。

立野　だけど二代目の方に話をしに行ったら、「私の名前だからあげない」って言われて、そのまま本名でやることになったんです。私は断ってくれてよかったなとは思ってるんですけどね。もう、私たちの時代くらいから本名の人が多かったんで。

ガンツ　横文字のリングネームとか、ベビーフェイスだとライオネス飛鳥さんぐらいですもんね。

立野　女子プロレスって、昔は名前に「子」がつくと出世しないって言われていて、飛鳥さんは「智子」だったので、変えたほうがいいってことになったんですよ。

ガンツ　そんなジンクスがあったんですか（笑）。

玉袋　お笑いでもそういうのがあったんだよ。ウッチャンナンチャンとか、ダウンタウンとか、「ン」が付くのがいいって言われてたんだけど、浅草キッドにはなかったんだよ（笑）。あとは濁点が付くといいとかね。

椎名　マックボンボンとか（笑）。
玉袋　それは志村けんさんが売れてねえ頃のコンビ名だろ！（笑）。
ガンツ　濁点も「ン」も付いてるけど、70年代は違ったんですね（笑）。
椎名　立野さんの若手時代、ミミ萩原さん目当てのお客さんがいっぱい来たりはしなかったんですか？
立野　男の人は多かったですね。
椎名　そうですよね。ミミ萩原さんって『アサヒ芸能』にいっぱい載ってましたもん（笑）。
玉袋　俺なんかも、ミミ萩原で性の目覚めがあったようなもんだからね。
立野　ギリギリの水着を着てましたからね。しかも会社に言われたわけじゃなく、自分の趣味で（笑）。
椎名　そうなんですか!?　さすがですね（笑）。
玉袋　でも、それはレスラーとしてはいいことですよね。
立野　素晴らしいです。私、ミミさんが大好きなんですよ。
ガンツ　自己プロデュースができていたってことですよね。
立野　そうなんです。

「当時の全女は〝ピストル〟が重視されていて、それで勝たないとチャンピオンになれなかった」（ガンツ）

椎名　あと、女子プロレスラーの方に話を聞くと、みなさん若手時代は食べるものがなくてひもじい思いをしてたって言うんですけど、そうでした？

立野　お金はなかったけど、会社からお米はもらえたので、白米をたくさん食べて、いつもお腹いっぱいになってましたよ。

椎名　じゃあ、ほんのちょっとの差で、時代によって違うんですね。

立野　おかずはないんですけど、みんなでお金を出し合ってカレーライスを作ったりとか。それだと大鍋で作れるんで、ひとり１００円くらいで済むんですよ。

ガンツ　でもクラッシュ・ギャルズブームのあとのどん底を経験してる世代はひどかったみたいですよ。

玉袋　井上京子ちゃんとか、先輩が食ったケンタッキーの残りを漁ったって言ってたもんな。

立野　私たちの時代はそれはなかったですね。当時はまだビジネスホテルが少なかったんで、巡業で旅館に泊まってたんですよ。だから夜も朝もご飯が出たんです。

ガンツ　旅館に素泊まりがない時代なんですね。

立野　そうなんですよ。ビジネスホテルが増えて素泊まりができるようになったら、会社が「安く済むから助かった」って言ってましたから。

椎名　なんか、立野さんの時代のほうが楽しそうですね（笑）。
立野　でも練習は厳しかったですけどね。朝練やって昼練やって、夜は試合みたいな感じでしたから。
玉袋　当時のコーチは？
立野　私の時代は柳みゆきさんがコーチでした。会場に着いてリングを作り終えると、まず先輩たちがリングで練習して、そのあと新人は百発投げをやられたりとか。
玉袋　百発投げ！
ガンツ　百発投げっていうのは、百発受け身を取らされるってことですよね？
玉袋　あぶねえよ！
立野　もう首がつらくて、新人はいつも手で頭を押さえてましたから。
ガンツ　頭の重さを軽減して、首に負担をかけないと（笑）。
玉袋　俺は女子プロ特有の相手に髪の毛を持たれたまま投げられて、うつ伏せで取る受け身が好きなんだよな（笑）。
立野　あれは髪の毛を持たれると痛いから、かならず相手の手を掴むじゃないですか。それで相手に逆らわずに投げられると、いちばん痛くないんですよ。
玉袋　相手に逆らうと、髪の毛が抜けちゃうわけか。
立野　そう。だから新人のときは「髪の毛を持たれたら抵抗しちゃいけない、そのままついていけ」って教わったんですね。

椎名　相手に身を委ねることがいちばん安全ってことですね。

玉袋　芸事も一緒ですよ。振られても下手なことを言わないと。ただついていって乗っていって、たとえば（笑福亭）鶴瓶さんのうまい話に乗っかっていったら、ちゃんと落としてくれるっていう。

椎名　なるほど（笑）。

立野　それとロープに振られてもまっすぐに走っていけば、先輩は上手なので対処してくれるので。

玉袋　やっぱ先輩がうまいと後輩も上達していくじゃん。でも、先輩で下手な人がいたら後輩は上達しないよね。

立野　言わせてもらえば、たとえば神取（忍）は強いだけでプロレスは上手ではないじゃないですか。でもあれは特殊で、あの動きでよく見えちゃうんですよ。神取は特別なんですね。

ガンツ　ひとりだけ異物が混じってるからいいんでしょうね。

玉袋　あれがUWFみたいに、ぶきっちょなのが何人もいると話が違ってくるんだよな。
立野　自分たちが言われたのは「そういうプロレスは道場の練習でやれ」って。「会場では隅々にまでわかりやすいプロレスをやりなさい」と。
ガンツ　だけど当時の全女っていうのは〝ピストル〟が重視されていて、それで勝たないとチャンピオンになれないという、相反するものがあったってことですよね？
立野　〝そこ〟だけはお客さん関係なし、みたいな（笑）。
椎名　ピストルっていうのは押さえ込みですか？
立野　押さえ込みですね。
ガンツ　お客さんを満足させなきゃいけないのに、いざタイトル戦だとピストルっていうのは、どう自分の中で消化していたんですか？
立野　もう言われるがままですね。もともと全女に入る前に格闘技とか何もやってなかったから、自然に受け入れられたというか。「私が好きだったプロレスってこういうものだったんだ」みたいな（笑）。
ガンツ　「プロレスって最後はピストルの押さえ込みなんだ」と（笑）。
椎名　若手時代に、それで長与（千種）さんを倒してるんですよね？
立野　あれはフジテレビのディレクターが、「記代、おまえは長与に勝てないだろうから、もしおまえが勝ったら100万やるよ」って言ってきて。当時のお給料が10万円くらいだったので「そんなにいっぱいもらえるの⁉」と思ったら、プロデューサーがディレクターに「おまえ、100

万はウソになる。でも10万だったら自分のポケットマネーで払えるだろ。10万にしろ」って言って、それでホントに10万円欲しさでがんばったんですよ。

椎名 そんなガチな話ってあります？（笑）。

玉袋 すげえ賞金マッチだよ（笑）。

立野 でも普段からタイトルマッチになると会社の人たちもみんな賭けてたんですよ。「おまえに賭けてっからがんばれよ」とか言われて。それで負けたら「おまえに賭けてたのに損したよ！」って（笑）。

「どういう経緯で極真の山崎照朝先生から教わることになったんですか？」（椎名）

玉袋 カジノ法案が通る前から、松永兄弟は自前でやってたというね（笑）。

立野 結局、それで勝って10万円もらって、暮れに会社で行く旅行がサイパンだったんですけど、両親を連れて行きました（笑）。

ガンツ でも、あの試合は女子プロレス史においてもじつは重要な試合だったんですよね。ブレイク前の長与千種は、後輩である立野さんにタイトルマッチで負けて、退団寸前まで追い込まれるという。

立野 自分はタイトルマッチだって当日まで知らなかったんですよ。練習が終わったあとにご飯を食べに行ってたら先輩と会って、「記代、タイトルマッチだったよ」って言われて、会場に戻ったらホントにタイトルマッチで。

ガンツ　若手の登竜門的な全日本ジュニア王座ですよね。

立野　そうですね。それで試合開始のゴングが鳴るまで、ジャガーさんと飛鳥さんと（ダンプ）松本さん、あとは松永健司さん、その4人から押さえ込みの練習を教えてもらって。

ガンツ　主流派がみんな立野さんに付いちゃってるじゃないですか（笑）。

立野　それは派閥があって、私はジャガー派で、長与さんはデビル派だったんですよ。それで派閥の人たちが付いてくれて。相手は先輩だから、私はべつに「負けられない」とも何も思っていなかったんですけど、「こういったら、相手はこう逃げるから、こう押さえ込め」って教わって。そうしたら、その流れ通りに長与さんが動いたので。

ガンツ　長与さんの癖をすべて教えてもらっていたんですね。

立野　はい。それでガッツリ押さえ込めたんですよ。

玉袋　すげえな〜。

椎名　長与さんは悔しかったでしょうね。

ガンツ　悔しかった以上に、後輩に負けてタイトルを失うっていうのはもう団体にはいられないってことなんですよね。

立野　ジュニアだったからまだ大丈夫だったんですけど。でも、もうギャン泣きされて。

椎名　長与さんは特別な感じだったんですか？

立野　いや、全然です。落ちこぼれみたいな、明日にでも辞めるみたいな感じだったので。

ガンツ　だから同期と比べても長与さんは1周遅れだったたんですよね。後輩の立野さんとタイトル戦をやってるってことは。

立野　そうなんですよ。

ガンツ　しかも長与さんの後援会があった福島で、わざわざ後輩とのシュートマッチを組むという全女の恐ろしさ（笑）。

立野　お客さんが入らない時代なのに、後援会だけで200人近く来てましたからね。

玉袋　やべー。残酷すぎる……。で、それで勝っちゃったわけだ。

立野　勝ちました。

ガンツ　だから試合後、長与さんは「もう辞める」って言ってたんですよね。

立野　それは知らなかったんですけど、もう凄く泣かれちゃって。私が悪いことをしたのかと思うくらいで。でも私のなかでは「やだあ、もう。10万円もらっちゃった」みたいな（笑）。

椎名　まあ、勝ったほうはそうですよね（笑）。

ガンツ　だから長与さんは立野さんに負けたあと、引退するつもりでライオネス飛鳥と禁じ手なしで試合して、それが評価されてクラッシュ・ギャルズとして売り出されることになったんですよね。ある意味で、立野さんに負けたことがクラッシュを生んだという。

玉袋　落ちこぼれて辞める寸前から、人生の大逆転をしたってことだもんな。山崎照朝先生の指導を受けたりしてね。

ガンツ　立野さんも、山崎照朝先生による地獄の新島合宿は参加してるんですよね？
立野　参加しました。私、先生が凄い人だっていうのは知らなくて。
玉袋　凄い人ですよ（笑）。
ガンツ　極真空手の初代全日本王者ですからね。
立野　でも私は知らないから、「なんでこんな人に教わらなきゃいけないの？」と思って。
椎名　「こんなプロレス素人に」と（笑）。どういう経緯で山崎先生から教わることになったんですか？
立野　私は全然わからないんですけど、最初に長与さんと飛鳥さんが練習に行かせてもらって、先生が言うには、ふたりが練習についてこられたら教えてあげようと思っていたら、練習についてきたらしいんですよ。それで気づいたら、私も合宿のメンバーに入ってて。
ガンツ　要はクラッシュを売り出すための一環ですよね？
立野　そうだと思います。クラッシュのふたりがこれから空手を使っていくっていうので。でも長与さんは子どものときからやっていた空手なんでズルいなと思って。何をやっても決まってて、初めてやった飛鳥さんが全然決まらないからかわいそうで。
ガンツ　プロレスだと飛鳥さんのほうがずっと上だったのに、空手を売りにすることで逆転させるという（笑）。
立野　そういうところがありましたね。
玉袋　あの新島合宿では、股割りで泣き叫ぶ立野さんの姿が強烈に印象に残ってるね。

立野　もう泣きましたね。普通、身体のやわらかさには、人それぞれ限度があるから、途中でやるのを諦めてくれるもんですけど、先生は最後まで諦めないんで。

ガンツ　だけど立野さんが凄いのは、あの股割りがのちにパフォーマンスになったというか。入場したら足を前とうしろに開いて、お客さんが「おー、やわらけー！」って驚くのがひとつの見せ場になりましたよね。

立野　そうですね。あれだけ苦しい思いをしたんで、使わないと（笑）。

玉袋　それが凄いよな。

「レッスルマニアの出場も決まっていて衣装とかも取り寄せていたんですけど『日本に帰ってこい』って言われて」（立野）

ガンツ　そしてクラッシュがブレイクしたあと、立野さんは山崎五紀さんとコンビを組み、のちにＪＢエンジェルスとなるわけですけど、もともと五紀さんとは派閥が別だったんですよね？

立野　別だったんですよ。私がジャガーさんの派閥で、五紀がデビルさん。

玉袋　「ジャガー派か、デビル派か」って最高だよな（笑）。派閥の人数の多さとかは？

立野　だいたい一緒くらいですね。

ガンツ　でも赤いベルトを巻いているのはジャガーさんですからね。

玉袋　じゃあ、与党だよな。

立野　デビルさんは本当に赤いベルトをほしがっていたので、ジャガーさんとやる前、もの凄く練習していたんですよ。だけど最終的に負けてしまったんで。

椎名　それぐらいジャガーさんは強かったってことですか？

立野　強いんですけど、それだけじゃなくて。自分もそのときセコンドに入ってたんでわかるんですけど、レフェリーの（松永）俊国さんがジャガーさんを勝たせたかったのか、ジャガーさんがフォールするとワン、ツーまでは入るんだけど、デビルさんがフォールしてカウント2ぐらいまで何度押さえ込んでも、カウントを取ろうとしなかったんです。それで最後、ジャガーさんが押さえ込んで完璧にカウント3が入ったんですけど、試合後にデビルさんがレフェリーをぶん投げて（笑）。

玉袋　すげーなー。

立野　控室でも殴り合いになったり（笑）。それでデビルさんが泣きながら「私だってツーが入るような押さえ込みは何カ所かあったと思うけど、それを取ってくれなかったのが悔しい」って。

ガンツ　そんな一方に肩入れした疑惑のレフェリングだったんですね。同じ疑惑でも、阿部四郎のレフェリングとはまったく別次元の（笑）。

玉袋　阿部四郎はエンタメだから。縁日のインチキなおじさんだから（笑）。でも、こっちはマジだもんな。

立野　デビルさんは赤いベルトのために凄く練習してたので、それは怒りますよね。

ガンツ　ちょっと話を戻しますけど、立野さんと山崎さんは、そういう派閥は関係なしに「タッグを組め」って言われたわけですか？

立野　会社から言われたら絶対なんで。会社も試しに組ませてみて、それでうまくいけばそのまま
いく、みたいな。

玉袋　これが男同士だったら、それまで派閥が違っても、一杯酒を飲んで「一緒にやっていこう
ぜ」みたいになったりするもんだけど、立野さんの場合は？

立野　ないですよ。だから入場するときの扉の前まで会わなかったりとか。

玉袋　試合前に打ち合わせも一切なく？　それって究極のアドリブでしょ。

立野　でも同期で同じことを習ってきたので、相手が何をやりたいかはだいたいわかるんですよ。
試合中に「ダブルをやろう！」ってなれば、もう自然にできるんですね。リング上で呼吸を合わ
せるじゃないけど。

玉袋　その阿吽の呼吸が、入って何年かでできるようになるのが凄いよな。で、そっから仲良く
なっていくわけか。

立野　それが全然仲良くならなかったんですよ。

玉袋　そうなの⁉

立野　それでアメリカ遠征に行かされたとき、私がちょっとダメだったんで、五紀に「ちょっと
あんたに言いたいことがあった」って言われて。

椎名　積もり積もったものがあったと（笑）。

ガンツ　アメリカに行くまで、ほとんどしゃべりもしなかったんですね（笑）。

立野　それで「アメリカに来てふたりしかいないから、ふたりで力をあわせてがんばらなければどうにもできない。私はがんばりたい。あなたはどうですか？」って言われて、「私もがんばります」みたいな感じで、そこからは親友になりました。

玉袋　『テルマ&ルイーズ』だよ（笑）。

立野　そこからは大親友でいまも繋がってるんで。でも、あのときにアメリカに一緒に行かなかったら、引退後に会うこともなかったかもしれない。

椎名　アメリカにはどうして行くことになったんですか？

立野　WWEがまだWWFだった時代に、向こうの人たちが女子プロレスラーを探していたみたいで、そのとき私と五紀にオファーが来たんですよ。

ガンツ　つまりスカウトですよね。

立野　それでブッキングされて、向こうで人気が出たんですけど、そのとき、ちょうど先輩たちが引退して人が足りなくなったんで、日本に帰されちゃったんです。

ガンツ　ダンプさんと大森ゆかりさんが引退して、帰国命令が出ちゃったんですよね。

玉袋　あー、桃色豚隊（ピンクトントン）か。

立野　もうレッスルマニアの出場も決まっていて、日本から衣装とかも取り寄せていたんですけど、「帰ってこい」って言われて。自分と五紀は全女しかプロレスを知らなかったんで、「プロレスができればどこでもいいか」って、戻ってきちゃって（笑）。

玉袋　もったいねえな〜。いま、ママがあの頃の自分に何か言えたら「あんた、そこじゃないよ！」って言ってるだろうな（笑）。

立野　「アメリカに残りなさい！」って言ってますね。残っていたら、いま頃プール付きの豪邸に住んでたかもしれないのに（笑）。

「ハーリー・レイスにかわいがってもらうって、極道の妻たちだよ（笑）」（玉袋）

椎名　当時はどこに住んでたんですか？

立野　ファビュラス・ムーラの家があって、その敷地内に建てたアパートに住んでましたね。

椎名　それはニューヨーク？

立野　違います。サウスカロライナですね。彼女は凄いお金持ちで、本当に周囲一帯がムーラの土地で、住所も「ムーラ」ってなっているくらいでしたから。

ガンツ　ムーラタウンなんですね（笑）。

玉袋　ムツゴロウ王国みてえなもんだよ（笑）。

立野　敷地内に湖が2個あって、そこにムーラのお家と道場があって、アパートが何軒かあって、あとトレーラーハウスが3台並んでとか。

椎名　女子プロレスでそこまで稼げたってことですか？

立野　いえ、ムーラは離婚太り（笑）。3回くらいしたみたいで。

椎名　すげえな、アメリカ（笑）。

立野　プロレスでも凄い稼いでると思うんですけど。ムーラに近い関係の人に「ムーラは凄いね！　プロレスだけでこんなに大きな家が持てるんだ！」って言ったら、「離婚で得たカネよ」って（笑）。
玉袋　おそらくムーラも男を押さえ込むのが速かったんだよ。そっちの押さえ込みルールが強えっていう（笑）。
立野　私たちが行ったとき、ムーラはもう60歳過ぎてたんですけど、ちゃんと試合してて。ロープに飛ばしたら、ドナルドダックが走ってるみたいでしたけど、自分が60歳を過ぎてそんなことができるかっていったらできない。だから「この人は凄い人だな」って。
椎名　当時のWWFは、あとどんな人がいたんですか？
立野　ハルク・ホーガンとかアンドレ・ザ・ジャイアントとか。
玉袋　全盛期だよ。
立野　アンドレが小さいヤクルトみたいなのを飲んでると思ったら、大きなマグカップだったんですよ。指でつまんで持ってて（笑）。
ガンツ　マグカップがお猪口ぐらいのサイズに見えて（笑）。
玉袋　ファンタジーだよな～。
ガンツ　立野さんの時代のレスラーは、いまやみんなWWE殿堂入りしているような人たちばかりですもんね。
立野　それと、みんな日本の団体に来てたんで、私たちにやさしくしてくれたんですよ。「俺は日本でよくしてもらったから、キミたちのことを面倒みるから安心してね」って言われたりとか。それで、ここ（二の腕）に孔雀の入れ墨をしてる人がね。
椎名 ハーリー・レイスですね！
立野 ボスだったんで、その人に凄いかわいがってもらって。
玉袋 レイスにかわいがってもらうって、極道の妻たちだよ（笑）。
立野 あとダイナマイト・キッドとデイビーボーイ・スミスもすごく面倒みてくれて。なので、一切いじめもなかったんです。普通はジェラシーとかで意地悪されたりするみたいなんですけど、全然なくて。
ガンツ バックにハーリー・レイスとキッド&スミスがいれば、怖いものなしですもんね（笑）。
玉袋 じゃあ、その3人に献杯するか！
立野 あっ、みんな亡くなったんですよね。
ガンツ ハーリー・レイスも去年亡くなりましたから。
椎名 WWFにはどれぐらいの期間いたんですか？
立野 期間にすると半年くらいしか行ってないんですよ。2回に分けて行ったんですけど。
椎名 じゃあ、もっといたかったですね。
立野 私たちがいた頃、ちょうどホーガンが産休を取ったんですよ。ひとり目の子どもが生まれるっていうんで。そのとき、ビンス・マクマホンから「ホーガンが休んでいる間、エンジェルスにトップをやってもらうから。ここの団体で女子でトップをやったのはおまえたちしかいない。ホーガンが帰ってくるまで頼むね」って言われてたのに、日本に帰ってきちゃったんですよ。

玉袋　うわー、すげえ！

椎名　ＪＢエンジェルスは、そこまで凄い人気だったんですね。

ガンツ　マッチョマン（ランディ・サベージ）がホーガンに代わってＷＷＦ世界王者になったことがありましたけど、あのときですよね。

立野　あのとき、ホントは自分たちがメインになるはずだったんですよ。

玉袋　じゃあ、立野さんはランディ・サベージやエリザベスとも一緒だったんだ。

立野　エリザベスは超綺麗だった。かわいくて。

ガンツ　エリザベスは〝同期〟みたいなもんですよね。

立野　たまに控室が一緒だったんですよ。そうするとサベージが５分間隔で「大丈夫か？」って来てて、それぐらい愛されてたのに離婚しちゃったんで。

椎名　愛しすぎて、嫉妬深くて、それがあまりにもうざったくなっていたと言いますよね。そういう意味では、マッチョマンもクレイジーで。

「いまだから言えるんですけど、LLPWの旗揚げはメガネスーパーだったんですよ」（立野）

ガンツ　リング上の純愛ストーリーより、実生活のほうがもっと凄かったという（笑）。

立野　控室のほうがもっと濃いですよ。

玉袋　それでも離婚しちゃうんだもんな。

立野　旦那のほうは病んだんでしょうね。

玉袋　でも最高のコンビだったよ。あのふたりにも献杯だな。いちいち献杯しなきゃいけねぇよ（笑）。

椎名　あの世代、みんな死んじゃってますもんね（笑）。

玉袋　でも立野さんに聞きたいのは、中学卒業して、何もわからないまま全女に入り、何もわからないままアメリカに行っちゃったわけでしょ？

立野　そうなんですよ。「とりあえず試合すればいいんだよね？」みたいな。

玉袋　でも全女を辞めたあとは、食っていくためにシャバに出なきゃいけないわけじゃない。それで、こういうアットホームな店をしっかり持てるようになったっていうのは、どういうことなの？

立野　アメリカから帰国したあと、当時ジャパン女子にいたハーレー（斉藤）と知り合ったことが大きかったんですよ。ハーレーを応援してくれていたオカマの人がいるんですけど、その人を紹介してもらって、そのオカマの人から〝外の世界〟っていうのを教わったんです。「何かをしてもらったら、かならずお礼を言いなさい」とか基本的なことから。

玉袋　それは大事なことだよ。

立野　「しかもその場で言うんじゃなくて、次の日にちゃんと電話で伝えなさい」と。「あなたたちは地方に行くんだから、たとえ１０００円のものでもいいからお土産を買っていきなさい」とか、そういうことすべてを教えてもらっていまに至るなんですよ。

ガンツ　ちょうど全女を辞める前に、そういう出会いがあったんですね。

立野　そうなんです。「付き人がついたら、お給料をもらったときにでもご飯に連れて行ってあげなさい。お小遣いをあげなさい」とか。全女のときって後輩を当たり前のように小間使いにしていたのに、アメリカ遠征から帰ってきて変わったんですよね。その前にお酒はアメリカで覚えて。

玉袋　ハーレーちゃんとは別の団体だったのに、どういうきっかけで出会いがあったの？

立野　この出会いも五紀のおかげなんです。

ガンツ　五紀さんは、立野さんより先に全女を引退して、ジャパン女子に行ったんですよね。

立野　デビルさんが最初に行っていて、五紀は引退したんだけど、やっぱりプロレスが好きだっていうのでジャパンに行って。

ガンツ　なるほど。デビルさんのルートで五紀さんもっていうことになったんですね。

立野　私、アメリカに行くまではプロレスって全女しか認めていなかったんですよ。でもアメリカに行って、たまたまテレビをつけたらどろんこレスリングの女子プロをやってるのを観てショックを受けて。いろんなプロレスがあるんだって21歳になって初めて気づいたんですよ。それで日本に帰ったらジャパンを見てみようと思ったんですね。それで五紀がジャパンに行ってからいろんな人と仲良くなって。

玉袋　結局、全女はカルトだから。閉じた世界でみんなやっていたわけだもんね。

立野　ホントそうです。その世界しか知らないんで。

玉袋　でも立野さんは、全女を辞める前にそれがわかったっていうのが、いまにつながってるんだろうな。

立野　ホントに非常識だったんだなって思いましたね。

ガンツ　それで全女を引退後、ＬＬＰＷに参加するわけですよね。

立野　引退したとき、ちょうど全女がカラオケ屋をやっていて、新たに中延店ができたときだったんで「おまえ、店長をやってくれよ」って言われて、「まあ、いいですよ」って引き受けたんですよ。そこで初めて立ち仕事って大変なんだって知って、しかもお給料もバイト代みたいな額しかもらえなかったんです。25になって「ちょっと、これじゃ家賃が払えない……」と思って。

ガンツ　それまでプロとしてちゃんと稼いでいた分、収入の落差が大きかったわけですね。それでハーレーさんとの人間関係から、ＬＬＰＷに入ることになると。

立野　そうですね。当時は女子プロレス団体がいっぱいあったときだったんで、すべての団体から声をかけていただいたんですけど、そのなかでＬＬＰＷがいちばんスポンサーが大きかったのと、私も大人として安定したかったので。

玉袋　ＬＬＰＷのケツモチは誰だったんだっけ？

立野　メガネスーパーだったんですよ。いまだから言えるんですけど。

ガンツ　ＳＷＳがバッシングされてた時期でもあったから、バックにメガネスーパーがいることを公表していなかったんですよね（笑）。

立野　あと女子プロレスだったんで、田中八郎（メガネスーパー社長・当時）さんの奥さんがやきもちを妬いちゃって。旗揚げのお金だけ出してくれたんです。「嫁がダメって言うから、ごめんな！」って。

ガンツ　それも凄い話ですよね（笑）。

玉袋　でも、それが夫婦なんだよ〜。

立野　しかも、その旗揚げのお金もフロントで手伝っていた人に持ち逃げされてしまって。

椎名　えーっ⁉　お金を持ち逃げされてどうなったんですか？

立野　旗揚げできなくなりそうだったんだけど、そこで天龍（源一郎）さんが応援してくれたんですよ。天龍さんも当時メガネスーパー（ＳＷＳ）に関わっていたので、その話を風間（ルミ）さんがしたら「俺のタニマチが貸してくれるかどうかはわからないけど、いいタニマチがいるからそれに借りろ」って天龍さんが話を通してくれて。そのタニマチさんがお金を出してくれたことで旗揚げできたんですね。

椎名　そんな裏話があったんですね！

「そのWWFにいた期間の短さも素敵じゃないですか。一瞬の輝きが世界中で伝説になってるっていうね」（玉袋）

玉袋　天龍さんの男気エピソードがここでも出てきたよ。いろんなところに出てくるんだよな〜。

立野　なので天龍さんは、ＷＡＲにもウチらを上げてくれていたんです。

玉袋　それでのちに神取さんと試合して、ボコボコにしたっていうね（笑）。

立野　あれは神取さんが「絶対に天龍さんとやりたい」って言ってて、直接お願いしたんですよ。そうしたら天龍さんが「俺は本気でやるよ。いいのか？」って。そうやって了承済みで試合したんですけど、神取さんの顔がこんなに腫れ上がっちゃって。だから私は天龍さんが好きなんですよ。女子相手でもあそこまでやる天龍さんが凄いなって。

椎名　ちゃんと「対戦相手」として容赦しなかったってことですもんね。

立野　でも天龍さんからすると、普通はあれくらい殴ったら開くらしいんですよ。

ガンツ　パカッと割れるってことですね。

立野　開いたらあんなに腫れないんだけど、開かなかったんで。

椎名　神取さんの面の皮が厚かったんですね（笑）。

立野　そうしたら天龍さんが試合後、「神取に言っておけ。生卵をコロコロしたら腫れが治るから」って。

椎名　ザ・民間療法（笑）。

立野　相撲のときの治し方だって。それがホントに腫れに効くんですよ。生卵をコロコロなんて原始的と思っていたら、ホントみるみる腫れが引いていったんで。

椎名　へえ～！

立野　卵が腫れを吸収してくれて。天龍さんはちゃんと試合後も気にしてくれていたんです。

ガンツ　やっぱりＷＡＲとＬＬＰＷという組み合わせがいいですよね。ボクは「水割りの味がす

る大人の団体」って呼んでるんですけど（笑）。

玉袋　スナックの香りがしたよな（笑）。立野さん自身、中学を卒業して全女に入って、アメリカを経て、いろんな人と出会って大人になっていくっていうね。そういう女子レスラーの人生ってドラマにしなきゃいけないって思っちゃう。だって嫌だもん、全女みたいな素晴らしい時代があったのに、もう跡形もなくなり、あれを知る人も少なくなっていくっていうね。

立野　全女がなくなったのは、とても悲しかったですね。

玉袋　あれがひとつの物語作品として残ってねえのがファンとして嫌なの。村西とおる監督のクリスタル映像だって、滅びて何年も経ってから『全裸監督』としてあれだけの映像作品になったわけだから。女子プロレスにも『輝きたいの』っていうドラマがあったけどね。

立野　凄い、知ってるんですね。

玉袋　俺は女子レスラーたちの生き様や、あの凄い時代をドラマで残してほしいな。俺は女子レスラーの人たちともたくさん対談させてもらってきたけど、みんな凄い人生送ってるもん。昔は片親だったり、家が貧しかった人なんかもいたりしてさ。でもリングであれだけ輝いたっていうね。

椎名　でも立野さんは21歳でニューヨークのあれだけ華やかなところで試合をやって、現地の人たちを魅了したっていうのが凄いですよね。夢があるなあ。

ガンツ　ＪＢエンジェルスの試合が全米中継されていたわけですからね。

立野　カナダのトロントで（ＷＷＦ世界女子タッグの）タイトルを獲ったんですけど、そのとき初めて向こうで３本勝負をやったんですよ。

椎名　あっ、向こうではなかったんですか？

立野　女子ではなかったみたいなんです。でも、たぶん会社が私たちの試合をたくさん見せたかったから３本勝負にして。

玉袋　そんだけ売れたわけだもんな～。でも当時の向こうってのはまだ差別とかもあったんじゃないの？

立野　やっぱり最初はブーイングから始まりましたね。「フロム・ジャパン」ってコールされるだけでブーイングみたいな。

玉袋　それをひっくり返した瞬間っていうのは気持ちいいでしょ？

立野　もう一瞬で歓声に変わりましたね。私たちのような動きをしたプロレスが向こうではなかったので。それで私たちが試合をすると、男子レスラーたちも控室から出てきて、試合を観るようになったんですよ。で、そのあとに私たちのダブル攻撃とかが盗まれちゃったりしてて（笑）。

玉袋 ウチの師匠がツービートの結成した頃に「ツービートってのがおもしろいぞ」となって、浅草の松竹演芸場にツービートが出るとベテランがみんな観に来たっていうじゃん。それとシンクロしてるよ。

立野 いまは五紀がニューヨークに住んでるんで。「いま思うけどさ、私たちって相当有名な新聞にも出てたんだよ」って話をして。

椎名 当時は価値がわからないですもんね。

立野 五紀はもう20年以上、向こうに住んでるんで「私たち、けっこう凄いことをやってたんだよね」なんて言って。

ガンツ だから、そろそろＪＢエンジェルスもＷＷＥ殿堂入りしてほしいんですけどね。

立野 だけど私たちは期間が短かったんで、それはないと思います。

玉袋 だけどその短さも素敵じゃないですか。一瞬の輝きが伝説になってるっていうね。

立野 いまでも五紀とは「私たちがもっと社会を知ってたらね〜」って笑いながら話してますよ。

椎名 ホントですね。プロレス史に相当名を残していたはずだから。

玉袋 それをあっさり帰国させる松永兄弟っていうね（笑）。悔しいね〜！

立野 でも、もしずっと向こうに行ってたらこの店はないので。そう思えば、ここでいろんな出会いがあって、楽しくやっているいまが幸せだからいいかなって。

玉袋　いや〜、たまらんね。俺はもうママに惚れちゃったよ。ママ、ビールもう1本ちょうだい！

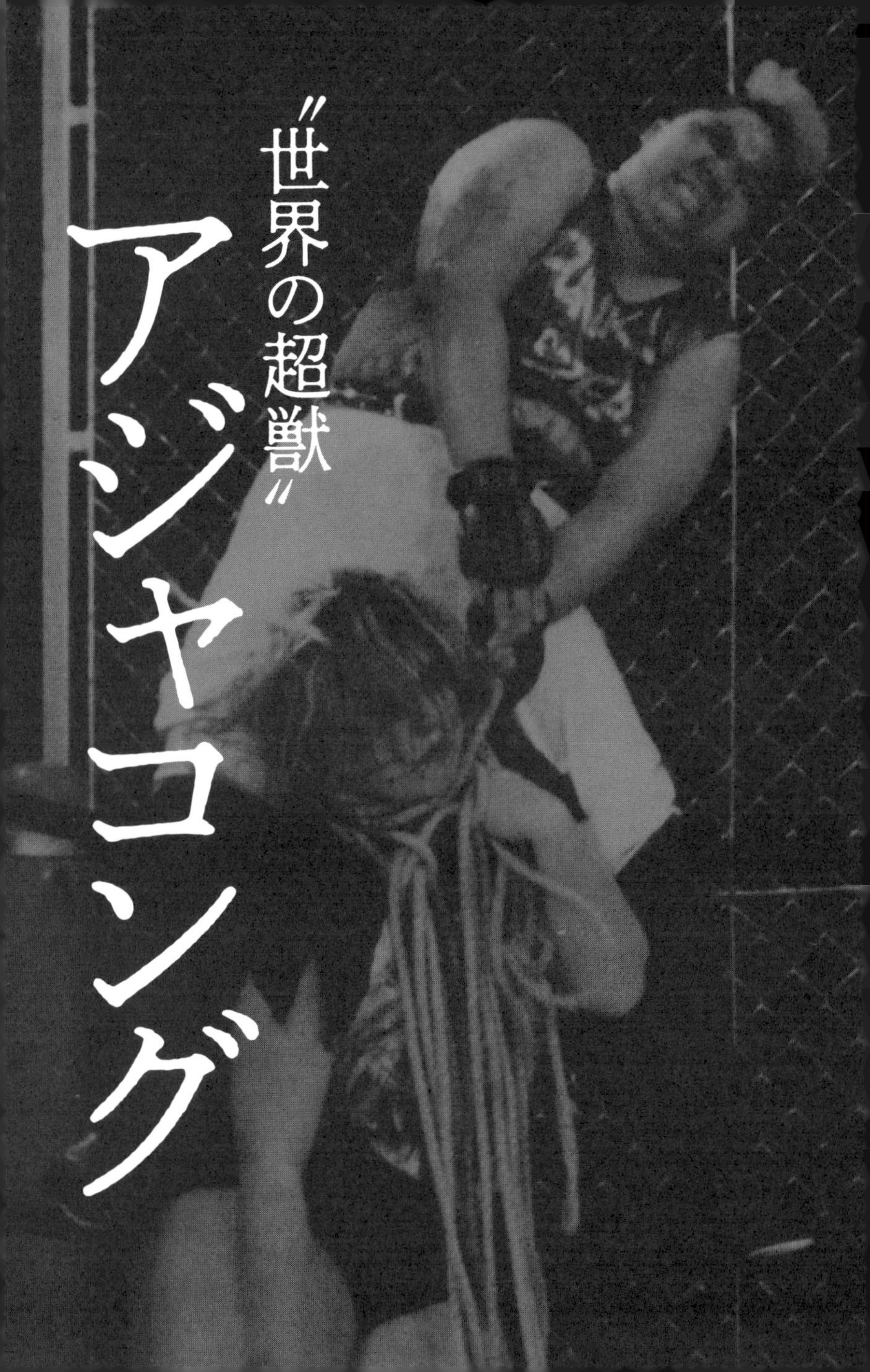

〝世界の超獣〟アジャコング

アジャコング（あじゃこんぐ）

1970年9月25日生まれ、東京都立川市出身。本名・宍戸江利花。プロレスラー。小学校時代から空手で鍛え、中学卒業後に全日本女子プロレスに入門。1986年9月17日、豊田記代（コンバット豊田）戦でデビュー。新人時代は「極悪同盟」のメンバーとして活躍したが、90年代にトップのブル中野に反旗を翻して同期のバイソン木村とジャングル・ジャックを結成。その後、中野ら獄門党とのヒール同士の抗争を繰り広げ、1990年11月の金網デスマッチで中野の金網最上段からのギロチンドロップで敗れたが、1992年11月での再戦で勝利し2年にわたる抗争が決着した。全女を退団後は新団体アルシオンに参加（のちに退団）、以降はOZアカデミー所属としてハッスル、プロレスリングWAVE、DDT、センダイガールズなどにも参戦。2022年12月にOZアカデミーを退団して現在はフリーとして国内外の団体に参戦している。

［2024年6月6日収録］

「私はビューティ・ペアよりもゴールデン・ペアのファンだったんです。空手着を着ていたビクトリア富士美さんが好きで」（アジャ）

ガンツ　玉さん、今回の変態座談会は満を持してアジャコングさんに来ていただきました！

玉袋　満を持しすぎだよ！　アジャさんといえば、女子プロレス界のレジェンドであり、所属事務所はワハハ本舗で、俺もよく知る芸人でランナーの猫ひろしとふたりでアスリート部門なんだから。

アジャ　いやいや（笑）。

玉袋　あとワハハでいうと、ポカスカジャンの大久保（ノブオ）。あれは家が近所で、もつ焼き屋でよく会うんだよ。よく行く銭湯も一緒だしね。

椎名　裸の付き合い（笑）。

玉袋　あれも大出世だからな、言ってみれば。

アジャ　いまは座長ですからね。

玉袋　そのワハハ本舗にアジャさんが入った経緯っていうのは、なんだったんですか？

アジャ　私はもともと別の事務所にいたんですよ。まだ全日本女子プロレスにいた頃、ＣＭで瀬戸朝香ちゃんと共演したことがあって。それで全女を退団したとき、プロレスの交渉は自分でできるけど芸能はできないので、そのＣＭでお世話になった事務所の社長に「どこか事務所を紹介してください」って言ったら、「ウチで預かるよ」って言ってくれたんですけど、なんせ女優さんの事務所じゃないですか？　女優のお仕事もいっぱい取ってきてくださったんですけど、なんか違うなって思いながらやっていたんです。

ガンツ　ＣＭで共演していたとはいえ、本来、瀬戸朝香さんとアジャさんでは仕事の方向性がだいぶ違いますもんね。

玉袋　かたや一斗缶を持ってるわけだからね。

アジャ　そうしたら担当に付いてくれていたマネージャーがある日、「お笑いがやりたいので、ワハハに行きます」って言って、退社してワハハに旅立って行ったんですよ。で、1年ぐらい経ってから「ボクも基盤もできましたし、アジャさん、バラエティをやるならワハハのほうがいいです」って言ってくれたんで、「あっ、そうだね」って言って。彼が事務所同士のお話をしてくれて、凄く円満に移籍したんです。

玉袋　その円満移籍は、プロレス界じゃありえないよね。

アジャ　ありえないですね。でも移籍してよかったです。前の事務所は凄くキッチリしていたんですけど、ワハハはいい意味での「いいかげん」っていうか、それが私にはちょうどよくて。プロレスと芸能の仕事が重なりそうな場合、どうしてもプロレスのほうを優先させてもらうことが多くなるので、そういうときのバランスもワハハのほうがうまくできるので。

玉袋　ワハハに来て何年ぐらいですか？

アジャ　けっこう長いですよ。14年くらい経ちましたかね。

玉袋　ワハハの本公演ももちろん出てるんですもんね。

アジャ　公演も出てたんですけど、プロレスとは違う筋力を使うので、試合ではケガしないのに公演でヒザをケガしちゃったんですよ。それでマネージャーに、東京公演とかで単発で出させてもらうならともかく、ちゃんと公演に出るのは無理ですって言って。

玉袋　アジャさんくらいキャラが強ければ、出オチとしては最強だけど、しっかりフルで出るとなると大変なのか。

アジャ　公演はダンスとかをちゃんとやるんですよ。そりゃもう久本（雅美）さん、柴田（理恵）さんはじめ、みんな踊るんで。自分も踊らなきゃいけないいんですけど、この身体でそれをしっかりやるとヒザを痛めちゃう。

玉袋　舞台は厳しいからね。

アジャ　看板女優たちが踊るのに、ほかが踊れないとは言えないですから。

玉袋　言えないよな。

アジャ　なので、それからは東京公演とかで1日のゲストとかをやらせていただいて。

玉袋　それは『8時だョ!全員集合』に一瞬だけ出てきてインパクトを残す、天草海坊主に通じるものがあるね。

アジャ　それ、誰がわかるんですか（笑）。

椎名　我々50代はみんなわかります（笑）。

ガンツ　でもアジャさんも全女を観始めたのはかなり早いんですよね?

アジャ　そうですね。最初に観たのはビューティ・ペアの時代で、小学校に入るか入らないかの頃だったので。

玉袋　そりゃ、早いな。でも全女はゴールデンタイムでの放送のほかに日曜の午後にもやってたし、そりゃ観ちゃうよね。ビューティ・ペアだとどっちを応援していたんですか?

アジャ　私はビューティ・ペアよりもゴールデン・ペアが好きだったんですよ。自分も小さい頃から空手をやってたんで、空手着を着て出てこられたビクトリア富士美さんが好きになって。

「自分のところの選手同士で殴り合いをさせて、どっちが勝つか賭けてる松永兄弟っておかしいでしょ」（アジャ）

玉袋　空手はフルコンタクト?

アジャ　私は寸止めのほうです。オリンピックに出られるほう。

ガンツ　全空連ですね。
玉袋　昔はフルコンタクトの極真こそが本物だと思っていたけど、いまUFCとか観ると伝統派空手のほうが活躍してるんだよね。極真が拳で攻撃できるのは首から下だから、ルールの違いが響いちゃってさ。
アジャ　なので、よく空手の先生に言われたのは「極真は身体は強いけど、顔面がない。ウチは寸止めだけれど、顔面ありだ」って。だから顔面を殴られる恐怖を子どもの頃から体験しているんですよ。寸止めで拳サポしてても、怖がって目をつぶったりすると、さばけずに顔面に当たって鼻血とか出してたんで。
玉袋　顔面を殴らないけれど、想定はしていたわけか。
アジャ　私はその経験があっての裏拳なんですよ。
椎名　プロレスに活かされているわけですね。
アジャ　空手でも裏拳は使っていたんですけど、プロレスで使うきっかけになったのはデビュー4年目の頃。なぜか下田美馬とボクシングマッチをやって、付け焼き刃のパンチで殴り合ったときなんですけど。
玉袋　下田さんが鼻血を出して前歯も折られて、残酷ショーみたいになっちゃったんだよね。
アジャ　そうそう。あれは美馬を売り出すために会社が組んだ試合だったんですけど、なぜそれが私とのボクシングマッチなのか、意味がわからない。
椎名　体重差もあるし、ボコボコにされるってわかりそうなものなのに。

玉袋　普通に考えたら罰ゲームか制裁マッチだよ。前に下田さんにインタビューしたとき、「なんでボクシングマッチをやらなきゃいけないのかわからなかったけど、やらなきゃ辞めさせられると思ってやった」って言ってたもんな。

アジャ　全女は松永兄弟がもともと柔拳をやっていたじゃないですか？　だからそれをやりたくてしょうがないわけですよ。

椎名　根っからの拳闘好きなんだね（笑）。

玉袋　しかも兄弟同士でどっちが勝つか賭けてるわけでしょ？

アジャ　そう。自分のところの選手同士で殴り合いをさせて、どっちが勝つか賭けてるっておかしいでしょ。

ガンツ　人権無視ですね（笑）。

アジャ　だから、いま振り返るとどうしようもない会社だったなと思う反面、あの会社にいたんだからなんでもできるなって思うし、世の中怖いものは何もないなって。

玉袋　全女の末期、会社が借金で大変なことになったじゃないですか。あのとき、アジャさんも松永兄弟から「カネ貸してくれ」って言われたの？

アジャ　私は「お金を貸してくれ」の前に辞めたんです。給料の未払いがあったのを約束手形で払われて（笑）。

椎名　その約束手形、絶対に信用できない（笑）。

アジャ　辞めるときに「未払い分を払ってよ」って言ったら、５００万円を手形で渡されて、「50

万円ずつ10枚、それを月々の末に入れる」って言われたんですよ。で、1月目は入ったんですけど、2カ月目に現金化しようとしたら、直前に全女から電話がかかってきて「今回はジャンプしてくれ。じゃないとウチ、会社が飛んじゃうから」って。

ガンツ　案の定、たった2カ月目で（笑）。

アジャ　でも試しにやってみたら50万入ってきたんですよ。「おお、出てるんじゃん」って思ったら、「おまえ、会社を潰す気か、この野郎！」ってすぐに電話がかかってきて（笑）。

椎名　50万のせいで潰れるなら、もう潰れるでしょう（笑）。

アジャ　2回目の不渡りを出したら終わりだって、ずっと綱渡りでしたね。

玉袋　でも当時の全女っていうのは、けがれを知らない、いたいけな少女たちが夢を抱いて入ってきて、最初に接する大人があいう人たちなんだもんな。

アジャ　山師ですよ、山師（笑）。

「俺も追っかけをやっていた頃はウチの師匠もしゃべってくれたけど、入門したら口を利いてもらえなくなった」（玉袋）

玉袋　そりゃたくましくなるよ。だから好きなんだよね、俺は全女の人たちが。アジャさんだって、もともとゴールデン・ペアに純粋に憧れていたわけで。

アジャ　ただ、プロレス自体を観始めたのはもっと小さい頃、3歳ぐらいだったんですよ。

椎名　3歳は早いですね（笑）。

アジャ　親がプロレスとか好きでテレビで観てたので、最初にプロレスを認識したのは、男子の全日本プロレスだったんです。ファンクスとか、ブッチャー、シーク、ブロディとか、あのへんを観ていて。だからプロレスは男がやるものだと思っていたので、ビューティ・ペアを初めて観たとき、ジャッキー（佐藤）さんを男の人だと勘違いして「なんで男の人と女の人がリングで歌を歌ってるんだろう？」って思ったくらいだったんで。

玉袋　その頃からすでに多様性を先取りしていたんだろうな。じゃあ、そっからビクトリア富士美さんに憧れて女子プロレスラーを目指していくわけですか？

アジャ　いや、その頃はまだプロレスラーになる気は全然なかったんです。ウチは母子家庭で、私はハーフで身体も大きかったので、近所のおじさんとかおばさんに「プロレスが好きなんだ。じゃあ、将来はプロレスラーになってお母さんをラクさせてあげなきゃね」ってよく言われて、それが嫌だったんです。「なんで？　観るのは好きだけど、自分がやるなんてひと言も言ってないから」って思って。

ガンツ　太っていて身体の大きい男児が「将来はお相撲さんだね」って言われて、それを嫌がるのと一緒ですね。

アジャ　だから「何があってもプロレスだけはやらない」と思っていて、動物が好きだったんで獣医になりたかったんですけど、クラッシュ・ギャルズのブームでまた女子プロ熱が復活したあと、中2のときに福生の体育館にひとりで全女を観に行って、人生が変わっちゃったんですよ。

ガンツ　それぐらいクラッシュ・ギャルズは衝撃的でしたか。

アジャ　クラッシュはその前から好きで、当時は（東京都）昭島に住んでいたので、立川周辺とか後楽園まで足を伸ばして観に行ったりしていたんですけど、たまたま福生に来たときは友達が都合がつかなくて、ひとりでチャリンコで行ったんです。で、当時はクラッシュ全盛だから、だいたいクラッシュvs極悪同盟のタッグマッチが定番だったんですけど、その日だけセミファイナルで長与千種vs山崎五紀のシングルが組まれていたんです。

ガンツ　ベビーフェイス同士のシングルだったんですね。

アジャ　「今日はクラッシュ・ギャルズが組まないんだ」という残念な思いもあったんですけど、長与さんのファンだったので、シングルマッチをじっくり観られるからいいかと思い直して観たら、凄くおもしろかったんです。いつもはクラッシュが極悪の反則にやられてやられて、それでも立ち向かっていくという展開だったのが、ちゃんとプロレスとしてのテクニックの攻防が見られて、「すげえおもしろい！」と思って。

椎名　プロレスの試合自体に魅了されたんですね。

アジャ　あの試合を観た瞬間から「私もこれをやりたい！」「やらなきゃダメだ！」って思って、その日は家に帰ったあと、お母さんに「プロレスラーになるから！」ってすぐに伝えて。でもプロレスを観てきた直後で興奮しているだけだろうと思われて、「はいはい」って本気にされなかったんですけど、自分のなかではもう完全に気持ちは決まっていましたね。

玉袋　たった1試合で、ひとりの少女の人生を変えちゃうんだからすげえな。

アジャ　だから、もし福生であの試合を観ていなかったら、プロレスラーにはならなかったかもしれないですね。

玉袋　それが中学のとき？

アジャ　中学2年でそう思って、3年になるときの進路相談でも、志望する高校を書く欄の第1志望、第2志望、第3志望、すべて「全日本女子プロレス」って書いて出したんで。

玉袋　一緒に女子プロを観に行っていた友達は「私も入りたい」とかはなかったんですか？

アジャ　そのコもクラッシュが大好きだったから、「私もなりたい」とは言っていたんですけど、私とは真剣度が違いましたね。私の場合、学年主任の国語の先生に「先生、お願いがあります。女子プロレスのオーディションを受けるために必要なので、履歴書の書き方を教えてください」って言って、万全の状態の履歴書を送っていたので。

玉袋　それは俺の高校時代も似たようなところがあったかもしれねえな。当時、たけし軍団に入りたいっていうヤツがいっぱいいたんだけど、ほとんどは「たけしさんの近くにいたい」っていうミーハーな気持ちでさ。でも俺は高校時代に（水道橋）博士と出会って、「俺たちは本物の芸人になろうぜ。漫才やろうぜ」って、腹を決めて入ったからね。

アジャ　私も当然、ミーハーな気持ちはあったんですよ。まだ中学生だし。全日本女子プロレスに入れば、毎日、誰よりも近いところでクラッシュ・ギャルズの試合が観られると思っていたんですけど、入ったら観られないんですけどね。

ガンツ　逆に入ったら、トップと下っ端だからいちばん遠くなってしまうという（笑）。

アジャ　新人だから雑用が山ほどあるし、クラッシュの歌のコーナーを観ていたりしたら、「なにボケッとしてんだ！」って先輩に怒られて蹴飛ばされますからね（笑）。

玉袋　俺もファンで追っかけをやっていた頃は、ウチの師匠もしゃべってくれたんだけど、入門したら6年ぐらい口利いてくれなかったからね。

アジャ　私もお客さんとして通っていた頃は、「サインください」って言ったら「ああ、千種を応援してくれたコだ。ありがとうね」って言ってくれていたんですけど、いざ入ってみると、自分から先輩に対して話しかけることはできないんで。口も利けないし、姿すら見るのもはばかれるくらいでしたね。

「ジャガーさんには凄く丁寧にコーチしていただいたんです。怒鳴られたり殴られたりすることは一切なかった」（アジャ）

玉袋　アジャさんがオーディションを受けたときっていうのは、クラッシュブームの絶頂期ですよね。倍率はどれくらいだったんですか？

アジャ　私たちの年は応募が３０００人くらいで、書類審査を通った５００人くらいが昔の河田町にあったフジテレビでオーディションを受けたんですよ。いちばん大きなGスタジオに集められて、朝8時から夕方5時くらいまで、６次審査ぐらいまであるんですけどバンバン振り落とされて。最終面接で20人ぐらいまで絞り込まれて、受かったのが10人でしたね。

玉袋　3000分の10だもん、すげえ倍率だよ。

アジャ　それで受かった10人は、そのまま逸見（政孝）さんと幸田シャーミンさんがやられていたフジテレビの6時のニュース『スーパータイム』に出させられたんですよ。「全日本女子プロレス、今年の新人です」って紹介されて。

椎名　そこまで全女とフジテレビはガッチリだったんだ！

アジャ　だから次の日に学校に行ったら大騒ぎでしたよ。いきなり夕方の全国放送に出ちゃったんで。

椎名　プロレスラーに必要な要素って体力以外にもあると思いますけど、運動神経はそこまでないけど、ルックスで取られたような人もいたりしたんですか？

アジャ　私たちのときはなかったですね。ルックスもある程度は見られたと思いますけど、いまより選ぶ分母が多いので、まず体力面でどんどんふるいにかけた上で選ぶほうも選び放題だった部分もあるので。

玉袋　そういうなかで縁故で入る下田美馬っていうのもいたし。

アジャ　まあね（笑）。

ガンツ　下田さん本人が言ってましたよね。お父さんが菅原文太さんと親しくて、文太さんから直接、全女に「下田の娘さんをよろしくお願いします」っていう電話がいったたって（笑）。

アジャ　ウチらの代の高橋美華も縁故みたいなもんでしたから。だいたい毎年いるんですよ。堀田（祐美子）さんも山崎照朝先生のお弟子さんの道場に通っていて、そっから口利いてもらって入ってきたとか（笑）。

玉袋　そのとき、誰を取るかのジャッジメントをしたのは松永会長なんですか？

アジャ　オーディションのときに審査員としていたのは、松永4兄弟と植田（信治）コミッショナー、山崎照朝先生。あと自分らのときはクラッシュ・ギャルズとジャガー（横田）さんもいました。

玉袋　そのメンバーを前にしてテストを受けるんだから、それは緊張するよね。

椎名　たしかに。ジャガーさんの視線とか怖そう（笑）。

アジャ　ジャガーさんは私たちが受かった年の前の年の暮れに現役を引退されているので、入門時からコーチをしてくださった師匠なんですよ。たしかにテレビで観ていたときは怖い印象があったんですけど、コーチになられてからは凄く理路整然としていて、手をあげられたことが一度もないんです。

玉袋　指導者としてちゃんとした人だったんだ。

アジャ　ジャガーさんも、これまでのように選手として後輩を教えるのとは違って、今度は正式なコーチとしての立場で弟子を教えるんだという感覚で、初めてなので悩まれながらも本当に丁寧に教えていただいたんです。練習は厳しいのは当然ですけど、頭ごなしに怒鳴られたり殴られたりすることは一切なくて、怒られるときは何がダメなのかちゃんと説明してくださったし、こちらの意見も聞いてくれましたね。

ガンツ　当時の全女でド新人の意見を聞いてくれるなんて、なかなかないですよね。

アジャ　でもジャガーさんはこうも言っていたんですよ。「私はコーチだからちゃんとあなたたちの意見を聞くけど、巡業に出たら先輩たちにはそうはいかなくなるから、その覚悟はちゃんと持っておきなさい」って。そういうことも教えていただいたんで。

椎名　この世界の掟もちゃんと教えられていたんですね。

アジャ　ただ、それを先回りして教えていただいたことで、プロテストに受かって先輩たちと巡業を回るようになったら、怒られないような立ち振る舞いが最初からできちゃったんですよ。だから私たち（昭和）61年組は「ソツなくできるいいコたちだけど、アクがなくて面白味のない世代」って言われていたんです。

玉袋　ソツなくこなせちゃうっていうのも、良し悪しあるんだな。

アジャ　だから60年組vs62年組の世代闘争とか、先輩たちからガッツリ怒られている世代のほうがやっぱりガンガン出てくるんですよ。

ガンツ　北斗晶がいた60年組と、豊田真奈美、山田敏代の62年組に挟まれていた地味な印象が若手時代はありましたもんね。

アジャ　ただ何年後かには、全員が突拍子もないことをする代にもなったんですけどね。

「勝ち負けでお給料が違ったって、でもお金が勝敗に関係していたらプロレスのフォルムが保てなくないですか？」（椎名）

玉袋　3000人のなかから選ばれたからポテンシャルは高いわけだもんね。まあ、しかしね、全女の新人の立場っていうのは、先輩たちが飼っている犬以下だっていうんだから大変だよ。

アジャ　そうです、お犬様です。巡業地に着いたら、まずお犬様たちをお手洗いにお連れさせていただくのも新人の仕事でしたから。そして「おしっことうんこ、全部されました。今日のうんこの状況はよかったです」っていうのを、全部先輩に報告するんですよ。

玉袋　獣医を目指していたアジャさんが、獣医以上にお犬様の健康状態に気を配ってるっていうね（笑）。

アジャ　そうですね。「いま、ごはんを召し上がられました」とか全部報告してたんで。

玉袋　誰だっけ？　あんまり悔しいから犬にちょっといたずらしたら、犬が飼い主の先輩にワンワン吠えてバレたって言ってたのは。

ガンツ　それは井上京子さんですね。犬がワンワン吠えて北斗さんに告げ口して、「オメー、なんかやっただろ！」って怒られたという（笑）。

アジャ　ろくなことしない犬たちなんですよ。なんせお犬様ですからね。バスのなかで靴の紐を全部噛まれたりとか、そういうこともしょっちゅうだったんで。

玉袋　巡業は全員でバス移動だから、先輩は寝てるけど、新人は寝ちゃいけねえとかもあるわけでしょ？

アジャ　寝てもいいんですけど、先輩から「ねえ」って話しかけられたとき、すぐに反応できなかったら最後なんで。寝ていてもすぐに「はい！」って返事ができるようにしてなきゃいけない。

JUNGLE
EMPEROR

椎名　それは寝ちゃダメっていうのと同じだと思います（笑）。

玉袋　小野田（寛郎）さんのジャングル生活だよ。いつ襲われるかわからないから、片目を開けて寝ていたとか言ってるんだから（笑）。

椎名　全女の場合は野生動物よりお犬様がおそろしいという（笑）。

玉袋　もうアジャさんの時代は、巡業中の泊まりはホテルですか？

アジャ　新人の頃はまだ旅館のほうが多かったですね。でも私たち新人からすると、ホテルのほうがいいわけですよ。ホテルなら先輩がそれぞれの部屋でシャワーを浴びて、ご飯も各自食べてくれるけど、旅館だと食事も先輩から順番に食べていってその給仕をしないといけないし。それと同時にお風呂も先輩たちから先に入るので、「いま、誰々さんが入られたので、20分後ぐらいには入れると思います」って伝える、「お風呂回し」っていう仕事も出てくるので。

椎名　お風呂回しっていうのがあるんですね。

アジャ　しかも、同期でも全員が巡業に連れて行ってもらえるわけじゃないので、それをだいたいふたりくらいでやらなきゃいけないんですよ。だからひとりは給仕をして、もうひとりはお風呂回しをして、その隙を縫って洗濯もしなきゃいけない。でも、いまみたいにコインランドリーがあるわけじゃないので、旅館に洗濯機を借りるか、なければお風呂で手洗いして乾かしてっていうことをやらなきゃいけないんです。

椎名　寝るときはみんな布団を並べて寝るんですか？

アジャ　新人は大部屋で、1年上、2年上くらいの先輩たちと一緒の部屋なんですよ。それで先輩たちは先にお風呂に入って寝ているので、新人は洗濯とか仕事が終わったら、先輩たちを起こさないように静かに布団に入って。朝も目覚ましより早く起きて、朝練をやって、朝練が終わったらまた朝ごはんの給仕をしないといけないっていうので。

玉袋　大変だな～。じゃあ、逆に巡業に行けずに留守番してるコたちのほうはラクはラクだろうけど、やっぱり巡業に行かなきゃ試合に出られるようにもならないわけだもんね。

アジャ　あと、お給料にも思いっきり反映されるんですよ。試合をしないと基本給しかもらえないんで。試合に出て、勝ったらいくら、負けたらいくら、レフェリーならいくらって全部決まっているんです。

椎名　勝ち負けでお金が違うんですか？

アジャ　違います。まず基本給は7万円だったんですよ。それで1試合やって、勝ったら5000円、負けたら3000円、レフェリーをやると2000円。で、勝つと次の日も試合が組んでもらえるんです。

玉袋　負けたら次の日、試合が組まれなくなるんだ。

アジャ　たとえば自分たちが2年目のとき、同じ代の61年組は10人くらいいて、1年下の豊田（真奈美）たちの代が7～8人いて、ウチらの1年上の北斗晶さんの代が10人くらいいたので、要は3年目までの〝若手〟が30人くらいいたんですよ。その若手が出るのは前半戦の3試合なので、タッグマッチがあったとしても、30人のなかで出られるのは8人くらいなんです。

玉袋　そう考えたら、毎日トーナメントをやっているようなもんだね。

アジャ　そうなんですよ。だから勝ち続ければ毎日出られて、北斗さんみたいに出世が早いと後半戦に出るようになるんですけど、そうじゃないと前半の3試合の枠を30人で競わなきゃいけない。それがお給料に確実に反映されるので。

ガンツ　相撲にちょっと近いですよね。

アジャ　そうですね。

椎名　でも、お金が勝敗に関係していたら、プロレスのフォルムが保てなくないですか？

アジャ　そこは勝ちたくても最低限のルールは絶対に守らなきゃいけないんですよ。お客さんが観ているものなので、ちゃんとプロレスを見せた上で勝敗を競う。そのルールを犯すと、先輩たちにどやされるので。「勝ちたいからってずるいことをするな」「正々堂々と勝ちなさい、正々堂々と負けなさい」っていうことは、常々言われていたんで。

「全女は代わりはいくらでもいるからケガしても休めねえ。たけし軍団も鎖骨が折れてても出てたもんな」(玉袋)

ガンツ　プロレスをしっかりと見せた上で、押さえ込みで勝負をつけなきゃいけないわけですもんね。

アジャ　自分らよりだいぶ下の代ですけど、かわいそうだったのは府川（唯未）なんかは身体が小さいんで、できるだけ自分が勝てる有利な方向に持っていこうとがんばったら、そのがんばった方向が間違いだってことになって。府川のちょっと上の先輩たちがスタッフに言って、府川の入場曲を『ズルい女』にするわけですよ。「アイツはズルするから」って。お客さんは、なんでその曲になってるかわからないんだけど、『ズルい女』で入場する府川を見て、売店とかでゲラゲラ笑ってたりするんです。

ガンツ 陰湿すぎる（笑）。

椎名 でも「ズル」ってどういうことなんですか？　勝ち負けにズルも何もないじゃんって思うんですけど。

アジャ たとえば、押さえ込みっていうのはボディスラムで投げたあと、一度離れた状態から押さえ込みにいくのがルールなんですよ。パワースラムみたいに投げたまま身体を密着させて押さえこんじゃダメなんです。そして押さえ込みをされるほうも、相手が上に乗ったと同時に逃げなきゃいけなくて、触れる前に逃げたらダメなんです。

椎名 そういうことなんだ。

ガンツ 押さえ込むほうも逃げるほうも「よーい、スタート！」で始めなきゃいけないってことですよね。それをしないのは「ズル」だという。

アジャ 押さえ込みの前にどれだけダメージを与えるかというのもありますけど、全女の新人はボディスラムとドロップキック、ストンピングとエルボー、これで試合を作りなさいって教わるので。

玉袋 ドラクエで言ったら、装備品が少ないなかで経験値を積み重ねなきゃいけないってことだよね。

アジャ そうそう。皮の盾と鎧、こん棒で闘いなさいよって。その少ない技でお客さんに拍手がもらえるようになれば、技はあとからいくらでもついてくるという。

玉袋 あと全女はケガしても休めねえっていうのがあるっていう。

アジャ あの当時の全女の選手たちがどんなケガをしても休まないっていうのは、休むとポジションを取られるからなんですよ。

玉袋 そうだよね。イス取りゲームだもんね。

アジャ そうなんです。若手30人で10個のイス取りゲームを続けて、そこからどんどん振り落とされて。会社からすると新人を10人取って、5年後にひとりかふたり残っていればいいっていう考えなので。その生存競争はメインイベンターになってからも続いて、いい若手が育ってくるとメインや中堅クラスでやっていた先輩たちが前座に落とされる。こんな屈辱はないわけですよ。相撲の番付と一緒ですよね。幕内でやっていた人が成績が悪いからって、十両どころか幕下まで一気に落とされるわけですから。

玉袋 「代わりはいくらでもいるぞ」っていうね。俺の話になっちゃって恐縮だけど、たけし軍団も鎖骨が折れてても「ガンバルマン」に出るってことをやってたもんな。制作側がそういう態度だから。危険なことをやらせて、大ケガしようが何しようが代わりはいくらでもいるぞっていうね。

アジャ 『お笑いウルトラクイズ』でも、めちゃくちゃやらされてましたもんね（笑）。

椎名　そうだ、アジャさんも出られていますもんね。

アジャ　『お笑いウルトラクイズ』は、私と（ブル）中野さんが電流爆破マッチをやっているなか、芸人さんが私たちの足の裏に書いてある文字を読むっていうのをやっていて。私たちはガチガチで試合してるから、そのリング内に入ってきたら芸人さん相手でもバチバチにやってましたから（笑）。

ガンツ　「字読みクイズ」ですよね（笑）。

玉袋　沖縄のリゾートホテルのプール脇にリングを置いて、そこで俺たちはボロボロにされてるんだから。

アジャ　いまだったら絶対にダメですよね。すげえおもしろかったけど（笑）。

玉袋　当時、芸人なら一度は女子プロレスラーと絡まなきゃいけないっていうのがあったからね。俺もジャガーさんにコブラツイストをかけられて肩を外されてるから。

椎名　脱臼させられちゃったんですか？

玉袋　そう。そのままK－1のリングドクター中山（健児）先生のところに行ったもんね。

アジャ　私も「ガンバルマン」に出させてもらったとき、誰かのアバラを折っちゃったことがあるんですよ。芸人のみなさんはおもしろくするために「思いっきりきてください」って言うし、私たちは「女だからってナメられてたまるか」っていう思いで加減ができないから、そりゃケガしますよね。

「新生UWFの旗揚げ戦が即日完売で騒がれたけど、全女はその何年も前から後楽園はファンクラブ優先だけで完売が当たり前だった」（ガンツ）

椎名　昭和はプロレスもバラエティも荒いですね（笑）。

玉袋　荒いよ！　でも熾烈さで言ったら、やっぱり全女にはかなわない。もともとアジャさんは、ベビーフェイスがやりたくて入ったって言うじゃないですか？

アジャ　そうですね。私もクラッシュ・ギャルズに憧れて入ったので、入団から1年経ったときに会社から「おまえ、今日から極悪（同盟）な」って言われたときは泣きましたよ。

玉袋　そりゃ泣くよ！

アジャ　だけど、そこに「ノー」はないじゃないですか？「ノー」って言ったら会社を辞めるしかないし、いまみたいにほかの団体に行ったりフリーでやるとかはないので、プロレスラーになる夢を諦めるしかない。だから（極悪に）行きたくないけど、行かざるをえない。まだ16歳ですからね。そりゃ泣きますよ。

玉袋　ブル様だって、ダンプ（松本）さんから「半ハゲにしろ」って言われて、頭半分剃って泣いたって言ってたもんね。

アジャ　中野さんだって、その頃は16～17歳ぐらいですよね。髪を青く染めた上で半分剃られるんですよ。意味がわからない。

ガンツ　80年代半ばって、まだ金髪の人すら珍しい時代でしたからね。

玉袋　でもヒールとして時代を変えたのが、やっぱりブル様とアジャさんだったわけですよね。

アジャ　私は極悪同盟の下っ端時代、会社から「ダンプは特別だから。おまえらヒールが世に出られると思うなよ」ってはっきり言われましたからね。「おまえらはあくまでベビーフェイスの引き立て役だから、目立とうとするな」って。

玉袋　葛藤を乗り越えてヒールになった少女たちの気持ちを平気で踏みにじるところが、全女の凄さだよ（笑）。

アジャ　クラッシュ・ギャルズやダンプさんが引退されて、お客さんが一気に減ったんですけど、会社は「またベビーフェイスのスターが出てくるだろう」みたいな感じなんですよ。まあ、お客さんが減ったとはいっても、いまと比べたら入っていたんですけどね。

ガンツ　お客が減ったというか、ブームのときが凄すぎただけという。

アジャ　後楽園を月に2回ぐらいやって、1000人くらい普通に入っていたんですよ。いま、後楽園で1000人入ったら満員じゃないですか。でもクラッシュ・ギャルズの時代は消防法を無視して2000人以上は平気で入れていたんで、中野さんがトップになったばかりの頃は「客が入らねえ」ってずっと怒られてましたけど。

ガンツ　新生UWFの旗揚げ戦チケットが即日完売で騒がれましたけど、全女はその何年も前から後楽園なんてファンクラブ優先だけで完売が当たり前だったんですよね。

アジャ　そうなんです。後楽園のバルコニーはもちろん、通路という通路すべてにお客を入れてたんで、もし何かあったら誰も逃げられない状態だったんで。

ガンツ　クラッシュ時代だけじゃなく、90年代の対抗戦ブームのときも全女はそうでしたよね。ボク、北斗vs神取忍の再戦とアジャvs工藤めぐみがあった両国国技館（1993年12月6日）は当日券で行ったんですけど、手書きの立ち見券で2階の階段に案内されて、そこで観ましたから（笑）。

アジャ　隙間があれば、そこに人を埋め込むんです。

玉袋　やってることが本当にテキヤなんだよな。そこがたまらなくおもしろかったね。

アジャ　私たちはあの時代を知ってるから、いま両国でやってそこそこ入ってても「こんなに空いてて大丈夫かな?」と思っちゃうんですよ。去年、（スターダムが）女子プロレスで20年以上ぶりに横浜アリーナでやって、5500人くらい入ったらしいんですけど、「ウチらは1万7000人収容のあの会場に立見を入れるだけ入れて、2万人くらいいたよな」って。

ガンツ　そして興行が0時を回って、メイン終了後、真夜中に2万人が世に放たれるという（笑）。

玉袋　新横浜周辺で自転車泥棒が続出した日な。そういう時代を経験しているのが凄いよ。

ガンツ　しかもアジャさんたちは、クラッシュ引退後にお客さんが減った時代を経て、また次のブームを作り上げた世代ですもんね。

アジャ　私たちの代が多団体時代を作ったようなところがありましたからね。いいコちゃんだった代のはずなのに、同期がドンドン辞めていったと思ったら、ある日突然、揃ってFMWで復活したので。

ガンツ　工藤めぐみ、コンバット豊田、天田麗文の3人ですよね。

アジャ　おかげで私は先輩に呼び出されて、「おまえらの同期、なにやってんだよ。辞めたくせにあんなところに出て、なに考えてんだ」って、なぜか怒られて。私に言われても知らないよって（笑）。先輩に対して「全員、おまえらのせいで精神的につらすぎて辞めたんだから、しょうがないだろ。次にどこでなにをしようがいいじゃねえか」って言いたかったですけど（笑）。

椎名　そう思いますよね（笑）。

「中野さんという偉大な先輩にケンカを売るなんて、何してるんだろうなって、いま自分で振り返っても思います」（アジャ）

アジャ　私自身、同期が他団体で復帰するなんてビックリでしたけど、彼女たちもジャガーさんに全女流の基礎をイチから叩き込まれているので、FMWで活躍し始めたときは刺激にはなりましたよ。彼女たちもそれなりに覚悟はあっただろうし。

ガンツ　工藤さんたちが、間違いなくFMW女子のレベルを底上げしましたよね。

アジャ　それで、工藤たちがFMWで復活したのと同じ時期に、私もユニバーサル（レスリング連盟）に出て男子プロレスファンの声援をもらって調子に乗り始めて、中野さんたちに反旗を翻しちゃったから。61年組はおとなしかったはずなのに、よその団体で復活したり、突然造反したり、「おまえらの代、爆発の仕方がおかしいだろ」って言われましたね（笑）。

玉袋　だからアジャさんたちの代が、男のプロレスファンを女子プロに呼び込んだわけだよね。やっぱりユニバーサルに出たときは「ここの客を獲ってやる」っていう思いはあったんですか？

アジャ　いや、私たちがユニバに出された理由は、いてもいなくてもよかったからなんですよ。だから私たちからしたら、先輩たちの目がないところでのびのびとやったら、たまたまウケちゃっただけなんです。普段通りのことをやっただけなのに、なんでこんなにウケるのか、意味がわからなかったですね。

ガンツ　当時のユニバのお客は、男のプロレスマニア揃いでしたけど、女子プロは食わず嫌いが多い時代だったので、全女のレスラーの動きが新鮮で衝撃的だったんですよね。あとアジャさんの場合、全日本で谷津嘉章の「オリャ」コールが流行っている時期だったんで、最初は冷やかしで「う〜、アジャ！」とか言ってるうちに、みんな全女にハマっていっちゃったという。

玉袋　アジャっていうリングネームは、自発的に付けたものなんですか？

アジャ　いや、最初は北斗さんがあだ名として「アジャ」って言い出したんですよ。

玉袋　北斗さんなんだ！

アジャ　私らの代はたまたまハーフが3人いたんです。天田が中国系で、ダーレン大橋っていう白人ハーフと、黒人系の私が入ってきて。大橋は大橋順子って言うんですけど「ミドルネームはダーレンです」って自己紹介したら、先輩たちが「なにミドルネームって？　ミドルネームなんて知らんわ」って言いながら「ダーレン」って呼ぶようになって。その流れで、私は「アジャ」って呼ばれるようになったんですよ。最初、自分のことだってわからなくて「なんでアジャなんですか？」って聞いたら、「おまえ、ハーフじゃん？　アジアじゃん」って言われたんですよ。アジアって言ったら、おまえらも全員アジアだろうって思いましたけどね。意味わかんない（笑）。

ガンツ アジャさんはアジアじゃなくてアメリカ人とのハーフなのに、東南アジアの人っぽく見えたんでしょうね。

アジャ たぶん、そうだと思います。

玉袋 あだ名だった「アジャ」に、なんで「コング」がついたの？

アジャ 「コング」は、私がのちのち胸を叩くパフォーマンスをするようになったのを見た会社の人たちが「アイツ、キングコングみてえだな。キングコング・アジャにしようぜ」って言い出したんです。

椎名 キングコング・バンディみたいな（笑）。

アジャ 「でもキングコング・アジャだと長えから、コング・アジャにしようぜ」ってなったんですけど、リングアナの氏家（清春）さんが「コング・アジャって言いづらいんだけど、アジャコングじゃダメ？」って言って、それでアジャコングになったんで自分の意思はまったく関係なく付けられましたね。

ガンツ 昔の全女って、若手のリングネームを適当な思いつきで付けていましたよね。井上京子さんも一時期「アダモ井上」だったし。

アジャ あれもひどいですよね。巡業のバスのなかで先輩に「なんか芸をやれ」って言われて、京子が島崎俊郎さんのアダモちゃんのモノマネをしたらウケて、みんなが「アダモちゃん」って呼び出したという、単なる内輪ネタですからね。

ガンツ　付け方が、たけし軍団の芸名に近いですよね（笑）。
玉袋　男子プロレスだったら豊登な。
アジャ　でも、そういう芸名やリングネームを付けられたからこそ、覚えてもらいやすいというのもあると思いますね。
椎名　そうですよ。「アジャコング」ってインパクトありますもん。
玉袋　俺も「玉袋筋太郎」っていう芸名をもらって、いろんなもんを背負っちゃった部分はあるけれど、この名前だからこそ、ここまでやってきたっていう部分があるからね。
アジャ　私も「アジャコング」じゃなかったら、もうとっくにプロレス界からいないなって思いますから。
玉袋　そのアジャコングっていう名前が、ユニバーサル参戦を機に一気に上がって、そこから調子に乗ったって話でしたけど。よくぞ中野さんに反旗を翻したなって思うんですよ。
アジャ　全女史上、ヒールでＷＷＷＡのベルトを巻いたのは中野さんが初めてだったんですよ。そんな偉大な先輩にケンカを売るなんて、何してるんだろうなって、いま自分で振り返っても思います。

「長州力と橋本真也は〝コラコラ問答〟だけど、ブル中野とアジャコングは〝殺す殺す問答〟だもん。そりゃすげえよ！」（玉袋）

ガンツ　しかも、そのケンカはリアルですもんね。
アジャ　そうです、はい。
椎名　それは自分が上にいくために、あえてケンカを売ったんですか？
アジャ　結果的にはそうなんですけど、最初はユニバーサルに出て人気が出たことで、まわりの先輩たちのやっかみが凄かったんですよ。でも全女っていう会社は、お客さんが入ってくればなんでもいいので「おまえらが呼んで来た男の客は、おまえらのことしか知らねえから、おまえらをメインにしとくからな」って、急に上で組まれるようになったんですよ。そうすると先輩たちはおもしろくないので、中野さんにご注進しに行かれた方もいらっしゃったんです。「なんですか、アイツらは？」って。
ガンツ　松永兄弟に言ってもしょうがないから、選手間のトップに言いつけに行ったと。
アジャ　それまで中野さんは「メイクもコスチュームも、目立つためなら自分で考えたことをどんどんやれ」って言ってくれていたんですけど、ヒールのままで全女のトップになり、全体を統括しなきゃいけなくなったことで「あんたたち、ちょっとやりすぎだよ」って注意を受けたんですよ。
ガンツ　中野さんは、全女の秩序を保つために言ったわけですね。

アジャ　でも言われた私のほうは「中野さんがこれまで言ってきたことと違うじゃないですか」って違和感を感じたんです。でも中野さんは私に「ヒールとはなんぞや」を1から10まで教えてくれた師匠で、生活面でも凄くお世話になった方なので、私は「う〜ん」と思いながらも黙って聞いていたんですけど。バイソン（木村）のほうが先に爆発しちゃったんですよ。
玉袋　そうだったんだ！
アジャ　私たちは中野さんの3年後輩なんですけど、バイソンは中野さんと歳が一緒なんですよ。だからバイソンは焦りもあったと思う。私は15歳で入ったけど、バイソンは18歳だから。私は当時あった25歳の定年まで丸10年ありますけど、バイソンは6〜7年しかないので早めに出たい思いがあって、ユニバーサルでようやくそのチャンスをつかんだのに、それを押さえつけられるのが耐えられなかった。
ガンツ　バイソンはブル様に造反した時点でもう23歳で、本当に時間がなかったんですよね。アジャさんは20歳でしたけど。
椎名　アジャさん、そんなに若かったんですね（笑）。
アジャ　だから「じゃあ、獄門党を辞めてやりますよ」って、まずバイソンが会社に言いに行っちゃって。私もタッグを組んでいるから「バイソンはそう言っているけど、おまえはどうなんだ？」って会社に呼び出されて、そのときは「バイソンは熱くなりすぎてるから、一度保留にして、中野さんとも話してみよう」ってなったんですけど、今度は中野さんが「（バイソンは）出て行けばいいじゃん。アジャは出さないけどね」って言い出して。私は「そういう喧嘩腰はやめましょうよ」って思ったんですけど（笑）。

玉袋　アジャさんは丸く収めたかったわけだ。

アジャ　私はバイソンに「徐々にみんなにわからせていったらいいじゃない」って話をしたんですけど、次の日からバイソンは悪役メイクを一切しない、素の顔で試合に出て行ったんですよ。

ガンツ　見た目からして、獄門党に反旗を翻しているという（笑）。

アジャ　そんな状況でタッグリーグ戦があって、総当たりなので普段は闘わない獄門党同士の試合が組まれたんですよ。中野さんと（グリズリー）岩本さんのチームと、私とバイソンのチームが当たる。その試合前に「そんなに無理なのか、中野さんとやるのは？　わかった」とバイソンの気持ちを確認して。勝とうが負けようが、試合後に泣いて抱き合ったりせず、ケツまくるぞって思いでリングに上がったんです。

ガンツ　ボク、その試合を高校時代に後楽園まで観に行ったんですけど、あんな恐ろしい試合はなかったですね。ブルさんが竹刀が粉々になるまでバイソンとアジャさんを殴り続けていて。

アジャ　竹刀が折れてどんどん短くなって、最終的に小刀くらいになっちゃいましたからね（笑）。

椎名　女子はたまに熱くなりすぎると際限がなくなりますよね。

アジャ　試合後、中野さんに「これだけやったんだからわかってるよな？」って言われて、私も「おお、ぶっ殺してやるよ！」って叫んで。ふたりで泣きながら「殺してやる！」「殺してみろ！」って言い合ったんです。

玉袋　長州と橋本は「コラコラ問答」だけど、こっちは「殺す殺す問答」だもん。すげえよ！

アジャ　で、中野さんは「ついていきたいヤツだけついてこい！」って言って、自分とバイソン以外、当然ながら獄門党全員中野さんについていって、そこで本当に決別ですよね。

「中野さんを殺さないと自分が殺されるというギリギリのところで闘っていたから、団体対抗戦には興味が持てなかった」（アジャ）

椎名　その時点でジャングル・ジャックは孤立したんですね。

アジャ　本当に次の日からバスにも乗せてもらえなくなったんですよ。それで自分たちで時刻表で調べて、電車で会場に向かうようになって。

玉袋　天龍&阿修羅・原の龍原砲と一緒だよ！

アジャ　会場に着いても獄門党の控室はもちろん、ベビーフェイスの控室に行くわけにもいかないので、倉庫で着替えてましたから。

玉袋　そこまで対立してるっていうのは、観るほうからすると最高だね。そっから金網をやったり、カベジェラ・コントラ・カベジェラ（敗者髪切りマッチ）をやったり、濃密な2年間が始まるわけだよね。

椎名　バイソンさんが女性っぽいじゃん。それもよかったと思わない？　それもあって、アジャ&バイソンを応援しちゃう感じで。

ガンツ　美女と野獣感がありましたよね。女性同士のコンビでそう言うのもなんですが（笑）。

玉袋　週プロの宍倉（清則）次長が「俺はバイソンでヌける」とか書いてたよな。
ガンツ　いや、「バイソンのヌードが見たい」ですね（笑）。
椎名　馬鹿だね（笑）。
ガンツ　編集後記に何を書いてんだって（笑）。
玉袋　それにしても、ブルvsアジャの抗争が誰かが書いたストーリーじゃなくて、自然発生的なケンカだったっていうのが凄いよ。
アジャ　会社はなんにもしてないですからね。金網だって、私と中野さんの決着戦のために作ったんじゃなくて、獄門党が割れる前からなんとなく発注しちゃったものですから。
玉袋　その無計画な発注で、歴史に残る試合が生まれるんだから、全女のデタラメなパワーはすげえ！
椎名　金網のてっぺんからのギロチンドロップは、本当にプロレス史に残りますよね。
ガンツ　でもあれは2回目の試合で、1回目に大宮スケートセンターでやったときは、特別レフェリーのブルドックKT（現・外道）がアジャさんに加担する展開で、お客が怒って「金返せ」コールが起こっちゃったんですよね。
アジャ　それで2カ月後に横浜文体ですぐに再戦が組まれたんですよ。「金返せ」って言われるのがいちばん嫌な会社だから。借りた金すら返さないから「金返せって言うなら、もう1回アイツらから金を巻き上げようぜ」ってことで再戦を組んで。今度はレフェリーなしで、どっちかが潰されるまでやれってルールで、中野さんが金網のてっぺんから飛んだんです。

玉袋　あの試合はもう最高だよ。映画でもあんなすげえシーンはないよ。あれとは別に、アジャ様の顔がこんなに腫れちゃったこともあるでしょ？
アジャ　ありますよ。その金網のあと、普通のリングでタイトルマッチをやったんですけど、中野さんがムーンサルトプレスをやったらヒザが顔面に入って腫れあがったんです。
玉袋　顔半分がすげえことになってたよね。あれは忘れられねえ！
アジャ　でも、その次の日も普通に試合に出てましたからね。
玉袋　全女は凄すぎるよ！
ガンツ　獄門党が割れてからの2年間は、全部が凄かったですからね。
アジャ　後楽園で「殺してやる！」「殺してみろ！」って叫び合ってから、本当にこの人を殺さないと自分が殺されると思っていたし、お互いに「殺らなきゃ殺られる」と思いながら、ギリギリのところで闘っていたからおもしろかったんだと思います。

玉袋　それは伝わってきましたよ。あの時代の全女が観られたのが本当に幸せでさ。もちろんそのあと、対抗戦の盛り上がりっていうのはあったけど、試合の凄さはブルvsアジャを超えるものはないと思ったからね。

アジャ　だから私も対抗戦には興味が持てなかったです。中野さんと命のやりとりをしていちばんを獲っちゃったから、この先、何をしたらいいのかわからなくて。

玉袋　正直、レベルが違ったもんね。だから対抗戦は横浜アリーナが満員になって、東京ドームまで到達したけど、試合自体の熱量で言ったら断然ブルvsアジャなんだよ。リアルタイムで観られてよかったよ。

ガンツ　というわけで、まだまだ話は尽きないんですが、そろそろ2時間経過で残念ながら時間切れです（笑）。

玉袋　おいおい、まだ対抗戦すら行ってねえじゃねえか（笑）。

ガンツ　1992年までしか行きませんでした（笑）。

玉袋　ワハハ本舗の話で尺を取りすぎたか（笑）。

アジャ　じゃあ、続きはまた次の機会にやりましょう。今度は1993年から（笑）。

玉袋　令和になるまで長えよ（笑）。でも、それぐらい全女は濃密だったってことだよな。アジャさん、最高でした。ありがとうございました！

豊田真奈美
"飛翔天女"

豊田真奈美（とよた・まなみ）

1971年3月2日生まれ、島根県益田市出身。元プロレスラー。

全日本女子プロレスに入門し、1987年8月5日、中村幸子戦でデビュー。同年10月にはレスリング全日本選手権65kg級で優勝を果たす。その類まれなる身体能力と華麗なテクニックで90年代の女子プロレス界のスーパースターとしてマット界を牽引。2002年に全女を退団。その後はフリーとして活躍した。長年、首と肩の故障に悩まされ続け、2017年11月3日、大さん橋ホールで開催された『プロレス・豊田真奈美30周年記念興行〜飛翔天女引退〜』で惜しまれながら現役を引退。2018年8月、アイスリボンのスーパーバイザーに就任。

［2020年2月9日収録］

「肩を脱臼骨折してボルト6本で止められてたんですけど手が挙がらない状態だったんです。それでもなんとか30年やって」（豊田）

ガンツ　玉さん！　今回のゲストは豊田真奈美さんに来ていただきました！

玉袋　いや～、豊田さんと一緒に飲めるなんて最高だね。いいママだよ～。

豊田　この対談ってお酒を飲みながらできるんですか？

玉袋　そうなんです。ゲストと一緒に酒を飲みながら語るという厳しい仕事なんですよ（笑）。

豊田　私、ハイボールならザルのように飲むんですよ（笑）。

玉袋　いいね～！

豊田　ビールはあんまり好きじゃないんですけど、ウイスキーはいつも家に4リットル入りを常備してます（笑）。

椎名　あの巨大なペットボトルみたいなやつですか？　ボク、あれを買う人は大人だなって思ってて（笑）。

豊田　（ポンプを）シュポシュポやってますよ（笑）。

玉袋　あれ1回押すとちょうどいい量が出るから、お店としてはちゃんと計算できていいわけよ。濃いめが好きな人は2回押すとかね。

豊田　私は1回半ですね（笑）。

椎名　ちょい濃いめで（笑）。どのくらい飲まれるんですか？

豊田　4リットルを増税前に3本買ったんですよ。これで半年くらいもつかなと思ったんですけど、2カ月もたなかった（笑）。

玉袋　凄いね。飲むときはつまみとかを作るんですか？

豊田　家ではつまみを作って食べてます。（スマホの写真を見せながら）きのうの晩酌はこれですね。

椎名　えっ、こんなに立派な料理を⁉

玉袋　すご－い！　これお店だよ。もともと料理は好きだったんですか？

豊田　料理は大好きなんですよ。

玉袋　いいねえ。じゃあ、そろそろ真奈美の店がオープンするかもしれねえな。俺たちのなかで「マナミ」と言えば、橋本マナミよりも豊田真奈美だから！

椎名　間違いなくそうですよね。

豊田　ひとりだから寂しいんで、スーパーで買ってきたパックとかで食べてたらもっと寂しい女になると思って作ってるんですけど（笑）。

椎名　俺の知り合いで40過ぎて独身のおねえさんがいるんだけど、先日そんな話になりました。レンジでチンのご飯とか茶碗に盛る盛らないで大ゲンカになってさ。「私はそのままいく！」「おまえ、それじゃあダメだよ！」って（笑）。

豊田　「洗うのが面倒」とか「ひとりだからいいや」とか思ってしまうともっと寂しい気持ちになるので。もう50手前の女がこんな飲み方をしてますね（笑）。

玉袋　豊田さんは全女に入ってどのくらいになるの？

豊田　30周年で引退したので、今年で入って33年目だと思います。

玉袋　じゃあ、俺と一緒だ。今年で33年目だもん。

豊田　芸歴と一緒なんですね。

玉袋　気づいたらあっという間ですよね。ケガもかなりされたんですよね？

豊田　肩に人工関節を入れてるんですよ。17〜18年くらい前にバラエティ番組の収録中に肩を脱臼骨折して。手術してボルト6本で止められてたんですけど、肩がぐちゃぐちゃで手が挙がらない状態だったんです。それでもなんとか30年やったんですけど。

ガンツ　『めちゃイケ女子プロレス』でケガされたんですよね？

豊田　そうですね。まあでも、それは自分も悪いので。

ガンツ　場外へのプランチャでやってしまったという。
椎名　サービスしちゃったんですね。
玉袋　でも、痛くて手も挙がらないまま試合を続けるってのはツラかったろうな〜。
豊田　（スマホの写真を見せながら）これが引退の写真なんですけど。最後、みんなに手を振ってるときもこの状態なんです。
玉袋　あっ、右手だけ挙がってない。
豊田　精一杯、手を振ってるんですけど、こっちが挙がらなくて。
椎名　いまはどうなんですか？
豊田　いまはやっと少し挙がるようになりました。毎週リハビリに行ってるので。
玉袋　現役中は痛み止めとか打たなかったんですか？
豊田　打ってました。ブロック注射とか。
玉袋　あれをやると一時的には動くの？
豊田　自分の場合は引退発表する前に頸椎にドカンときちゃって満足に動けなかったんですけど、引退発表したら試合がグンと増えて、動けないけどやらなきゃいけないみたいな。

「レスリングで豊田さんの代わりに出た2位の星川選手が世界選手権で銅メダルを獲ったんですよね」（ガンツ）

椎名 豊田さんが引退発表したら、それはやっぱりオファーが増えますよね。
玉袋 豊田さんは若い頃、ものすげえ動きしてたから。こっちも「うおーっ！」って興奮しながらも、ケガしねえかってハラハラしながら観てたんだよね。
ガンツ クレイジーバンプの連続で、〝ゾンビ〟って言われてましたもんね。
豊田 でも25歳まではホントにケガしなかったんですよ。
玉袋 あんな試合を続けてケガしねえのは凄い！
豊田 でも25歳を過ぎてからはどんどん細かいケガが多くなって。
椎名 空中戦とスープレックスが見せ場だから、身体に負担かかりますもんね。
玉袋 あの身体のやわらかさっていうのは、持ち前だったんですか？
豊田 もともと母親が身体がやわらかかったみたいで。
椎名 学生時代、運動は？
豊田 学校の部活程度ですね。しかも中学のときはバスケットボール部だったんですけどほぼ帰宅部でした。もう遊びたいから（笑）。
椎名 でも「この人、どうしてオリンピックを目指さないんだろう？」っていうくらいの運動神経でしたよ。
玉袋 そうだよ。体操とか何やってたってオリンピック行けたんじゃねえかって思っちゃうよな。
豊田 体操の先生には「体操部に入れ」ってよく言われてましたね。
ガンツ 身体はやわらかいし、ジャンプ力もあるし。

豊田　でも入ったら遊べないから入らなかったんですけど（笑）。

ガンツ　豊田さんはプロレスラーとして新人時代、全女所属としてアマチュアレスリングの大会にも出てるんですよね？

玉袋　それも無茶だよな。プロだから強いのは当たり前だって、全然ルールの違うアマレスの試合に出されるんだからさ。

豊田　でも優勝できたんで、第1回全日本選手権の65キロ級のチャンピオンですね（笑）。

玉袋　全日本チャンピオンかよ！（笑）。すげーな、おい。

豊田　当時、女子のアマチュアレスリングはいまほど盛んじゃなかったので、もう力でねじ伏せるみたいな（笑）。

ガンツ　レスリング協会もこれから女子を普及させるために、話題作りで全女に協力してもらったんですよね。

椎名　当時の全女は全国からフィジカルエリートが集まってたわけだもんね。

豊田　そのとき、全日本で優勝したので世界選手権にも出られるはずだったんですけど、「プロは行けない」ってことで2位の星川（君枝）さんという人が行ったんですよ。

椎名　プロレスとアマレスって全然違うのに「プロはダメ」ってなんだよって思いますよね。

ガンツ　でも当時はそうだったんですよね。谷津（嘉章）さんもジャパンプロレス時代に全日本で優勝して、オリンピックに行こうと思ったけど「プロはダメだった」って。

玉袋　そこで優勝しちゃう谷津さんが凄いよ（笑）。

ガンツ　豊田さんのときの代わりに出た星川選手って、その世界選手権で銅メダルを獲ったんですよね。

椎名　じゃあ、豊田さんもメダリストだったかもしれないんだ！

ガンツ　しかも星川選手はその後、世界選手権で3連続銀メダルを獲得したという。

豊田　私もあのとき「やっぱりアマレスやる！」って言って世界選手権に行ってたら、いま頃コーチになってたかもしれないですね（笑）。

玉袋　ALSOKのCMに出てたかもしれねえな（笑）。

椎名　目からビームとか出したりしてね（笑）。

ガンツ　当時の記録を見ると、豊田さんが65キロ級で優勝、最軽量級では山本美憂さんが優勝してるんですよね。

豊田　美憂ちゃんがまだ中学1〜2年生の頃で、私たちも美憂ちゃんのお父さんに教えてもらって出たんですよ。

ガンツ　山本郁榮さんに指導してもらってたんですね。

豊田　で、妹の聖子ちゃんはまだその当時、アマレスをやり始めるか始めてないからくらいでまだちっちゃかったんで、マットのまわりを一輪車で走って遊んでましたね（笑）。

椎名　それがのちにダルビッシュの嫁になるとは（笑）。

豊田　思わないですよね。「あのときに一輪車で遊んでた子が」って（笑）。

ガンツ　全女にはどういうきっかけで入ったんですか？

豊田　中学3年のときにクラッシュ・ギャルズが全盛期で、たまたま友達に誘われて観に行ったらどハマリしたんですよ。

玉袋　それまでは全然だったの？

豊田　友達は騒いで観てたんですけど、私はプロレスに興味がなくて。でも生で観たら一発でハマリましたね。私は島根のド田舎出身で、島根の人って都会に出るといっても広島か、遠くても大阪までで、東京まで出る人って少ないんですよ。でも私は「日本のいちばんは東京なんだから、大人になったら絶対に東京に出る」っていう気持ちを持っていて。しかもあんな田舎に住んでいたのに「有名人になりたい」って思ってたので、プロレスを観たときに「これだ！」って。

ガンツ　自分の求めるすべての要素を兼ね備えていると。

「脱走は1回だけしました。後輩の井上貴子に『脱走するお金がないから貸して。誰にも言わないでよ』って言って（笑）」（豊田）

椎名　新人時代の豊田さんって凄くおとなしいイメージでしたけど、もともと性格はおとなしくなかったんですか？

豊田　あまりおとなしくはないです（笑）。でも全女に入ったら同期がほぼ関東の子ばかりだったんで、言葉づかいが違うんですよ。それで16歳だったから方言はバカにされると思って、しゃべれなくなっちゃったんです。

玉袋　それはよく聞くよね。
豊田　そうしたら同期が「あんたがしゃべらないから」どうのこうのって怒り始めて、それから徐々にしゃべれるようになったんですけど。
椎名　ウィキペディアに「同期3人から2年間無視されてた」って書いてあったんですけど、ホントなんですか？
豊田　そういう時期がありましたね。
玉袋　2年は長えぞ～。
豊田　そのときは「アンタたち、揃ってやってればいいじゃん。私はアンタたちより人気も実力もあるから」って思うように心がけてましたね。「無視するならやればいいじゃん」って。
椎名　へえ～。
豊田　当時、ひとりひとりとはしゃべるんですけど、3人揃うと総無視ですね（笑）。でもいまは大人なので、みんな凄く仲がいいですよ。
椎名　16歳じゃ、些細なことでケンカもありますよね。
玉袋　夢を叶えようと東京に出るとき、周囲の反対とかはなかったんですか？
豊田　自分は末っ子で、上2人がめちゃめちゃワルいんですよ（笑）。
ガンツ　そうなんですか？（笑）。
玉袋　兄貴？
豊田　お姉ちゃん、お兄ちゃん、自分で。

椎名　お姉ちゃん&お兄ちゃんは両方ワルいんですか？

豊田　両方ワルいんですよ（笑）。だから自分は好きなことをやらせてもらいました。きっと東京に出なかったら私もワルくなってたと思う。

玉袋　全女という日本一厳しい更生施設を経て、いまの豊田さんがあるんだな（笑）。

豊田　でも母親はやっぱり心配だったみたいで。東京の寮に入る日に送りに来たんですけど、全女の事務所前でもうバイバイなんですよ。それで近くのホテルから帰りに道場の前を通ったとき、お母さんが「連れて帰る！」って泣きじゃくったらしくて。

玉袋　そうだよなあ。娘を全女に入れるわけだもんな。

豊田　そのときに父親が「ダメだったらすぐに辞めて帰ってくるだろうから、とりあえずやらせてみよう」って。

椎名　松永兄弟がどんな人たちか知っていたら、絶対に入れないでしょうね（笑）。

ガンツ　でも当時はもの凄い倍率を突破して全女に入ったわけですよね？

豊田　自分たちのときは応募者が２５００人いるって聞きました。

玉袋　その狭き門を通っただけで凄いよ。

ガンツ　全女の層がいちばん厚いときですしね。まだクラッシュギャルズも現役で。

豊田　そうですね。クラッシュがいて、ＪＢエンジェルスがいて、ブル中野さんの獄門党があって。まだダンプ（松本）さんやデビル（雅美）さんもいましたから。

玉袋　そのメンバーのいちばん下だもんな～。途中、脱走はしなかったんですか？

豊田　脱走は1回しました（笑）。入って2年目くらいのとき、獄門党の合宿が秩父の山奥であったんですよ。

玉袋　出たー！　秩父リングスターフィールド（笑）。

ガンツ　獄門党の合宿に豊田さんも参加したんですか？

豊田　当時、獄門党にある同期がいて、自分と下田（美馬）が「いま獄門党で合宿をやってるから、お金もないし、行って手伝ったらご飯を食べさせてもらえるから行こうよ」って手伝いに行ったんです。そうしたらその同期があることないことを先輩に吹き込んでて、行ったら中野さんたちに総シカトされたんですよ。

ガンツ　何か食べさせてもらおうと思って秩父まで行ったのに（笑）。

豊田　それで下田が「もう帰ろう。私、帰る！」って言って。自分は「でも途中で帰ったら辞めなきゃいけなくなっちゃうよ」って言ったけど、それでも「ひとりで帰る」って言うから「じゃあ、帰ろうか」って真っ暗な中、山を降りて行ったんです。一晩歩き通して、駅に着いたら朝になってたみたいな。で、そのとき自分たちはお金を持っていなかったんですよ。

椎名　ご飯を食べさせてもらうために、秩父の合宿に来たぐらいですもんね（笑）。

豊田　それで1年後輩に井上貴子がいたんですけど、「脱走するお金がないからちょっと貸して。誰にも言わないでよ」って言って、2人で脱走したんです（笑）。

「厳しい世界だよ。全女の徒弟制度でよく聞くのは『新人は先輩たちが飼っている犬以下』とか（笑）」（玉袋）

ガンツ　脱走資金を借りて（笑）。

椎名　いくら借りたんですか？

豊田　1万円借りました。いくらあれば東京まで帰れるかもわからないし。

椎名　貴子さんも渋々貸したでしょうね（笑）。

豊田　で、貴子は「黙ってて」って言われてるから黙ってなきゃいけないじゃないですか。でも私たちがいないことが発覚してまわりが騒ぎになってるのに、自分だけ秘密を知ってて黙ってなきゃいけないことが凄くツラかったみたいですね（笑）。

ガンツ　あとでバレて「おまえ、知ってたのに黙ってたな！」ってことにもなりかねないわけですもんね（笑）。

玉袋　しかも1万円貸し付けてな。結局、全女にはどうやって戻ったんですか？

豊田　東京に帰ってきてから話し合いで、またなんとか残れることになったんですよ。

玉袋　でも出戻りはキツいでしょ？

豊田　そのあとの試合での洗礼が凄くて。

玉袋　うわ〜、きたよ！

豊田　全女って多いときは40人くらいいたので、やっぱり派閥があったんですね。で、「いまアイツらが仲が悪いみたいだぞ」ってなれば、わざと試合で当てるんですよ。

ガンツ　さすが松永兄弟（笑）。

豊田　そのほうがおもしろい試合になるからってことで当てるんですけど。私は全女に戻ってすぐの試合で、もう中野さんと当てられましたから。

玉袋　えーっ⁉　制裁だよ！（笑）。

ガンツ　若手の豊田さんとトップのブル様じゃ、格が全然違うのに当てられるんですか！

豊田　もう血まみれでボッコボコですよ。「自分たちが逃げたのが悪いと思え」みたいな。いまだったら大問題ですけどね。だからちょっと前に世Ⅳ虎が（安川悪斗を）ボコボコにしたっていうのがありましたけど、昔の全女では当たり前だったんで（笑）。

ガンツ　制裁が日常（笑）。

豊田　セコンドにつきながら「うわ～、これ絶対に死んじゃう」みたいな試合ばっかり観てたんで。

椎名　ロッシー（小川）は世Ⅳ虎vs悪斗のあと、「ああなるとは思わなかった」ってコメントを出してましたけど、元・全女なら誰でも予想はつきますよね（笑）。

ガンツ　全女時代、そういう試合をさんざん観てきた人ですから（笑）。

椎名　あのとき「ロッシーは平気でウソつくな」って思ったよね（笑）。

豊田　ロッシーはワルいですよ。

玉袋　ロッシーはワルい！（笑）。

ガンツ　アイスリボンから選手を引き抜いたときも、またとぼけたコメントを出してましたもんね（笑）。

豊田　そうですよ。ジュリアの問題ですよね。

玉袋　なんにせよ厳しい世界だよ。全女の徒弟制度でいうと、よく聞くのは「新人は先輩たちが飼っている犬以下」とか（笑）。

豊田　もう、お犬様なんで（笑）。

椎名　みんな飼ってるんですか？

豊田　けっこう飼ってましたね。昔なんか地方でもホテルに犬を連れて行ったりとかしてたんで。

ガンツ　ステータスだったんですよね。上に行ったら犬が飼えるみたいな。

玉袋　で、その犬を陰でいじめてたら、まったく寄りつかなくなってバレたって言ってたのは誰だったっけ？（笑）。

ガンツ　井上京子さんですね。悔しいから先輩の犬をいじめたら、犬がワンワン吠えて告げ口されたって（笑）。

玉袋　それで北斗晶に「おめえ、いじめたろ！」ってバレたってやつな（笑）。

豊田　アハハハハ！　それはヤバイですね（笑）。

玉袋　でもストレスたまるよな。その頃の巡業なんて、ずっと休みがないわけでしょ？

豊田　いちばん多いときは年間３００興行あったんで。とにかく1カ月旅に出っぱなしとかはザラだったんで、家を借りるのももったいないみたいな。

玉袋　息抜きなんかできねえよ。

豊田　「2500分の7」でやっと入れた世界なのに、毎日が「辞めたい辞めたい」の連続なんですよ。ようやく3年目ぐらいで雑用から解放されてきて、プロレスが楽しくなってきましたけど。それまでは事務所の前に電話ボックスがあったんですけど、いつも「今日こそ辞めるって親に言うぞ！」と思って電話をかけたら、母親が「どう？　がんばってる？」ってあっちから先に来るから、もう泣いてるのを気づかれないようにして「うん、大丈夫だよ。がんばってる。じゃあね、バイバイ」って。

「月の真ん中くらいにはお金がなくなって親に電話してました。『大変申し訳ありませんが、お金がなくなってしまいました』って（笑）」（豊田）

玉袋　うわー。あの電話ボックスはいろんなドラマを生んでるわけだな。けっこう上のほうで試合ができるようになってからは、親御さんが観に来てくれたりもしたんですか？

豊田　巡業で西日本のほうに行ったら、ウチの親は九州まで追っかけてきてましたね（笑）。

玉袋　それはうれしいねえ。

豊田　でも母親は私がハタチのときに50歳で亡くなったんですよ。それで母親が亡くなってからはお父さんもパタッと来なくなりましたね。ウチのお父さんは、お母さんが亡くなって1～2週間で新しいお母さんを連れて来ちゃって（笑）。

玉袋　あらら……。まあ、それはそれであるでしょう。渡辺謙みたいなもんが（笑）。でも若くしてお母さんが亡くなっちゃったら、そりゃズドンとくるよなあ。

豊田　私が入門して4年目くらいのときですね。なので私が負けた試合しか観ていないので。心配されたまま死んじゃったんだなと思って。

玉袋　まあ、どっかで見ていてくれてるからね。大丈夫だよ。

ガンツ　でも豊田さんって、比較的早くから売れ始めましたよね。

豊田　ちょうど母が亡くなった4年目にジャパングランプリで優勝して、中野さんの赤いベルト（WWWAシングル王座）に挑戦したんですけど。ジャパングランプリも北斗さんがケガをしなければ絶対に優勝できなかったものだと思うんですよ。当時は「平成のシンデレラ」みたいに言ってもらえたんですよ。

ガンツ　それから豊田さんたち昭和62年組と、北斗さんたち昭和60年組の世代闘争みたいな感じになるんですよね。もう私情込みのガチガチの抗争に（笑）。

豊田　北斗さんたちも凄かったですけど、世代闘争っていいながら真ん中の61年組が抜かされてたんで、そのやっかみも多くて。

ガンツ　61年組はアジャコングさん、バイソン木村さんの世代ですよね。

豊田　あの2人からのやっかみはなかったんですけど、某タッグチームから（笑）。

ガンツ　ああ、ベビーフェイス側の2人ですね（笑）。

豊田　これは「ピー」ですよ（笑）。全女が初めて横浜アリーナでやったとき、会社からの指示でハイレグのレオタードを穿かされたんですよ。
ガンツ　エアロビで着るような格好ですよね。
椎名　『フラッシュダンス』だね（笑）。
豊田　でも、そのレオタードって61年組の2人がもともと着ていて、私たちは会社の指示で穿いたのに「真似された！」とかどうのこうのって言われて。だからなるべくハイレグにならないように下ろしてましたね（笑）。
ガンツ　衣装かぶりにならないように（笑）。
豊田　全然ハイレグじゃなくて、90度みたいな感じで（笑）。
玉袋　赤城マリ子、マッハ文朱くらいの角度にしてな（笑）。そういう人間関係のなか、年間250試合とかやってるんだから、すげえ世界だよ。
椎名　生涯試合数とか凄そうですよね。
豊田　引退するときに生涯で何試合やったかっていうのを調べようとしたんですけど、誰も調べられないって言ってましたね。
ガンツ　パンフに生涯全試合結果とかを載せたかったのに、それができなかったと。
玉袋　でも誰か数えてるマニアとかいるんじゃねえか？
ガンツ　男子のプロレスだと東スポが毎日試合結果を報じたり、週プロに熱戦譜が載ってましたけど、女子プロは熱戦譜がなかったんですよね。
玉袋　そうなると厳しいか。

豊田　だからもう無理って言われて。
ガンツ　新日、全日みたいに東スポが毎日来てるわけじゃないし。昔は全女がわざわざ試合結果を毎日マスコミにＦＡＸとかしてませんでしたからね。
玉袋　全女は売り上げだって報告しねえんだからさ（笑）。
椎名　なるべく知られたくないですもんね（笑）。
ガンツ　税務署にも報告しないくらい（笑）。
豊田　いままで言うブラック企業ですよ。あんなブラックな会社ないですよ（笑）。
玉袋　そうだよなあ。
ガンツ　毎日試合やって、お客だって入ってるのに「なんで給料がこんなに少ないんだ？」って話ですもんね（笑）。
玉袋　新人で入門してくる少女たちは、それまで働いたことないから相場なんか知らねえんだもん。ホントに蟹工船かっていうくらいだから。
ガンツ　給料が少ないだけじゃなく、身体を大きくしなきゃいけないはずの新人が、食べるのにも困るっておかしいですよね（笑）。
豊田　入門してプロになるまで当時５万円もらえてたんですけど、そこからお米代の５０００円が引かれて４万５０００円。
玉袋　手取り４万５０００円か～。しかも税金じゃなくて、米代を引かれてるっていうね（笑）。
豊田　だからお米だけはあるんですけど、おかずは自分らで調達しなきゃいけなくて。しかも巡業が多いから、帰っても料理を作る元気も残っていないんですよね。そうすると「どっかに食べに行こう」ってなって、外食してたら月4万5000円なんてあっという間になくなって。

玉袋　いまみたいなワンコインの定食屋とか、ほとんどなかったもんな。

豊田　月の真ん中くらいにはもうお金がなくなって、親に電話してましたよ。「大変申し訳ありませんが、お金がなくなってしまいました」って（笑）。

玉袋　送金してくれと（笑）。

豊田　当時は現金書留が届くのがもう待ち遠しくて（笑）。

「メインイベンターになればお金もそれなりにもらえるんですよね？ダンプさんはプロレスで稼いだカネで家を建てたって」（椎名）

玉袋　拉致されてるようなもんだよ（笑）。それぐらい食うに困ってると、ファンからの差し入れは現物支給がいちばんうれしかったんじゃないですか？

豊田　でも新人のうちはファンと接触しちゃダメだって言われてたんで。先輩がもらって置いていったものぐらいしか食べられなかったんですよ。毎日ミスタードーナツばっかりとか（笑）。

椎名　京子さんは「先輩が食い残したケンタッキーがいちばんのご馳走だった」って言ってましたよね（笑）。

玉袋　それ、飢饉だよ！

椎名　新人は身体をデカくしなきゃいけないんだから、メシぐらい支給しろよって思うんですけどね。

豊田　寮にご飯を作ってくれる寮母さんひとりを雇えるくらいのお金は絶対にあるはずなんですよ（笑）。

玉袋　それなのに寮母を雇うどころか、選手を『ＳＵＮ族』（全女経営の食堂兼喫茶店）で働かせてるんだからな。

椎名　ほぼ強制労働で（笑）。

豊田　ペットボトルに名前を書いて寮の冷蔵庫に入れておくんですけど。お金がないから1リットルのペットボトルに飲み物が少ししか残っていなくても貴重じゃないですか？　それなのに全女で経理をしていて寮の管理もしていたおばさんは「こんなの捨ててしまいなさい」って捨てちゃうんですよ。

ガンツ　命の水を（笑）。

玉袋　ＲＰＧでいえばＨＰギリギリみたいなもんだからな。

椎名　あと一撃で死んじゃうみたいな（笑）。でもおかしな世界ですよね。

ガンツ　カネをかけるところを間違っているという。

玉袋　まあ、従業員は生かさず殺さずっていう、古い形の経営者だよな。

椎名　でもメインイベンターになればお金もそれなりにもらえるようになるんですよね？

豊田　もらってましたね。

椎名　ダンプさんはプロレスで稼いだカネで家を建てたって言ってましたよね。

豊田　ダンプさんは自分たちが入門したときにはもうビッグスターじゃないですか。昔の全女は給料が手渡しだったんですけど、みんなちっちゃい封筒で渡されるのに、ダンプさんとかはでっかい封筒なんですよ。

ガンツ　分厚いだけじゃなく、封筒自体がすでにデカい（笑）。

豊田　それで試合会場へと出発するときにバスの前に新人がみんな並んでると、事務所から給料を受け取って出てきたダンプさんが「ほら、おまえら！」ってお金を撒いてました（笑）。

椎名　マジですか⁉

ガンツ　凄い。まさに昭和のスターですね（笑）。

玉袋　しかしよ〜、〝ダンプが現場で取っ払い〟って工事現場と変わんねぇよな（笑）。

椎名　じゃあ、スターになればちゃんとした額がもらえたんですね。

豊田　ずっともらえてたのが、全女が株で失敗してもらえなくなったんですよ。株のせいでお金がないのに「客が入らないのは、おまえらの人気がないからだ！」って言われ続けながら。

ガンツ　ひどい。全女も末期の頃ですよね。

豊田　たぶん2年ぐらい給料が出なかったんですよ。それまでお金はいつでもあるものだと思って好き放題使ってたんですけど、それでも定期預金はしていたんです。それで給料が出なくなってからは定期を解約して生活してたんですけど、全女が何回も不渡りを出して、その当時自分がチャンピオンだったんですけど「おまえ、いくらか持ってないか？」って言われて。

玉袋　ひでー（笑）。
ガンツ　給料未払いの上、貯金まで奪おうとする（笑）。
豊田　「いくらか持ってたら貸してくれ。そのお金がないといますぐ倒産する」って言われて。自分が貸さなかったせいで倒産したら嫌じゃないですか。それで「いくらいくらあります」って言ったら「それを貸してくれ。見通しはついてるから」って言われたんですよ。で、その時点で私は貯金がゼロになったんです。
玉袋　うわー。
椎名　貸しちゃったんですか。
豊田　貸して3日後に倒産しました（笑）。
玉袋　ひでえ！　ひどすぎる！（笑）。
ガンツ　3日延びただけ（笑）。
椎名　それは犯罪ですよ。
豊田　その時点で私は貯蓄ゼロですから。
玉袋　それは豊田さんがいくつのとき？
豊田　20代後半ですね。

「対抗戦では全女がナンバーワンと思いつつも、『アイツは強ぇ』と思うような選手もいたんですか？」（玉袋）

玉袋　うあ〜、生き急いでるな。でも豊田さんのおかげで3日もったんだ（笑）。

ガンツ　最後のお別れを言う時間だけは取れたと（笑）。

玉袋　貸さずに安楽死させてやったらよかったんだけど、そうもいかなかったんだろうな。

椎名　それにしてもひどい話ですね。

玉袋　貸したのは豊田さんだけですか？

豊田　ほかにもいましたね。堀田（祐美子）さんとかも。

玉袋　やっぱ、いろんな選手に泣きついてるんだな。

ガンツ　豊田さんが売れ始めたとき、全女も上向いていったんですけど、全盛期を迎えた頃に株で失敗して倒産したという。

豊田　対抗戦ブームに入ってからがいちばん凄かったですけどね。

玉袋　豊田さんから見て、団体対抗戦自体はどうだったんですか？

豊田　いいとは思うんですよ。ただ、私は山田（敏代）と組んでダイナマイト関西&尾崎魔弓とやって、対抗戦の先駆けではあったんですけど、対抗戦ブーム自体には乗り切れなくてダメでしたね。それにうまく乗ったのが北斗さんで。

ガンツ　対抗戦ブームのときは豊田さんや京子さんが凄い損をしましたよね。

椎名　アスリート型のほうが損をするよね。

ガンツ　他団体にライバルがいないから、ライバル物語ができなかったという。

豊田　松永は頭がよくないから、最初の横浜アリーナが満員になったあと、対抗戦を乱発しすぎたんですよね。だからみんな飽きちゃって。

玉袋　武道館とか両国国技館とか、バンバン打ってたもんな。

豊田　あれを1年に一度の祭典にすればよかったのに。

ガンツ　毎月のように女子プロレスオールスター戦が開催されているという（笑）。

豊田　そりゃ見飽きますよね。

玉袋　消費されるのが早かったよな。

ガンツ　だから最初の横浜アリーナが1993年4月で、東京ドームが1994年11月だったんですけど、その頃にはもう対抗戦も飽きられて終息ムードでしたからね。1年半しかもたなかったんですよ。

玉袋　だから根っからの興行師なんだよな。「ここだ！」と思ったときに一気に行けっていうさ。

ガンツ　ビューティ・ペアやクラッシュ・ギャルズのブームのときも「この2〜3年で稼いでやれ！」っていう商売をしていたから、対抗戦ブームのときも同じ感じでやってしまったんでしょうね。

玉袋　その対抗戦では、全女がナンバーワンと思いつつも、その一方で「アイツは強え」と思うような選手もいたんですか？

豊田　いや、「全女がいちばんだ」って思ってました（笑）。

玉袋　そりゃそうだよな。

豊田　最初の尾崎＆関西戦のとき、私がやったドロップキックで尾崎さんがノックアウトっぽくなったんですよね。

ガンツ　最初の一発で、酔っぱらいみたいにフラフラになっちゃったんですよね。

豊田　何年後かになって、尾崎さんに「あんた、やる気でやったんでしょ」って言われたんですけど、私にとってはあれがいつもの普段通りだし。対抗戦だから力が入った部分もあるかもしれないけど、「これが全女だ！」っていうところを見せたかっただけなんですよ。

玉袋　わざと食らわせたわけではないんだけど、普段食らってない人にはとんでもない一撃だったと。

ガンツ　また、尾崎さんは身体も小さいですもんね。

豊田　そうですね。全女だとあそこまで背が低い人はいなかったから、それでアゴにいっちゃったのかもしれないですね。

玉袋　あのドロップキックを観た堺屋太一が「なにごとだ！」って怒ったとか（笑）。

椎名　「けしからん！」と（笑）。

豊田　だからそのあと堺屋先生と会ったとき、「あなたは名前を豊田ナマミ（生身）にすればいいんじゃない」って言われて（笑）。

ガンツ　「ナマで入れるからナマミだ」と（笑）。

玉袋　すげえこと言うな。さすがだよ（笑）。

豊田　心のなかで「なんだ、このクソジジイ！」って思いましたけどね（笑）。もう尾崎さんのことが大好きすぎて。

ガンツ　「ウチの尾崎にナマで食らわせやがって！」と（笑）。

「生活水準を上げた人が下げるのは大変なもんだけど、豊田さんは人のありがたみを感じられたっていうのが深い」（玉袋）

椎名　いま海外で活躍する日本の女子プロレスラーが増えてますけど、豊田さんは海外に行こうと思ったことはなかったんですか？

豊田　自分たちの時代は、けっこうみんなメキシコとかに行ってたじゃないですか。でもあれは日本でいらない人が行かされてたんですよ。それで私は日本に必要だからってことで残されて。当時のＷＷＦ（現ＷＷＥ）からもオファーが来ていたみたいなんですけど。

玉袋　絶対に来るでしょ。

豊田　でも「豊田を日本に置いておかないと困るから」っていう感じで出してもらえなかったんです。

玉袋　俺たちはあの頃、豊田真奈美こそ日本が世界に誇れる最高の〝輸出品〟になれると思ってたもんな。

椎名　ホントそうですよね。

玉袋　レクサス前の「世界のトヨタ」だよ（笑）。

豊田　自分が全盛期のときにＷＷＦに行かせてもらえてたら、いまごろ私はセレブだったかもしれない（笑）。

ガンツ　そうですよ。その数年前は豊田さんの師匠である山崎五紀さんと立野記代さんのＪＢエンジェルスが、向こうで大人気でしたからね。

椎名　行きたい気持ちはなかったんですか？

豊田　機会があれば行きたかったですよ。でも自分の耳に入る前に全部止められてたんです。

玉袋　そうだったんだ。観てみたかったよね。豊田さんがＷＷＦに行ったら、佐山サトルさんのタイガーマスクがＭＳＧに出たときみたいな衝撃を与えたと思うよ。

ガンツ　当時アメリカのマニアの間で、豊田真奈美の試合ビデオが貸し借りされてるって有名でしたもんね。

玉袋　まあ、人生一度っきりだからしょうがねえけどな。豊田さんが世界で活躍する姿を俺たちも観たかったよ。

ガンツ　90年代半ばはＷＷＦもメドゥーサ（アランドラ・ブレイズ）をチャンピオンにして、女子に力を入れようとしていたときですから。

椎名　メドゥーサは全女にいたもんね。

玉袋　メドゥーサもよく全女の巡業についてこれたよな。全女にいた頃のメドゥーサはどうだったんですか？

豊田　メドゥーサはけっこうセクシーなコスチュームじゃないですか。そうすると試合中、たまに見えてるんですよ。

椎名　何がですか？（笑）。

豊田　うーん、具が（笑）。

椎名　具が大きい。安達祐実（笑）。それが見えそうになると。

豊田　だからそれをどうするかがセコンドについてて大変で（笑）。

玉袋　メドゥーサだけに、ヘビがにょろにょろっと出ちゃうんだろうな（笑）。でも全女で修行して、アメリカでスターになるんだからすげえよ。

椎名　そしてメドゥーサがブレイクしている頃、全女はどんどん借金がかさんでいって（笑）。

玉袋　結局倒産だもんな。その後、豊田さんはどのような身の振り方をしたんですか？

豊田　どうしようっていうよりも、なるようにしかならない状態で。そこからの貧乏生活だったんですけど、私は貧乏になってからのほうが楽しくて。

玉袋　へえ～。そうなの？

豊田　たとえばお金をたくさんもらってた頃は、高級スーパーに買い物に行って、値段も見ないで買い物かごにバンバン入れてたんですよ。それが貧乏になってからは、普通のスーパーで「えーっ、こんなに安く買えるの!?」みたいな（笑）。

ガンツ　小さな喜びを感じられるようになったと（笑）。

豊田　そういう小さな喜びが楽しくて。あとはお金があったときは「いいよ。私がごちそうするよ！」って言ってたけど、貧乏になってからの人付き合いのほうが人が温かくて。お金を持ってたら、それだけで寄ってくる人もいるし。だからお金がなくなってからの付き合いのほうが、人間らしくて楽しいんじゃないかなって。

玉袋　カネがなくなってから、誰が本当の友達だったのかわかったりするんだよな。

豊田　だから私は貧乏になってホントよかったなって思います。もしかしたら海外で生活していてセレブだったかもしれないですけど。

玉袋　生活水準を上げた人が下げるのは大変なもんだけど、豊田さんの場合は人のありがたみを感じられたっていうのが深いね。

ガンツ　豊田さんは若くしてスターになったから、全女が潰れてから初めて普通の生活というか、一般人に近い生活をした感じだったんじゃないですか。

玉袋　パチンコの打ち方もたぶん変わったと思うよ（笑）。

豊田　変わりましたね。1円パチンコとかに行ったり（笑）。

玉袋　1パチだよ（笑）。

豊田　ただ、パチンコはパチンコだけど、やっぱり1円じゃつまんないじゃないですか。

ガンツ　興奮度が違う（笑）。

豊田　「これ、4円だったらこれだけあるのになあ……」って思いながら打ってましたよ（笑）。

「人生1回しかないんだから、楽しいと思えるようにならなきゃダメ。こんな波乱万丈な人生で逆にありがとうです(笑)」(豊田)

ガンツ 全女の末期って多くのトップレスラーがどんどん抜けていきましたけど、豊田さんだけが残ったのはどういう理由からだったんですか？

豊田 それは、そのとき私が赤いベルトを巻いたチャンピオンだったからですね。自分がやっとベルトを獲ったときに会社がバカなことをして「ここから私の時代だ」と思ってるところで全女が株なんかに手を出してそんな状況にさせられて。自分がチャンピオンで責任があるので抜けられないというか。

ガンツ 全女が元の日銭商売を続けていたら、まだまだ続いていたんでしょうけどね。

豊田 でもお金を持ってると「もっと増やせますよ！」って言う人が寄ってくるんですよ。

椎名 それにコロッと騙されて(笑)。

豊田 いいようにそそのかされて無様なことになって。

玉袋 でも元・全女の人たちの話を聞くと、そのたくましさを毎回感じるよね。すげえな、俺なんかまだまだ甘えなってさ。

椎名 落ち込んじゃいられないって思うもんね(笑)。

玉袋 普通、給料未払いで最後は貯金まで奪われたら恨み骨髄になると思うよ。それを笑って話せるんだから。

椎名　俺だったらもう毎日そのことばっかり考えちゃうかも。朝起きたら「アイツのせいで〜、バッキャロー！」って感じで（笑）。

玉袋　でも、それを何年も引きずるのもバカバカしくなっちゃうのかな？

豊田　貯蓄ゼロになったときは頭にもきましたけど、いまは「凄く楽しいな」と思って毎日生きているので。

ガンツ　素晴らしいですね。

豊田　あれがあったから、いまが楽しく感じられるのかなとも思えるし。人生1回しかないんだから、楽しいと思えるようにならなきゃダメだと思うんですよね。いい思いもしたし、変な思いもしたし、こんな波乱万丈な人生で逆にありがとうですね（笑）。安定している生活もつまらないじゃないですか。

玉袋　そう思えるところが豊田さんの凄さと強さだよ。

豊田　いまは毎日楽しんでるんで、明日死んでも全然悔いはないです。最近は毎日ひとり晩酌しながらも楽しんでるんで（笑）。

椎名　昼間からは飲まないんですか？

豊田　昼間からは飲まないです。自分はアル中じゃないと信じたいんで（笑）。

玉袋　素晴らしいよ。じゃあ、豊田さんが選ぶ自身のベストバウトは？

豊田　それがわかんないんですよね。常にどの試合にも反省点があるんで。だから自分が選んだわけじゃないけど、お客さんの評価でいえば、東京ドームでやったアジャ・コングさんとの試合とかですね。

ガンツ　『V☆TOP WOMAN日本選手権トーナメント』ですね。

豊田　その試合が凄く評価されていて。

ガンツ　トーナメント1回戦がいちばん凄かったという。

豊田　あともう1個挙げるなら、京子との60分フルタイム。

ガンツ　あれも極限の試合ですよね。対抗戦ブームが終わったあと、対抗戦であまり目立てなかった天才2人が持てるものを出し尽くすような試合で。

玉袋　これが全女なんだよな。

椎名　京子さんは試合して、インパクトありました？

豊田　京子は天才ですね。

椎名　強いですしね。

玉袋　そうだな。酒も強かったな（笑）。

椎名　もの凄くキップがよくて、この座談会に出てもらったときもシャンパンとかすっかりご馳走になっちゃって。いまだに申し訳ないなって思うもんね（笑）。

玉袋　あれはカッコよかったよな。京子ちゃんはハイボールをチェイサー代わりにモエを飲んでたっていう。

椎名　女・天龍って感じがするよね（笑）。

玉袋　豊田さんは男子プロレスはどう観ていたんですか？

豊田　自分が現役時代は他人の試合を観なかったんですよ。人のプロレスを観たりすると、「ああ、これはいいな」って思いながら真似をしちゃったりするじゃないですか。だから自分は真似はしたくないし、独自の感性で観なかったんです。あとはプロレスをやるのは好きだけど、観るのはそんなに好きじゃないと現役のときは思ってたんですけど、引退してからいろんな試合を観に行くようになって「やっぱりプロレスっておもしろいな」と思えるようになりましたね。

ガンツ　あと最近の話題でいうと、ジャパニーズオーシャン・サイクロン・スープレックスの無断使用問題とかありましたよね。

豊田　あれはロッシーが勝手にやらせたんですよ。ロッシーがワルいんです。

椎名　やっぱりロッシーがワルい！（笑）。

豊田　それで「技の名前は俺が考えた」って言うし、バカヤローって感じですよね（笑）。

椎名　広報として名前をつけただけで、開発してねえじゃねーかって（笑）。

ガンツ　でも、もともと全女には「技は先輩から伝承する」という暗黙のルールがあったんですよね。

豊田　使ってくれること自体は私もうれしいんですよ。でも勝手に見ず知らずの人が使って、しかもスターダムっていう（笑）。あの技は男子には日高郁人、女子には藤本つかさにきちんと伝承してるのに、知らないところで使われているのが嫌で。それでツイッターって文字数が少ないし、私は頭が悪いからパッと書いたことが大炎上しちゃったんですよ（笑）。

ガンツ　いまの女子プロレスファンは、かつての全女がどうだったかっていうのを知らない人が多いですからね。

玉袋　知らねえのか。くそー。

豊田　「ホント器がちっちぇえな」とか、凄いいろいろ言われて。

「業界にも豊田真奈美信者がたくさんいたじゃないですか。たとえば、もうずいぶん前に亡くなったターザン山本！とか」（玉袋）

椎名　ちなみに島根県出身だからジャパニーズオーシャンなんですか？

豊田　まあ、小川さんがつけたんですけど。島根県は日本海に面していて、日本海は「ジャパニーズシー」なんですけど、それだと語呂がよくないし、オーシャンのほうがスケールが大きい感じだからって理由でつけてもらったんですね。で、私がこのジャパニーズオーシャン・サイクロンを開発して「これを今度の試合でやりたい」って言ったんですよ。そうしたら小川さんが当時広報担当をやってたんですけど、まだ技を出してもいないのに、その日発売のパンフレットに「得意技はジャパニーズオーシャン・サイクロン・スープレックス」って書かれたんですよ。どう思います？（笑）。

椎名　デリカシーがないですね（笑）。

玉袋　ネタバレだよ（笑）。

豊田　ネタバレですよ。そんな技、誰も知らないのに（笑）。

玉袋　まあ、実況の志生野温夫さんは知っていても覚えられないけどね。
豊田　「うしろに投げましたー」ですよね（笑）。
玉袋　あと豊田真奈美信者っていうのは業界にもたくさんいたじゃないですか。たとえば、もうずいぶん前に亡くなったターザン山本！とか。
ガンツ　いや、噂によるとまだ生きてるらしいですよ（笑）。
玉袋　あっ、まだ生きてんのか、あれ？
豊田　こないだイベント（『闘強魂』）で会いましたけど、あいかわらず派手ですよね。
玉袋　まあでも、どん底を打ってあれだけ開き直って派手な格好で生きてるんだから凄いよ。あの持ち前の鈍感力だよな。
椎名　ホントに勇気づけられますよね（笑）。
玉袋　あれこそ、村西とおる監督の言う「死にたくなったら下を見ろ、俺がいる」だよ（笑）。
豊田　山本さんには週プロの編集長時代、選手名鑑の表紙を独断と偏見で私だけっていうのをやってもらったことがあって（笑）。
ガンツ　週プロ編集長時代末期ですよね。いちばんやりたい放題やっていた頃で。選手名鑑号の表紙って普通は各団体主力選手20人以上の顔を並べるもんですけど、なぜかその年は豊田さんだけで（笑）。
玉袋　あれは凄いラブコールだよ。
ガンツ　しかも付録のカレンダーも12枚あるから、各団体のエース級をその月ごとに配置するはずなのに、なぜかその年は1月から12月まですべて豊田さんという（笑）。

豊田　そうでしたっけ？（笑）。

玉袋　すげーな、それも（笑）。

ガンツ　もう私物化も甚だしい（笑）。

椎名　誌面でそれだけやってて、会ったときにラブコールされないんですか？

豊田　こないだ1月5日にお会いしたときは目つきが怖かったですね（笑）。

玉袋　あの野郎、まだそういう目で見てるのか（笑）。

豊田　ツイッターで「長年連れ添った夫婦のような感じがした」ってつぶやいてて、「全然違うし」と思って（笑）。

玉袋　気持ちわりぃな（笑）。

豊田　山本さんは70何歳で20歳以上も離れてるのに、夫婦どころか私のお父さんの歳じゃんみたいな（笑）。

ガンツ　90年代当時は「俺の子どもを生んでほしい！」みたいなことも堂々と書いてましたからね。

椎名　誌面でそんなこと書くって、ホントにどうしようもないね（笑）。

ガンツ　しかも、まだ結婚していた頃で。

玉袋　鈴木健に盗られる前か。

椎名　まあ、捨てられて当然ですね（笑）。

豊田　楽しいですね（笑）。
椎名　でも豊田さんは凄く人気があったから、ターザンみたいなのじゃなく、いろんなアプローチもあったんじゃないですか？
玉袋　そりゃあ、言い寄られるでしょう！
椎名　モテモテだったと思いますよ。
豊田　ないですよ（笑）。
玉袋　またまた〜、こうやってかわしていくんだよな（笑）。
椎名　パチンコ屋で「お嬢さん、この球をどうぞ！」ってのはなかったんですか？
豊田　ないです。三禁なので（笑）。
玉袋　まあ、そこはファンタジーを守ろうってことだよ。
椎名　でも、三禁ってホントに守られてたんですか？（笑）。
豊田　けっこう守られてましたよ。でも私が25歳を過ぎて、全女の経営もおかしくなったときに暗黙の了解で三禁ってなくなりましたね。
椎名　経営が傾いてなし崩し的になくなったんですか（笑）。でも、それまで表向きにはちゃんとあったんですね。
豊田　全盛期のときは、それを破ったらスター選手でもクビっていう感じで厳しかったですね。
玉袋　それで統制がとれていたんだろうな。
豊田　昔はそれだけ強く出られる会社だったから。でも末期は会社がそんな文句を言ったら、み

豊田真奈美

んな辞めちゃいますからね。

椎名　昔は夢を叶えるためには全女しかなかったわけですもんね。

豊田　昔のお金があった頃の全女は夢がありすぎましたね。

ガンツ　ボクらもファンとして夢を見させてもらいましたよね。

玉袋　今日だって豊田さんと一緒に飲めて、夢のようだよ。当時憧れていた最高のレスラーなんだから！

豊田　ありがとうございます。そう言っていただけたりすると、プロレスやっていてよかったなって思いますね。

〝天才レスラー〟

井上京子

井上京子（いのうえ・きょうこ）

1969年4月22日生まれ、山形県南陽市出身。プロレスラー。

1988年10月10日、全日本女子プロレスでの井上貴子戦でデビュー。ヒールでありながら反則行為を行わず、持ち前のパワーとテクニック、身体能力で、華麗なファイトスタイルを披露して一世を風靡する。1997年にはオールパシフィック、IWA世界女子、WWWA世界シングルを同時に保持する女子初の三冠王者になる。そして1989年のレスリング全日本女子選手権に出場して優勝、1998年11月にもパリンヤー・ジャルーンポンと異種格闘技戦を行なうなど、他のジャンルにおいてもプロレスラーの強さを誇示してみせた。いまでも世界中のプロレスファンから愛されている伝説の女である。

［2018年11月8日収録］

「あの頃は小さな町民体育館でも東京ドームでも同じレベルの試合をしてたよ。沢田研二に聞かせたい（笑）」（京子）

玉袋　ガンツ！　今日の媒体はなんだ、『レディース・ゴング』か？

椎名　いや、『デラックスプロレス』かもしれない（笑）。

玉袋　そうだな。レディゴンかデラプロだろうな。どっちでもいいや、今日はママと飲めるのがうれしいんだから！

京子　「ママ」って呼んでくれるんだ（笑）。

玉袋　ママだよ、ママ。京子ママだもん。

ガンツ　というわけで本日の変態座談会は、井上京子さんのお店『あかゆ』で行わせていただきます！

玉袋　いやー、今日はこうやって京子ちゃんと仕事できるのがうれしいよ、俺は！

京子　何を言ってるの。よく言うよ（笑）。

玉袋　いや、ホントホント。京子ちゃん相手だから、今日は最初からトップスピートでいこうと思って〝下地〟を入れてきたら、飲みすぎてすでに酔っ払ってるから！

京子　それは私も一緒。きのう、お店から家までの記憶がなくて、まだお酒が残ってるんだから。

玉袋　いいんだよ。記憶なんかなくしたほうがいいんだから。

椎名　忘れてしまいたいことがある（笑）。

京子　じゃあ、きのうの延長でシャンパン飲んじゃおうか！
玉袋　いきなりシャンパン抜いちゃうってよ！　やっぱもてなし方が違うね～。
京子　今日は京子ちゃんと玉ちゃんのひさしぶりの再会と、私のデビュー30周年のお祝いだから。焼酎もおごっちゃうよ。お代はカラダで払ってもらうから大丈夫（笑）。
玉袋　これは大変だぞ～。寝かしてもらえねえよ！
椎名　でも1対3ですからね（笑）。
玉袋　そうだな。猪木とはぐれ国際軍団ばりのね。
ガンツ　では、あらためましてデビュー30周年おめでとうございます！　乾杯！
京子　イエーイ！　カンパーイ！
玉袋　いやあ、どんどんいいオンナを出してるよな。
京子　なに、どうしたの？　今日抱く？（笑）。
玉袋　抱いてください！（笑）。でも30年間やってるっていうのは凄いね！
京子　ヤバイよね。いま48歳なんだけど、人生の3分の2近くはやってるんだもん。
玉袋　で、俺らはその30年前から観てるんだから！
京子　ホントに？　全女の頃から知ってるってこと？
椎名　そりゃそうですよ！
ガンツ　ボクらは新人時代、ほんの一瞬だけ使ったリングネーム「アダモ井上」の頃から観てますから（笑）。

京子　すごーい。超機嫌よくなった、私。ヤバーイ（笑）。

玉袋　でも、よく30年も続けたね。なんでできたんだろう？

京子　なんでだろうね。気づいたら30年やってるんだもんね。

ガンツ　しかもイチから自分で団体まで作っちゃって。

京子　そうだよ〜。〝平成の借金王〟って言われてるんじゃないの、私。

玉袋　まあ、お金のやりとり云々っていうのはさ、ママがお店を早い時期からやってわかってたじゃない。だから〝目黒〟の放蕩経営にも相当早い段階で気づいたんだと思うよ。

京子　いやいや、逆。それに気づくのが遅かったから、店で稼がなきゃいけなくなったんだから。全女の最後の頃は7カ月も給料をもらってなくて、8カ月目に「あれ、おかしいな？　給料っていつもらってるの?」ってことに気づいて。下のコに「京子さん、何を言ってるんですか。みんな給料をもらってないですよ。もう限界です」って言われて「もう、早く言ってよ!」って。

玉袋 半年間、無収入に気づかねえっていうのも凄いね(笑)。

京子 だから下のコが言わなかったらずっと気づいてないわけ。

椎名 預金通帳は見ないんですか?

京子 見たことなんかないわよ!

玉袋 カッコいいねえ(笑)。

京子 通帳の記帳もいまはやるけど、あの頃は1年に1回くらいしか銀行に行くこともないから。

ガンツ ずっと旅に出てるわけですもんね。

京子 そう。お金がいくら貯まってるのかもわかってないわけじゃん。

玉袋 俺たちはそういう全女のレスラーたちに生活も含めて魅せられてきたからね。旅から旅の生活の中で、今日も日本のどこかで京子ちゃんがハツラツなプロレスを見せてくれてるっていうさ。

京子 でも、クラッシュ(ギャルズ)さんが引退されたあととか、お客さんが10人しかいない時期もあったじゃないですか。私は凄いよかった時期と、凄い悪かった時期の両方を知ってるから、「今日、お客さんが10人だったよ」とか「あれ、給料まだ出てないよ」っていうときでも、選手ってどこの会場でも一生懸命にやるのよ。

椎名 沢田研二に聞かせてあげたいですね(笑)。

京子 ちょっと待って、いまその話をしようと思ったのに！（笑）。
ガンツ ダハハハ！　オチを先に言った（笑）。
椎名 ごめんなさ〜い！（笑）。
京子 ホントひどーい（笑）。でもそうなんですよ。まさに先週そんな話をしてて。ウチにチャパリータASARIがお手伝いに来てくれてるんですけど、「あの頃は小さな町民体育館でも東京ドームでも同じレベルの試合をしてたよね〜」って話をしてたら、「沢田研二に聞かせたい」って同じことを言ってたよ！（笑）。
玉袋 ママ、やっぱりそれが全女の魅力だったんだよ。東京ドームから駐車場の特設リングまで、どこでも最高のプロレスを見せてくれるっていうね。
京子 それは私だけじゃない。みんな凄いんだと思う。だってケガしてでも何をしても手を抜かないからね。
玉袋 でも、そういう中でも京子ちゃんがすげえのっていうのはさ……。
京子 なに、もっと褒めてよ〜（笑）。
玉袋 全女っていうのは要はオンナの嫉妬の世界じゃん。すげえ縦社会でもあるしね。その中で京子ちゃんは、なんで新人の頃からあのハツラツとしたプロレスで、ちょっとほかにはいないスタイルで出てこられたのかなって。
京子 あれは逆に認められてなかったの。松永（高司＝会長）さんから「おまえは女子プロじゃない。おまえのプロレスは違う」ってずっと言われ続けていて。

ガンツ　いわゆる〝女子プロレス〟ではなく、男子のプロレスに近い、京子さんのオリジナルだったわけですよね。

京子　そう。だから「そのスタイルをやめろ」ってずっと言われていて。だから私はずっと会社から嫌われていて、いいポジションにつかせてもらえなかった。でも会場に行けば「京子！　京子！」ってファンのコが言ってくれて、「なに、この人って人気あるの？」みたいな。だから私じゃなくてファンがそうさせてくれたというか。会社も認めざるを得なくなったの。

玉袋　それ最高じゃん！

「京子さんのお父さんはスキンヘッドで、もう見た目からして絶倫なんですよね（笑）」（ガンツ）

京子　でもね、いま考えると若い頃の私はホントに性格悪かったなって。自分を「世界一強いオンナ」って思ってる時期がやっぱりあったもん。「おまえら、かかってこんかい！」みたいな時期が。

椎名　それは（ブル）中野さんやアジャ様にも？

京子　もちろん中野さんもアジャさんも強いし、尊敬してるけど、私は世界一強いオンナになりたくてプロレスラーになってるから、そこがみんなとはスタートが違うわけじゃん。みんなは「クラッシュギャルズに憧れて」とか、そういう理由で入ってきてるけど、私は女子プロレスラーの名前なんか誰も知らなかったもん。
玉袋 山形じゃテレビでやってねえし（笑）。
京子 んだんだ（笑）。当時は民放2局だからやってないわけ。クラッシュ・ギャルズさんは歌番組とかでしか観たことなかった。みんなとスタートが全然違うから、「なんか、やだ～」みたいな（笑）。
ガンツ でも、先輩って「自分はファンです」っていうコをかわいがるわけじゃないですか？
京子 そこなのよ！ 「ああ、私のファンで入ってきたんだ」って感じだったらかわいいじゃん。でも私は誰もいないから、「どうしたらいいのかな？」って。
玉袋 それは聞かれるの？
京子 聞かれます。「誰を目標にして入ってきたの？」みたいな感じで。たとえば（井上）貴子だったら立野記代さんなので、立野さんにかわいがられるし。あとはほとんどみんな長与千種さんで、長与さんの周りにわーっと集まってて。
椎名 京子さんはなんと言ったんですか？
京子 名前を知ってたのがライオネス飛鳥さんぐらいだったんで、「飛鳥さん」って答えました。でも家も近かったから、飛鳥さんにはプロレスを辞めてからもずっと仲良くさせていただいてるんです。
椎名 強い者同士ですね。京子さんは全女に入る前から強かったんですか？
京子 強かった。私、初めて男にケンカで負けたのが小6だったの。

椎名　えーっ⁉　女と男がケンカしてるのなんか1回も見たことないですよ（笑）。

京子　小学生ぐらいまで女の子のほうが成長早いから大きいじゃないですか。だからそれまで全部勝ってたのに初めて負けて、それから「男と女は違うんだな」って悟って、「だったら世界一強いオンナになりたい！」って思ったの。街を歩いて肩がぶつかったとき、「おい！」って言われても絶対に勝てるようなオンナになりたいって。

ガンツ　プロレスはその強くなりたい延長線上なんですか？

京子　そうなの。私は小さい頃から砲丸投げをやってて。ある日、起きたら枕元に砲丸があって、ウチのパパから「おまえは明日からこれを投げろ！」って言われて。そこから私の砲丸人生が始まって。

椎名　パパも投てきの選手なんですか？

京子　全然違うの。でも幼稚園くらいから腹筋、背筋、スクワット、腕立ては毎日100回ずつやらなきゃいけなくて、学校に行くときもカカトをつけずにつま先で行かなきゃいけないとか、独特の井上家のルールがあって。

玉袋　山形の星一徹だよ！（笑）。

ガンツ　お父さんも地域では有名人なんですよね？

京子　そうそう。飲みもハンパなくて、一晩に7軒くらいハシゴするから。次の日にウチのママが、パパが行ってそうな店に行って、「きのう、うちの夫、来ましたか？」って一軒ずつお金を払っていくみたいな。だからパパが亡くなったときも「あの町の葬式であんなに人が並んだのは見たことない」って言われました。
椎名　顔が広くて人気者だったんですね（笑）。
京子　もう私よりよっぽど有名人ですよ。ママなんて葬儀のときにいろんな女の人が来たのを見て、「あれもそうよ」って。もう町の女の子に片っ端から手を出してたんですよ（笑）。
玉袋　町中のオンナをヤっちゃってるんだ（笑）。
京子　そう、ヤっちゃってるから。「見て、アナタのところの同級生よ。ほら、あれもそうよ」って、葬儀のときにそんな話ばっかりだから。ヤバイよ（笑）。
椎名　カッコいいなあ（笑）。
ガンツ　京子さんのお父さんが雑誌に出てたのを見たことありますけど、スキンヘッドでもう見た目からして絶倫なんですよね（笑）。
京子　そうそう。最後死ぬときに「８７６……！」って言って死んだんだから。
玉袋　８７６？
京子　千人斬りできなかったって（笑）。
ガンツ　そういう悔いを残して死んだんですか！（笑）。
椎名　でも、８７６なら王選手のホームランより多いじゃないですか（笑）。
玉袋　そうだよ。王さんは８６８だからな！
ガンツ　世界の王を超えた！（笑）。
玉袋　山形の雪深い赤湯温泉に凄い人がいたんだな～（笑）。

椎名　山形の偉人から天才が生まれたんだね（笑）。

玉袋　だからさ、京子ちゃんも天才だけど、あの頃はほかにも天才がいたわけじゃん。たとえば豊田真奈美とかさ。その上にブル、アジャがいて、すげえメンバーだったよ。全女こそ日本が世界に誇れるコンテンツだったと思うよ。あの頃はすべてが揃ってたから。

ガンツ　みんな選ばれた人ですもんね。全女オーディションにもの凄い数の応募があった時代ですから。

京子　そう。私のときは応募者３８００人いたから。ＡＫＢみたいだよね（笑）。

椎名　そこから何人選ばれたんですか？

京子　８人選ばれたけど、次の日にはもう逃げたのいるから。

ガンツ　ようやく入れても、すぐ逃げたくなるぐらいのところなんですね（笑）。

京子　貴子なんて、入ったその日に「私もう辞める」って言って、そこから30年続いてますからね（笑）。

ガンツ　貴子さんは女子プロ浪人してるんですよね。

京子　そうみたい。（茨城県）取手から毎日、練習生として目黒の道場まで通っていて、３年目か４年目でようやく合格したんだよね。

ガンツ　全女って巡業中は道場をスポーツジムってことにして、〝女子プロレス予備校〟みたいな商売もしてたんですよね。「全女に入るには月謝を払ってここに通わなきゃいけない」みたいな。

京子　そうそう。あの頃はそこまでしても入りたいコがたくさんいたから。

椎名 よしもとみたいなことやってたんだ。アコギな商売を先がけて（笑）。
ガンツ 京子さんは一発合格だったんですか？
京子 いや、高2から書類で2回落ちてるの。
玉袋 ああ、見た目で落とされた（笑）。
京子 そう、見た目です。あのときは完全にかわいいコしか取らないって言われてて。
ガンツ 京子さんの前年だから、62年組の豊田さん世代のことですね。
京子 そうそう。あの年は絶対に見た目、顔なんですよ。それで全女は書類で落とされたからジャパン女子を受けて、そこでも落とされたんです。

「メシも食えずに家にも連絡できねえって、どこの女工哀史だよ！やってることはホームレスと一緒だもんな」（玉袋）

玉袋 京子ちゃんがジャパン女子を落とされてたんだ！
京子 それで上野駅で途方に暮れて、「どうしよう……」って。
玉袋 上野駅ってところが、東北の田舎から出てきた感じで泣けてきたよ、俺（笑）。
京子 それで上野公園でパパと「どうする？」ってなって、「いや、もう行くしかねえべ」って。「フジテレビに乗り込むぞ」と。
椎名 フジテレビ？

京子　その頃は全女のオーディション会場がフジテレビだったんですよ。だからオーディションの日を調べて、書類で落ちてるのに乗り込んでいって。

椎名　テロですよ、それ（笑）。

ガンツ　リアルに「乱入」ですね（笑）。

京子　それでパパが受付で「おい、コイツがプロレスを受けたいって言うから受けさせてけろ！」って言って。そうしたら、いまスターダム社長のロッシー（小川）が受付だったと思うんですけど、もう怖いもんだからしょうがなく最後の番号を私にくれて、とりあえず受けられたんですよ。

ガンツ　書類で落ちてるのに1次通過（笑）。

京子　これ、凄くないですか？

ガンツ　そんなの聞いたことがないです（笑）。

京子　飛び入りで受けて合格してるんだから。だからパパがいなかったらプロレスラーになってないです。

玉袋　俺、おとっつあんに会いたかったよ！

ガンツ　きっと、「落としたらめんどくさいことになる」と思われたんじゃないですか（笑）。

京子　そうそう、「アイツを落としたらやべえぞ」って（笑）。

ガンツ　「どうせ、つらくて逃げるだろうから入れとくか」みたいな（笑）。

玉袋　そっからが地獄なわけだもんな。

京子　でも1年目はまだよかったんですよ。寮に入って、2階のレストラン『SUN族』でも働くから、ご飯はそこで食べさせてもらって。でも2年目は寮を出されるから、ホントにお金がなくて。私、一番貧乏なときにティッシュを食べたことありますよ。
玉袋　もう、そのティッシュ食ってた生活に乾杯だよ！（笑）。
京子　で、ひさしぶりに「ティッシュってどんな味かな？」と思って食べてみたら、最近のティッシュは甘いのよ（笑）。
ガンツ　ティッシュの味の違いがわかる女（笑）。
椎名　「鼻セレブ」とか、いい紙使ってるからね（笑）。
玉袋　でも山形からお米を送ってもらったりしなかったの？
京子　私、そういうのを家に言うの嫌だったから、入って3～4年くらい連絡しなかった。
玉袋　すげえな。
京子　あと、全女からも言われてたの。「家に連絡しちゃいけない」とか。
玉袋　メシも食えずに、家にも連絡できねえって、どこの女工哀史だよ！
京子　私たちはめっちゃお腹が空いてるんですけど、先輩たちはいろんな差し入れをもらうので、バスで移動中、一口だけ食べてゴミ箱にポーンと捨てるんですよ。それを私たち新人はバスの掃除のときに漁って、それをホテルに持ち帰ってみんなで食べるんですよ。「みんな、今日は大漁だよ～」みたいな。こんなこと考えられます？（笑）。食べかけのお好み焼きやケンタッキーが私たちのご馳走だったんですよ。
玉袋　やってることはホームレスと一緒だもんな～。

京子　私、ホントは潔癖で、他人が口をつけたものは食べられないのに。それだけ腹が減ってたってことだよね。

椎名　生きるためには、汚ねえとか言ってらんねえぞってことですね。

玉袋　そういう劣悪な環境なんだけど、その中で京子ちゃんは上を目指して、先輩を抜いていくわけだもんな。

京子　そういう扱いから抜け出すには、結局強くなるしかないんですよ。そこに気づくか気づかないかなんですけど。

玉袋　ずっと気づかない人もいるわけでしょ？

京子　いるんです。いつまで経っても先輩に「すいません！　すいません！」って言い続けるだけのコが。でも私は強くなればいいってことに気づいたから、普段は「すいません！」って言ってるんだけど、スパーリングではめちゃめちゃ勝つんです。それで「ありがとうございました！」って挨拶して。そうすると先輩も用事を頼まなくなるんですよ。わかります？

ガンツ　やっぱり力の世界なんですよね。

京子　「あのコには頼みづらい」ってなるんですよ。

玉袋　なるほどな〜。でもあの狭い世界の縦社会だから、こりゃ厳しいと思うよ。

京子　で、全女は〝三禁〟だったじゃないですか。でも中野さんは私が2年目とか早い時期に飲みに連れて行ってくれたんですよ。そのとき、私をもうある程度一人前のレスラーとして認めてくれてるんだなって感じて。もちろん、中野さんと一緒に飲んだとか周りには言えないんですけどね。
玉袋 それはブル様の慧眼だなあ。
京子 それから毎日、飲みに連れて行かれるようになるんですけど（笑）。
椎名 飲む相手がほしかっただけかもしれない（笑）。
京子 たとえば会場が埼玉とかなら、バスが13時に出発して、リング作りをして、試合して目黒まで帰ってくるじゃないですか。そうすると朝の7時とか8時まで飲むんですよ。それで朝、小学生が登校してる通学路にブル中野があの髪型とメイクをしたまま自動販売機の横で寝てるんですよ。大先輩の中野さんを起こせないし、「行きましょう」とも言えないから。でもその頃はトップだから、中野さんはわざと「ブル中野」っていう顔をして飲みに行くんですよ。全女のバスが下目黒に着く頃にはもう1回メイクをし直すんですね。
玉袋 うわー、すげえ！

「アジャ様と中野様はホントに仲悪いからトイレですれ違うだけでもケンカしてた。だから会場の導線をちゃんとしておかないと」(京子)

ガンツ 自分自身が宣伝媒体だって感じなんですかね。
京子 でもその顔で寝てるから、小学生に「あっ、ブル中野だ！」って（笑）。
玉袋 あの時代はそれができちゃうんだもんな。

京子 もう、いまだったら絶対に捕まってますね。ヤカラとかがうしろに来たら、一本背負いでボーンと投げたりとかしましたもんね（笑）。

玉袋 やっぱ獄門党はすげえよ。

京子 中野さんにはホントにお世話になった。いろいろご飯食べさせてもらって、足の一本くらいは中野さんに作っていただいてますよ。だから勝手にダイエットしちゃいけないんですよ（笑）。

ガンツ ちなみに獄門党に入るきっかけってなんだったんですか？

京子 なんでそんなことをいまさら聞くの？　怖い（笑）。

ガンツ いやいや、なんだったのかなと思って（笑）。

京子 私がある三禁を破りまして。

ガンツ あー、そうだ！　新人なのに酒、タバコじゃない三禁を破ったという（笑）。

京子 そんな事件があったでしょ？（笑）。それで松永さんから「おまえは三禁を破ったからもう辞めるしかないな」って言われて、「辞めるか、獄門党に入るかどっちかにしろ」って。そこで中野さんが拾ってくれて、それ以来ずっと面倒を見てもらってるんです。

ガンツ 「ブルが引き取るならいい」ってことで、クビをまぬがれたんですよね。

玉袋 最高だよな。そっからブル様のパートナーとして、トップレベルの闘いに入っていくわけだもんな。

京子 いやもう、あの頃は毎日逃げたかった。まだ1年目か2年目なのにさ、中野さんと組まなきゃいけないから。地方だと毎日が同じカードなんですよ、ブル中野&井上京子vsアジャ・コング&バイソン木村なんですよ。

玉袋　ヤバイよね、それ！

ガンツ　一番抗争が激化してたときですもんね。

京子　毎日毎日怖かった、逃げたかった。

ガンツ　グリズリー（岩本）さんがいなくなっちゃったから、ブルさんは正パートナーに新人の京子さんを抜擢したんですよね。

京子　よく知ってるね～（笑）。でももう毎日が怖くて。あのときはアジャ様と中野様はトイレですれ違うだけでもケンカしてたから。だからガチなのよ。移動のバスにも絶対に一緒に乗らないし。だから会場の導線をちゃんとしておかないと。「中野さんはこっちのトイレだよね。アジャ様はこっちのトイレだよね」って。ホントに仲悪いから。なのでアジャ様とバイソンさんは中野さん狙いだけど、私がいつもいるから常にやられちゃうじゃないですか。だからあの頃は試合をするのが嫌だったんだけど、あれのおかげで受けがうまくなったのかなって。

玉袋　メインの怪獣たちの闘いに放り込まれることで成長したんだな。

京子　ただ、私はまだその頃は新人だから、試合後にリング片づけの仕事があるんですよ。メインで血だらけになって、泣きながらリングの後片づけをしてたんだから（笑）。

ガンツ　メインで大流血戦をやったあとに鉄柱を担いでる（笑）。

京子　しかも鉄柱って重いから、貴子も吉田万里子も担げないんで、メインでやられてるのに私の仕事なんですよ。それでリングを早く片づけないと先輩たちがバスで待っていて、「まだ終わんないの?」ってなってるでしょ。
ガンツ メインイベンター兼下っ端はつらいですね(笑)。
玉袋 普通のコは耐えられなくて辞めちゃうよね。
京子 でも、あの頃辞めたいと思ったことはなかったかなあ。そんなヒマもなかったじゃん。年間250~300試合くらいあったから。
椎名 年間300回、血だるまで鉄柱運んでたと(笑)。
京子 どこに住んでるのか忘れちゃうくらいありましたよ。「帰ってきたら誰か違う人が住んでるじゃねえか」とか。家をずっと空けてるから(笑)。
玉袋 やっぱり全女はすげえよ! 最強だよ!
京子 あの頃の全女にいた人たちは、なんの仕事をやってもちゃんとできると思いますよ。
玉袋 あそこ以上のブラック企業ないからね(笑)。
京子 んだな(笑)。だから私の30周年興行で当時の下のコたちが手伝いに来てくれたんですけど、やっぱりいまのコたちよりも全然使えるんですよ。府川(唯未)とか椎名(由香)とか、玉田(りえ)とかあのへんがみんな来てくれて。30周年の後楽園のあとに「ありがとうございました。ひさびさだったので筋肉痛です。でもセコンド楽しかったです!」とかってみんな言ってくれて、凄い楽しかったですね。
玉袋 京子ちゃんは後輩の育て方はどうなの?
京子 どうだろ、わかんない。みんなに聞いてみて。でも私のことを嫌いなコはあまりいないいんじゃないかな（笑）。

玉袋　いいねえ。それってなかなか言えないよ。

京子　ウチのパパの教えで、「後輩はかわいがってやれ、先輩には歯向かって行け」て言われていたから。でも先輩にはそんな歯向かいませんでしたけど。そんな勇気は私にはなかったわ（笑）。

椎名　いやいや（笑）。

玉袋　試合でやっただろ（笑）。

ガンツ　でも先輩に目をつけられませんでしたか？

京子　それはもちろん。北斗晶さんなんかも、いまでも前から歩いて来たら震えますもん。凄い怖いですよ。

玉袋　あの頃は先輩が飼ってる犬より、新人は立場が下なんでしょ？（笑）。

京子　そうそう。お犬様だから。たまにいじめられた先輩がいたら、その先輩が飼っている犬をキッと睨むじゃん。そうすると犬ってわかるのよね。クンクンクンって吠えて、そうしたら先輩が「おまえ、いじめたろ！」と。

ガンツ　犬がいじめられたアピールを（笑）。

京子　私が部屋に入ってきたときに、北斗さんが「おめえ！　なんかしただろ！」って言われて。犬にバラされたんですよ（笑）。

玉袋　でも道場で極めっこやったりしなかったの？

京子　年代が全然違ったので。北斗さんはだいぶ上で、堀田（祐美子）さんとかの世代なので。

ガンツ　3つ上だから雲の上ですよね。

京子　だから練習は別で、試合でしか会わないのでそれも緊張です。

「えーっ⁉　ショナイで佐山サトルのスーパータイガージムに通ってたんですか⁉」（椎名）

ガンツ　また、北斗さんは出る杭を打つで有名でしたしね（笑）。

玉袋　でも彼女は彼女で自分のポジションを保たなければいけないから、やるしかねえんだよな。また北斗スタイルと京子スタイルも違ったしね。

ガンツ　北斗さんや豊田さんは全女本流ですよね。

京子　だから初めて黄色と赤のコスチュームを着たとき、「なにそれ、色キ××イじゃないんだからやめなよ」って言われましたからね。でもやり続けることで、ああいう派手な色もいまは当たり前になって。でも当時は「バカじゃねえの」みたいな。

ガンツ　でも、なんで京子さんは獄門党に入っても悪役メイクじゃなく、赤いメイクが許されたんですか？

京子　普通は黒で、目をつり上げるじゃないですか。だけど私が「やりたくないです」みたいなことをちょっと言ったら、（ブルの口調を真似て）「いいんだよ。アダモちゃんは好きにやんな」みたいな（笑）。

玉袋　ホントに⁉
京子　「メイクもなんでもいいんだよ」って。
玉袋　なぜか京子ちゃんだけはブル様からオッケーが出てたんだ〜。
京子　新人の私に対して、「ねえ、アダモちゃん。これさ、こうしたほうがいいかな？」とか相談をしてくれるんですよ。「こんな技どうかな？」とか。トップを張ってる選手が1年目の私に聞くんだよ。やっぱり「えっ、私に⁉」ってなるじゃないですか。「これは試合もがんばらなきゃ」って思うわけですよ。
玉袋　泣けてくるよ！
京子　中野さんのそういう作戦だったのか、なんだったのか。
椎名　向上心があったからじゃないですかね。
京子　だからホントに中野さんがいなかったら、私は全女に残ってなかったと思うので。
ガンツ　最初に言ってましたけど、京子さんは松永兄弟からは好かれてないタイプですもんね。
京子　ホントそうなの。
椎名　松永兄弟から好かれるタイプはどういうタイプなの？
京子　豊田真奈美（笑）。
ガンツ　ちゃんと女子プロっぽい人ですよね。でも京子さんはまったく女子プロっぽくないから。
京子　そうなの。「男子を観るな！」って言われて（笑）。
ガンツ　男子を観るの禁止（笑）。

玉袋　ショナイで観てたんだ（笑）。
京子　私はショナイであそこに通ってたんですよ。初代タイガーマスクの佐山さんのところのジムに。
椎名　えーっ⁉　スーパータイガージムですか？
京子　埼玉のほうかな。
玉袋　大宮のゆの郷だよ。
京子　あの頃はツイッターとかもないし、「なんでバレたんだろ？」と思って。
ガンツ　誰かの告げ口があったんですかね（笑）。
京子　そういうのいろいろあるよ。大東文化大学の学生プロレスとかに練習に行ったりしてたら、「おまえ、行ってただろ！」ってバレちゃって（笑）。
玉袋　京子ちゃん、そんなところに行ってたの⁉
京子　私、ちょいちょいそういうところに行くのよ（笑）。学生プロレスって普通のプロが使わないような面白い技を使ってたりするから、なんか研究してみたいなって。
ガンツ　なるほど。学プロはマニアだから、プロが思いつかないようなこともやってたりして。
京子　だけどバレて会社に凄い怒られて。松永さんたちは選手が外に出るのを嫌がるんですよね。特に「男子と絡むとオンナになるからダメだ」って言ってて。
玉袋　悪い虫がつくってことか。
京子　でも、それはホントにそうだと思うんですよ。だって、みんなそうじゃないですか。

玉袋　〝北朝鮮の一夜〟を考えればしょうがねえと（笑）。
京子　あれね～（笑）。それ以前にも、インディー系の団体に選手を貸し出したりしてたんですけど、私の後輩がそこの巡業に行って1週間くらいして帰ってきたら、「プロレスより大事なものを見つけました」って辞めていったんですよ。
ガンツ　W★INGでありましたね（笑）。
京子　よく知ってんじゃない！（笑）。私がかわいがっていたナカミ（中見川志保）なんかすぐに辞めていったもん。
ガンツ　ちょっとボーイッシュでルックスがよくて、期待されてたんですよね。
京子　めっちゃかわいがってたのに。あれは誰と結婚したんだっけ？　金ちゃんだっけ？
ガンツ　そうです。
玉袋　よりによって金村キンタローかよ！（笑）。
京子　あれはホントに衝撃的でしたね。後輩からあんなことを言われるとは思わなかったんで。プロレスが大好きで入ってきたのに、「京子さん、いままでありがとうございました。プロレスより大事なものを見つけました」って。
椎名　「コイツ～！」って感じですよね（笑）。
京子　「はあ？」って（笑）。「まあ、それも人生なんでね。しょうがないんじゃない」って反対もしなかったんですけどね。
ガンツ　その前には、○○○選手がいなくなったりとかもありましたよね（笑）。

京子　ヤダ、知ってるの？　キャ～（笑）。
玉袋　○○○はどこに行ったんだよ？
ガンツ　ユニバーサルですよね。
京子　わーっ、先輩のこと言っていいのかどうかわからない（笑）。女って２つタイプがあるんですよ。男ができるとそっちに走っちゃうタイプと、男ができるとより強くなるタイプと。
玉袋　京子ちゃんは後者だから（笑）。
京子　でも、だいたいの人は会長が言うように、男に走るとそっちだけになっちゃうんで。中野さんからもよく言われたんですけど、「もう、すぐわかるよ～。受け身で股を開かなくなるから」って（笑）。
椎名　ヤったかどうか、股の開き方ですぐわかる（笑）。

「ひさしぶりにパリンヤーと会ったとき、『あなたと試合をやったときのファイトマネーでチンチン取ったわよ』って言ってた」(京子)

京子　あの頃って経験しなくて入ってくるコたちも多いわけじゃないですか。
玉袋　ママは経験してたの？
京子　なんの話ですか？（笑）。だって私はもうハタチだったんで。
玉袋　まあ、ズブズブだな。

京子　ズブズブでもない。めっちゃキツい感じ。なんの話？（笑）。

玉袋　もうね、これぐらいしゃべれるとうれしいね！　俺も人生が二度ありゃ京子ちゃんと結婚したかったたな（笑）。

京子　玉ちゃん、結婚してるんでしたっけ？

玉袋　してる。セガレも結婚してるよ。

京子　してるんだ。残念だな（笑）。

玉袋　あと京子ちゃんさ、シュートボクシングでやったパリンヤー（・ジャルーンポン）戦の話を教えてよ。

京子　よくそんなの憶えてますね。

ガンツ　あれは凄い話ですよ。おかまムエタイ戦士と女子レスラーがリアルファイトで異種格闘技戦やるっていう、ムチャすぎる試合で（笑）。あれ、どういう経緯でやることになったんですか？

京子　あれは最初、ほかの人にオファーが来たんですけど、断わったんですよ。あの人、ガチっぽいイメージで売ってるけど絶対にやらないから。そうしたら、シュートボクシングの会長から私に話が来て。その頃、私はシーザー（武志）さんと毎日飲んでたから。

玉袋　どういうことだよ！　なんでシーザーさんと毎日飲んでるんだよ（笑）。

京子　シーザーさんが好きなママがいて、そこの店で私も飲んでいて。

玉袋　あそこのママね。知ってるよ（笑）。

京子　さすが。知ってるんだ（笑）。それで「京子、じつは大変なことが起こった。武道館を借りたんだけど○○が逃げた」って言うわけ（笑）。で、「なによ、そんなの。私がやってやるから！」って、酔っ払っていて言っちゃったの。朝の5時くらいだったから（笑）。

椎名　それ、シーザーさんの罠にかかってますよ（笑）。

京子　そうしたら次の日に電話がかかってきて、「京子、きのうやるって言ってくれたよな？」って、「えっ、なんの話ですか⁉」ってなって（笑）。

玉袋　会長はそういうのは憶えてるんだよ。

京子　ズルいの（笑）。で、やることになったんだけど、試合まで1か月半ぐらいだったのに「体重を40キロ落とさなきゃダメ」って言われて。

椎名　ヒドイ話だな～（笑）。

ガンツ　性別というとてつもないハンデがすでにあるのに、なんで体重を合わせなきゃいけないんですか（笑）。

京子　パリンヤーが凄く怖がってると。写真を見たら私の身体が凄いし、やっぱりムエタイって体重制じゃないですか。それで人生初のダイエットですよ。毎日五反田から浅草のシーザージムに通って、鶏なべとか食べて1カ月半がんばって（笑）。

椎名　それで40キロ落ちたんですか？

京子　全然落ちなかった（笑）。できるかぎりのことはしたけどね。で、あの試合はヒジがなしだったのにヒジで斬られてストップみたいになったんですけど。そのとき13針縫った傷がまだ残ってますよ（目の上の傷跡を見せる）。
椎名　うわ～。
京子　で、この話にオチがあって、まだあの試合のギャラをもらってないです（笑）。
ガンツ　えーっ⁉
椎名　シーザー、ちゃんとしてくれよ～（笑）。
玉袋　いま俺、「お米（お金）はどうだったの？」って聞こうとしたんだけど、そもそももらってねぇのかよ！（笑）。いまから請求しようぜ、会長に。
椎名　いまならＲＥＮＡマネーがあるだろうから（笑）。
京子　もう、いまさらしょうがないですよ。でも、あの試合を３人とも観てるのが凄い（笑）。
ガンツ　だけど凄い話ですよね。おかまって言っても要は男ですからね。だってパリンヤーって、日本の男のキックボクサーでも勝てなかったんですから。
京子　あの人、あのあとにタイで映画に出てヒットして、それに私も呼んでいただいてワンシーンに出てるんですよ。東京ドームで闘うみたいなシーンがあって。タイに１カ月いさせてもらって、凄いスイートルームに泊まらせてもらいましたよ。
椎名　ギャラはもらえた？
京子　もちろん（笑）。
玉袋　やったじゃん！
京子　なんかＶＩＰ扱いで、税関でもパスポートを見せないですぐに入れたりとか凄かったのよ。

玉袋　いい話だ！

京子　で、日本の『あの人は今』みたいな番組のレポーターでもタイに行かせてもらったことがあって、ひさしぶりにパリンヤーと会って。「あなたと試合をやったときのファイトマネーでチンチン取ったわよ」って言うから「えっ、ホント？　見せて！　あっ、ホントだー！」みたいな、そんなオチというか（笑）。

ガンツ　凄い番組ですね（笑）。

京子　だからあの試合のあと、タイに2回行ってます（笑）。

玉袋　そういうムチャもやっとくもんだな～。

「当時はどう見たって、全女が一番だもんな。いまなら井上京子vsロンダ・ラウジーを観たいよ！」（玉袋）

ガンツ　あと京子さんは新人時代、アマチュアレスリングの全日本大会にも出場させられて優勝してるんですよね。

椎名　えっ、そうなの⁉　全日本王者？

京子　そう。「1週間くらい練習して出ろ」って言われてビックリしちゃって。

玉袋　それで獲っちゃうんだからすげえよ！

京子　あれはなんで勝ったかわかります？

ガンツ　なんでですか？

京子　先輩が怖かったからです（笑）。負けて帰ったら先輩に怒られるんで、もう命がけですよ。

玉袋　わかる（笑）。

京子　アマレスのルールなんて知らないから、とにかく押さえ込むって勝ち方で。

玉袋　そこで全女の押さえ込みが役に立ったんだ！

京子　当時はそこまでレベルが高くなかったから、技術を知らなくても鍛え方が違うから、全女が勝つんですよ（笑）。

玉袋　ホントに全女が最強だったんだな～。

ガンツ　京子さんが出た大会は、まだ10代半ばだった山本美憂さんも出てるんですよね。

京子　そうそう、あの世代。

ガンツ　最軽量級が山本美憂で、最重量級は井上京子が優勝してるんですよ（笑）。

京子　まだ女子のアマレスが有名じゃなかった頃だよね。だから、あの頃はアマレスとプロレスでバチバチ感があって、あっちも「プロレスなんて！」っていう目で見てただろうし。

椎名　なのに、なんで出ようってことになるんですか？

ガンツ　当時、全女とレスリング協会で提携してたんですよ。要するに全女を利用して女子アマレスの認知度を広めようっていう、福田会長の戦略で。だから全女からはけっこうな人数が出て、優勝したのが京子さんと豊田真奈美さんなんですよね。

椎名　豊田さんも優勝したんだ！

京子 やっぱりやる人はやるんですよ。前年に豊田さんが優勝して、私が次の年に優勝して。やっぱりなんかあるんですよね。

ガンツ その2人が、90年代半ばには女子プロレス界の頂点を競うわけですもんね。

玉袋 あれは最高。あれ以上はねえもん。

椎名 ホントに。男子の四天王プロレスと、女子の豊田真奈美vs井上京子。この2つは究極だと思う。

玉袋 京子ちゃんは京子ちゃんで、ホントにプロレスをやってるんだよ。あっちはあっちであっていいんだよ。

京子 んだんだ。ホントに私とは全然違うスタイルで、水と油だったからよかったんですよね。だからこの店のお客さんで豊田さんのファンも多いですよ。「なんで私のことをそんなに知ってるの？」って聞いたら「じつは豊田さんのファンで」って。だからよく井上京子vs豊田真奈美をやってたから私の試合をよく観てるんですよ。

ガンツ 当時の2人の試合は、日本のファンだけじゃなくて、アメリカのマニアもこぞってビデオを集めていたらしいですからね。

椎名 当時、WWEやWCWに行こうとは思わなかったんですか？

京子 それもいまなら考えますけど、当時は「全女が一番、日本が一番」と思ってたから、海外の凄さを全然わかってないわけ。

ガンツ 最高峰にいるのにわざわざレベルの低いところに降りる必要はない、と（笑）。

京子　マジソン・スクエア・ガーデンにも行ったんだけど、「すげえ人がいるなあ」とは思っても、試合のレベルは全然低かったから、「こんなところでプロレスやってもつまんねえや」と思って。

椎名　そういうふうに思うんですね（笑）。

京子　だって全女より凄い試合がないんだもん。

玉袋　当時はどう見たって、全女が一番だもんな。

京子　だから憧れなかったんですよ。

椎名　「ここで有名になって稼いでやる！」とは思わなかったんですか？

京子　それは思わなかった。まあ、いまだったらギャラはたぶんゼロが2〜3個くらい違うかもしれないけど。

ガンツ　まだ女子は〝添え物〟の時代でしたからね。いまでこそＷＷＥが凄く女子を推し進めてますけど。

玉袋　いまなら井上京子vsロンダ・ラウジーを観たいよ！

ガンツ　ちょうど25歳くらいの井上京子とやったら、最高の試合になりそうですね（笑）。

椎名　天才同士だね。

京子　でも、あのときに凄いなと思ったのは、会場入りのときもスーツだとか、何時間前に全部チェックしてやらなきゃいけないとか、凄く細かく規定があったんですよ。あと一番ビックリしたのは各試合が何分って決められていて、「いやいや、決められちゃダメでしょ」って。こっちはガチでやってるんだから、「はあ？」ってなるわけじゃないですか。

玉袋　井上京子はガチ！

ガンツ　「8分ぐらいで試合をまとめてくれ」って言われても「ふざけんな！」ってなるわけですね（笑）。

京子　だから私は対抗戦も大反対だったんですよ。「全女が一番強いってわかっていて、なんでやる必要があるの？」って思ってた派なので。

玉袋　わかるよ。最高のものを見せてるのに、他団体のレベルに合わせたくねえってことだもんな。

京子　だから会社にもずっと「出たくない」って言ってて。まあ、そこで積極的に出なかったことで、時代に乗り遅れたみたいなところもあるんですけどね。

ガンツ　ちょっと前まで前座でくすぶってた、ベテランの北斗さんとか堀田さんが、対抗戦で急に上で使われるようになって。逆に京子さんは中盤の試合が多くなりましたもんね。

京子　それでも出たくなかった。頑固だったんで。

「そんなのやる必要ないだろ。ウチらほど練習してないだろ、アイツら」って思ってて。

ガンツ　世代的にも損したんですよね。他団体のトップだと神取忍は北斗晶、ダイナマイト関西は堀田祐美子とアジャコングがライバル抗争をやってたので、どうしても京子さんたちは他団体の2番手、3番手とやらなきゃいけないという。全女は一軍が多すぎるだけに。

京子　でも一度、神取さんと武道館でやってるんですけど、ファンの人に「いまだに印象に残ってる試合はどれ？」って聞くと、神取さんとの試合って言う人は多いんですよ。ファンはそういうのが観たかったんだなって、いまさら気づいたんですけど。

玉袋　神取さんとは試合をやってみて、どうだったの？

京子　組んだらわかるじゃないですか。絶対に負けるとは思ってなかったです。まあ、負けましたけど。アッハッハッハ。

玉袋　それはしょうがない。でも組んだらわかったんだ。

京子　組んだらわかります。いままでバーンと組んで、「コイツ、強えな」と思ったのはアジャ様だけです。

玉袋　おー！　やっぱアジャ様なんだ〜！

京子　アジャ様はホントに強いと思います。

玉袋　またアジャ様は強いだけじゃなく、試合もうまいわけでしょ？

京子　うまいし、やっていて楽しい。あるんですよ。私がこうやったら「えっ、こうやって返してくるんだ⁉」みたいな。2人にしかわからないみたいなのがあるんですよ。

玉袋　いいねえ。最高だな。

京子　言葉じゃなくて技で会話するじゃないけど、気持ちいいですねえ。そういう試合ができるのはやっぱり全女だけだったんで。

玉袋　もうたまんねえなあ。惚れちゃうね。大好きだもん。今日はベロベロだよ！

京子　ホントにどうしたの？　やっぱり抱いとく？（笑）。

玉袋　とりあえず、もう一杯飲もう！

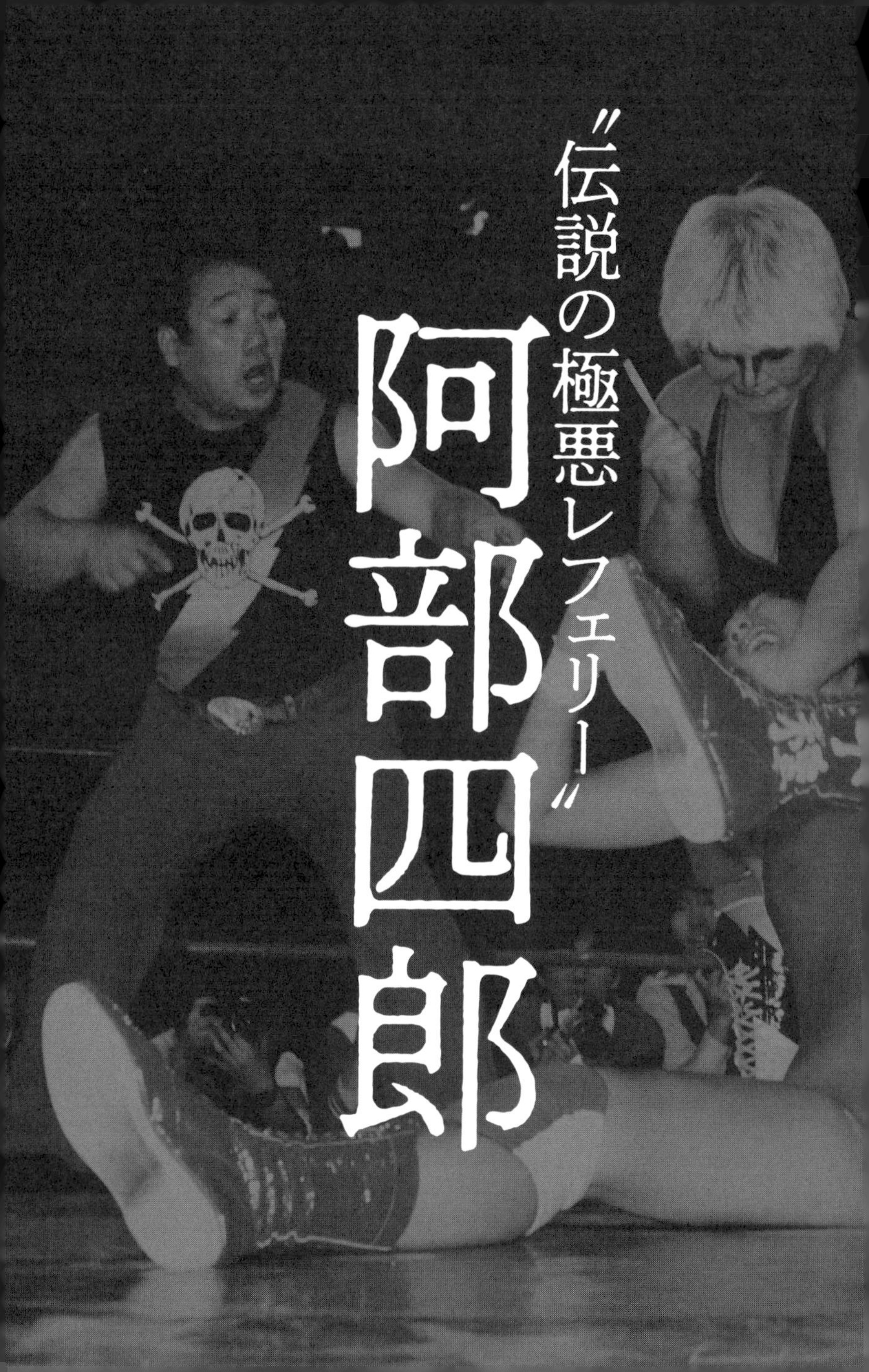

〝伝説の極悪レフェリー〟

阿部四郎

阿部四郎（あべ・しろう）

１９４０年７月28日、福島県相馬郡新地町生まれ。元レフェリー。

１９７０年代から、プロモーターとの兼業で全日本女子プロレスのレフェリーを務める。１９８０年代初頭、突如としてデビル雅美率いるヒール軍団「ブラック・デビル」に肩入れする不公平なレフェリングを開始。その後はデビル雅美に謀反を起こしたダンプ松本が結成した「極悪同盟」に加担。極悪同盟側を有利にするための高速カウントや、反則を見て見ぬふりをするなどのレフェリングは、当時人気絶頂であったクラッシュ・ギャルズらを大いに苦しめ、日本中から大ブーイングを買った。２０１７年４月、肺炎のためこの世を去る。享年76歳。

［２０１３年７月29日収録］

「全女版のアベノミクスは株価が急騰したかと思ったら暴落したり、すげえんだから!」(玉袋)

ガンツ　さて今日は、極悪同盟・阿部四郎変態座談会ということで、東京・立川の居酒屋に来てしまいました!

阿部　遠くまで来てもらって悪いねえ。

玉袋　いや、立川には競輪場とかでよく来てますから。駅の出口は逆なんですけど、勝手知ったる街ですよ!

ガンツ　それじゃ、さっそく注文しちゃいましょうか。阿部さんはビールでいいですか?

阿部　いや、俺は飲まないんだよ。酒とタバコはやらない。

玉袋　そうなんですか。こっち(女)はどうですか?

阿部　女も食べない。

椎名　アハハハ!　食べませんか(笑)。

阿部　昔から全女はダメだから。

ガンツ　阿部さんは全女の掟である〝三禁〟をキッチリ守ってたんですね(笑)。

玉袋　なぜか極悪レフェリーが三禁をしっかり守っちゃってんだよ。一番、優等生じゃねえか(笑)。

阿部　俺だけだよ、手ぇかけないの。あとはみんな手ぇかけてクビになっちゃったりさ。

玉袋　商品に手ぇつけちゃったヤツがいるんですね。

阿部　だいたい、あそこの会長（松永高司）のとこの一族もみんな手ぇかけてんだから。俺ぐらいだよ、手ぇかけないの。

椎名　（全女経営陣の）松永一族はみんな手ぇかけちゃってるんですね（笑）。

玉袋　それでファミリーにしちゃってんだから。今日はそこらへんの話もいろいろ時効だと思うんで、全女のいろんなことを語ってもらいたいんですよ。

椎名　全女のデタラメな経営から何から（笑）。

玉袋　そう、全女流の経営学をね、阿部さん的に〝全女版アベノミクス〟で語ってもらおうと思って来ましたから（笑）。

ガンツ　デタラメなアベノミクスを（笑）。

玉袋　もう全女版のアベノミクスは、株価が急騰したかと思ったら暴落したり、すげえんだから！

椎名　規制緩和にも程があって（笑）。

玉袋　全女は規制しないよ～、消防法だって完全無視だから！

ガンツ　じゃあ、ビールも届いたところで始めましょうか。

玉袋　おう、始めよう、始めよう。じゃあ阿部さん、今日はひとつよろしくお願いします。乾杯！

一同　かんぱーい！

玉袋　いや～、今日は嬉しいねえ。俺たちはみんな、ガキの頃から全女ファンですから。

阿部　あ、そうなの？

椎名　子どもの頃から『全日本女子プロレス中継』を観て、「悪いレフェリーがいるもんだな〜」と思ってましたね（笑）。
玉袋　悪かったよな〜。阿部さんはいま、おいくつになられたんですか？
阿部　えーとね、きのうで73歳になった。
玉袋　きのう！　誕生日だったんだ、あらららら。おめでとうございます！　お祝いは盛大にやられたんですか？
阿部　お祝いっていうか、25人くらい集めて飲み会だよね。ウチのママの店で。
玉袋　奥さんがお店をやられてるんですか？
阿部　いやいや、女房は身体を壊して、もう寝たきりだから。ママを雇ってスナックやってるんですよ。
玉袋　阿部四郎さんのスナック！　いいですね〜。
阿部　スナックもホントにヒマでよ〜。
玉袋　いや、いまはどこのスナックも大変ですよ。

俺もスナック巡りをライフワークにしてるんですけどね。
阿部　一週間に（お客）ゼロが3回ぐらいあるよ。
椎名　マジっスか。
玉袋　むむ、ちょっとそれはまずいな……。
椎名　レフェリーのほうはまだされてるんですか？
阿部　5年くらい前までIWA（ジャパン）でやってたんだけど、脳梗塞やってもう身体も動かないからやってない。ただ、このあいだフジテレビから電話が来て、またナイナイ（ナインティナイン）のやつをやろうとしてたんだよ。
ガンツ　ああ、『めちゃイケ』の「めちゃ日本女子プロレス」ですね。
阿部　だけど、ケガしたら大変だからってことで反対があったらしい。来年はやりたいらしいんだけど。
ガンツ　あれ、おもしろいですよね。「ひょうきんプロレス」を甦らせた感じで。
阿部　あれも人気あったんだけど、アイツが女やっちゃったろ？　誰だっけ、加藤じゃないほう。
ガンツ　極楽とんぼの山本（圭一）ですね（笑）。
玉袋　そうなんですよ、やっちゃいけませんね。女子プロレスやるなら、三禁守らないと！
椎名　アハハハハ！　あれは〝ダンプ山本〟が三禁破っちゃったんですね（笑）。
玉袋　三禁破ったばっかりに、参勤交代でどっかいっちゃってんだから（笑）。
ガンツ　阿部さんはこの業界に入ったのはいつからなんですか？

阿部　女子プロレスに関しては、小畑千代っていたでしょ？　あそこにいったのが最初。
玉袋　ええっ⁉　小畑千代さんのところにいたんですか？
阿部　その前でいうと、トヨさんと知り合ったのがそもそもだな。
玉袋　トヨさんっていうと、誰ですか？
阿部　豊登。
玉袋　おぉー、豊登！　いきなりうさん臭い名前が出てきて、いいですね！（笑）。
椎名　早くも放漫経営の匂いがプンプンしてくる（笑）。
玉袋　そんとき、阿部さんはどんな仕事されてたんですか？
阿部　俺は板前やってたんだよ。
玉袋　板前！　雇われの板さんですか？
阿部　そう。実の兄貴がやってる店でやってたんだけど、そこでトヨさんと知り合って、力道山の事務所に出入りするようになって。
玉袋　力道山の事務所にもいましたか！
阿部　そっから小畑千代さんのところに行ってね。12チャンネルでやってたところで、レフェリーやるようになって。
ガンツ　のちに国際プロレスに吸収される日本女子プロレスですね。
阿部　そう。そこが消えたから、松永さんとこに拾ってもらって。そっからは興行やりながらレフェリーやってたよ。

「全女の保証人になっちゃって家が2軒なくなっちゃったよ（苦笑）」（阿部）

玉袋　いきなりですか。そのときにプロレスの仕組みっつうのは教わったんですか？

阿部　いや、俺は興行師だったからね。だいたい知ってたんで「興行だけじゃなくて、レフェリーもやってみたい」と思ってやった。

ガンツ　単純にリングに上がりたくて（笑）。

玉袋　でも、レフェリーってそんな簡単にできるもんなんですか？

阿部　いや、簡単だよ（あっさり）。

一同　ガハハハハ！

阿部　話せば長くなっちゃうけど。それにここで明かしちゃったら業界から干されちゃう（笑）。

玉袋　へえー。そっからレフェリー生活が始まったわけですか。

阿部　興行師やりながら、レフェリーは好きだからやってたね。

玉袋　でも、日本の景気も良かった頃ですから、興行の世界も潤ってたんじゃないですか？

阿部　いや、最初はもう全然でね。猪木の興行もやってたんだけど。旗揚げしたばっかりの新日本なんてひどいもんだったよ！

玉袋　いつ潰れるかわからない状態だった黎明期の新日本プロレスの興行を手がけてるんですか！　すげえな〜、生き字引だよ！

阿部　国際プロレスもやったし、トヨさんの東京プロレスもやったけど、儲からなかったな～。
玉袋　東プロまでやってるんですか！
椎名　どれもこれも儲からなさそうですけどね（笑）。
玉袋　あの頃だと、キックボクシングなんかはどうなんですか？
阿部　キックも沢村忠の興行をやったよ。
玉袋　やってるんだ！　じゃあ、芸能のほうは？
阿部　昔はいろいろとやったよ。北島三郎とか。
ガンツ　おお～～、サブちゃん！
阿部　あと山本譲二とか、冠二郎とか。
玉袋　冠二郎きた！　冠さん、きたよ～～。まさか『KAMINOGE』に「冠二郎」の3文字が踊るとは思わなかったよ！（笑）。
椎名　クドカンのあとにジロカンが来ちゃって（笑）。
ガンツ　ジロー・カンムリ（笑）。
玉袋　すげえな～。やっぱりそういう興行を買った場合は、もしお客さんが入らなかったら、阿部さんが補填しないといけないわけですよね？
阿部　そうそう。全部、興行主が被るからね。
玉袋　うわっ、それはすげえバクチだ。当たりはずれがでけえ。
阿部　だから俺なんか、家が2軒なくなっちゃったよ（苦笑）。

玉袋　2軒なくした！
阿部　だからいま、アパート住まいだよ。
玉袋　プロモーターっていうのも、厳しい職業ですね～。
阿部　まあ、でも最後は興行で失敗したっていうより、全女の保証人になっちゃったんだわ。
椎名　全女の保証人！（笑）。
玉袋　それ、一番なっちゃいけないよ！（笑）。
阿部　2000万くらい被ってさ、よ～～～やく（返済が）終わった。
椎名　でも、なんで保証人になっちゃったんですか？
阿部　松永さんも、まさかあんなふうに潰れるとは思わなかったからね。
玉袋　そうですよね、全女だって一時期は凄い勢いで儲かってたわけですからね。
ガンツ　ドーッと上がって、ドーッと落ちて（笑）。
玉袋　山高ければ谷深しっていうね（笑）。
ガンツ　でも、谷に落ちてもかならず復活してくるのが全女だったんですけどね。
玉袋　そうだよ。いっつも松永会長は「いくら借金しても、スーパースターがひとり出てくれば、すべてチャラになる」って言ってたからね。それが出てこねえ時代になっちゃったのかね～。
阿部　というより、ほら、カネ遣い過ぎたんだよね。
椎名　放慢経営が過ぎた（笑）。
阿部　カラオケ屋やったり、レストランやったりね。

玉袋　バブル期にはリゾート地開拓もありましたよね。
ガンツ　秩父リングスター・フィールド（笑）。
阿部　あんなの買ってどうするんだよ？　ダメだよ、あんな山ん中。誰が行くんだよ？
玉袋　交通の便が悪かったんですよね？
阿部　悪いも何も、道が細すぎて大型バスが通れないんだから。どうやって人を呼ぶんだよ！
一同　ダハハハハハ！
玉袋　バスで行けない関東のリゾート地って、聞いたことないよ！（笑）。
ガンツ　ドアが小さすぎて、機材が入らなかった荒井注のカラオケ屋的ですよね（笑）。
玉袋　もともとの計画がズサン過ぎるんだよ！（笑）。
阿部　あれ作るのに、3億かかるはずだったんだけど、なんだかんだで10億くらいかかってんだよ。
玉袋　10億！　失敗のスケールがいちいちでけえんだよな〜。
ガンツ　それでいながら、普段は何百円かの焼きそばを会場で売ってるんですけどね（笑）。
玉袋　日銭商売との落差がすげえんだよ。
阿部　でも、あの焼きそばは相当儲かったんだよ。
椎名　儲かったんですか！（笑）。
ガンツ　凄い原価率だったんでしょうね（笑）。
阿部　原価20円のものを500円で売ってるからね。

ガンツ　原価20円！（笑）。

阿部　ビールだって問屋から古くなったの安くいっぱい買いたたいて、５００円で売ってるんだから。あれで全国回ってたら、いいカネになるんだよ。

玉袋　昭和だねえ、昭和の興行だね～（笑）。

「レフェリーのギャラ貰ってなかったからごまかしてんじゃねえかって国税局が来たよ」（阿部）

阿部　だから、会場で売ってるぶんはいいけど、カラオケ屋やったりラーメン屋やったりしてるのがダメなの。

玉袋　新宿にラーメン屋とカルビ丼屋出してね。

ガンツ　羅漢果ラーメンですよね。甘いラーメンという、常識を覆し過ぎなラーメン（笑）。

玉袋　やっぱり、自分ところの敷地内で『ＳＵＮ族』みてえな、ちっちゃいレストラン出すくらいがいいんだろうな。

椎名　従業員が若手選手だから、人件費もかからないし（笑）。

阿部　レストランって言っても、コックがいないんだから。俺はあんなところじゃ食わないよ。

玉袋　それ、関係者はみんな言いますよね（笑）。俺は『ＳＵＮ族』のカルビ丼は好きだったんだけど、「よくあんなもん食いますね」って言われてたから。

阿部　肉だって1キロ20円みたいな肉だからね。
椎名　1キロ20円って、どんな肉ですか！（笑）。
玉袋　でもあの当時、一番儲かってた頃って全女ってどれぐらい年商あったんですかね？
阿部　相当あったろうな。一興行で1000万ぐらいあったんだから。
玉袋　一興行で1000万で、年間300興行だからね。いくらになるんだよ⁉
ガンツ　単純計算で年間30億円の売り上げですね（笑）。
玉袋　すげ〜！
ガンツ　それでさらにフジテレビの放映権料があって、日々のグッズの売り上げやらなんやらがあって。
椎名　焼きそばの売り上げもあって（笑）。
阿部　東京ドームでやったときだって、切符売れたからね。だけどあんとき、スタントマンが上から落っこちて、テレビ局と揉めたでしょ？
玉袋　ええっ⁉　そんなことがあったんですか？
阿部　入場の演出で一番大きなクレーン車使って、ドームのてっぺんから登場するっていうのがあったんだけど、そのとき足踏み外したかなんかで落ちちゃったんですよ。
ガンツ　ああ！　ブリザードYukiが登場するときに、影武者のスタントマンが事故で落ちちゃったんですよね。
玉袋　（長谷川）咲恵か！　そんなのあったか！

阿部　それはテレビ局がやったことで、松永の演出じゃなかったんだけど。あれで保証するしないで揉めてね。莫大なカネを支払うことになったんじゃないかな？　よくは知らないけど。
玉袋　そんなことがあったかあ。でも、なんかあのドームを最後に、ちょっとおかしくなった気がする。
阿部　あれが最後の打ち上げ花火で、あそこからはもう落ちる一方だったね。
玉袋　それで最後は全女がなくなっちゃうんだもんなあ。阿部さんは全女の興行も30年以上やられてたと思いますけど、興行師として一番儲かったのはいつですか？
阿部　やっぱりビューティ・ペアと（長与）千種・（ライオネス）飛鳥の頃だろうな。
玉袋　その頃に買った興行は毎回満員で当たりだったわけですね。
阿部　買うのもあるし、興行をウチと会社（全女）の折半でやることもあるんだよ。あれだって一回300万くらい儲かって、それをいくつもやるわけだからね。
玉袋　その頃、バンバンお金が入ってきたときは、どうしてたんですか？　やっぱり銀座とかに遊びに行ったりとか？
阿部　そういう遊びはそんなにしなかったけど、俺は貯め込まないで、みんな遣っちゃったな。
玉袋　コレ（女）とかギャンブルではなく？
阿部　それはやんないよ。
玉袋　じゃあなんに遣うんですか？
阿部　いろいろ右から左へ消えちゃうんだよね。借金とかもあったからさ。

玉袋 やっぱ、興行は悪い時期もあるから、儲かってても〝いってこい〟になっちゃうんですね。
阿部 最初に猪木の興行やったときなんて、いきなり300万ぐらい借金したからね。
椎名 当たり外れが大きいんですね。
玉袋 博打だよな〜。でも、極悪同盟やってた頃なんかは、興行師でも儲かって、レフェリーでも全国回って、ダブルの収入で凄かったんじゃないですか？
阿部 いやー、興行師としては良かったけど。俺はレフェリーのギャラ貰えなかったしなあ。
玉袋 ええっ⁉ 貰ってないんですか？
阿部 くれねえんだもん。
椎名 くれない（笑）。
阿部 だから俺んところに国税局も来たよ。「あんた、ごまかしてんじゃないか」って。
玉袋 極悪同盟に国税が入っちゃったよ（笑）。
椎名 じゃあ、それは全女がごまかしてたってことなんですか？
阿部 そうなんじゃないの？
玉袋 でも、当時は手打ち興行で、現金収入でボコボコ入ってきちゃうからごまかし放題でしょ。
阿部 当日券やらグッズやらが飛ぶように売れて、お札が段ボールに収まんなくて、足で踏んでたよ。
玉袋 全女のストンピング伝説ですよね。カネが入ってきちゃって入ってきちゃって、足で踏みつけるという。

椎名　それでもレフェリーのギャラは払わない（笑）。

「クラッシュのカウントは遅く、極悪同盟のカウントは速くとかってダンプさんと一緒に考えたんですね」（椎名）

玉袋　デタラメだよな〜。で、全女の一番最初のいい時期っていうのは、マッハ文朱さんの頃ですか？

阿部　あれはビューティなんかほどじゃないけど、まあ良かったね。でも文朱は、お母さんに「ギャラが安いから辞めろ」って言われて辞めちゃったの。

ガンツ　そういうことだったんですか（笑）。

玉袋　マッハ文朱にもロクに払ってなかったという（笑）。でも人気的にはピークで辞めたから、ある意味、女子プロレス界では山口百恵的な伝説として残されてるもんな。

阿部　あれ、もともと山口百恵と競って負けたから女子プロに来たんだもんな。

玉袋　『スター誕生！』ですよね。山口百恵とマッハ文朱が決勝大会を争って。でも、それで全女に行くって凄いよな。

阿部　文朱が辞めたあと、ビューティ・ペアが売り出されて。あれからはどこ行ったって超満員だよ。

玉袋　じゃあ実際に触れ合って、ジャッキー佐藤とマキ上田ってどういう人だったんですか？

阿部　いい子だよ、みんな。でもやっぱりほら、一緒に食事とか行ったことないからそこまで深い話はしてないけどね。
玉袋　それはなかったんですか。
阿部　千種とか飛鳥はね、ちょっと時間あれば「コーヒー飲み行こう」とかあったけどね。
ガンツ　極悪レフェリーとクラッシュ・ギャルズが一緒にコーヒーブレイクしてましたか（笑）。
阿部　千種と飛鳥のときは、俺がダンプ（松本）と組んでやってたこともあって、どこに行っても凄かったな。
玉袋　あの抗争は売れましたもんね。阿部さんもダンプちゃんも悪かったもんな〜。
阿部　あんときは罵声は凄いし、生卵はぶつけられるし、凄かったよ。
玉袋　極悪人だもん、阿部さん。
阿部　ダンプはここ（眉間）やられたんだよな。
玉袋　あー、ダンプさんあるな、傷。
阿部　あれは缶をぶつけられたんだよ。中身が入ってるやつ。
椎名　うわっ、それヤバくないですか？
玉袋　悪役やるのも命懸けだよ！
阿部　逆にダンプなんかすぐお客さんをぶっ飛ばすだろ？　そうすると大変なんだよ。謝りに行くのが。
玉袋　阿部さんが謝りに行くんだ（笑）。

阿部　お客さんがいて我々がいるんだから、やっぱりケガさせちゃいけないね。
ガンツ　極悪レフェリーが言う言葉じゃないですけどね（笑）。
玉袋　でもね、ダンプさんだって罵声を浴びながらお金を稼いで、お母さんに家建てたって話も美談だぜ？
ガンツ　家族だっていろいろ大変だったでしょうね。
玉袋　家族が攻撃されるっていうのがツラいよな。阿部さんのほうにもなんかあったんですか？
阿部　孫なんかに、よくいじめとかあったらしいけどね。
玉袋　うわっ、そりゃつれえな〜。でも、それが真剣に観てた証拠ってことですからね。
ガンツ　ああいう極悪レフェリーのいろんなアイデアっていうのは誰が考えたんですか？
阿部　いや、自分で考えたよ。ダンプとこうやってやろうって話して決めたことだから。
椎名　ちゃんとダンプさんと一緒に考えてたんですね。クラッシュ・ギャルズのカウントは遅く、極悪同盟のカウントは速くとか（笑）。
阿部　いろいろやったけどね。コミッショナーがわかってないからやりづらいんだよ。
玉袋　コミッショナーって全女の植田信治コミッショナーですか？
阿部　そう。あの人、俺が極悪びいきのレフェリングとかすると本気で怒るんだよな。
椎名　それって、コミッショナーがプロレスの仕組みを知らずに、本気で怒ってたってことですか？
阿部　（小声で）知らないんだよ。

一同　ガハハハハ！
玉袋　恐るべし！　知らねえんだ！（笑）。
ガンツ　だから、厳格に1カ月の出場停止とか食らったんですよね？（笑）。
椎名　マジで？
阿部　あれは2カ月。
玉袋　2カ月の出場停止食らっちゃったよ～（笑）。
阿部　「あんなレフェリー辞めさせろ！」とか本気で怒ってさ。しまいには「阿部は罰金100万円！」とか言って、一度罰金払わせられたことがあるから。
椎名　マジっスか！（笑）。
玉袋　レフェリーのギャラは貰えないのに、罰金取られるってわけがわからねえよ～！（笑）。
ガンツ　コミッショナーはデイリースポーツからの出向だったから、いろいろ知らないことがあったんですかね（笑）。
椎名　知らな過ぎでしょ！（笑）。
玉袋　SWSの田中八郎社長と一緒だな。じゃあ、志生野（温夫アナウンサー）さんはどうだったんですかね。
阿部　志生野さんはわかってるよ。
玉袋　そりゃ、わかってますよね。
阿部　でも、コミッショナーはわかってない（キッパリ）。一度、俺が極悪びいきのレフェリングしてたら、場外で植田さんが腰掛けで殴りかかってきたことあったからね。俺も頭にきたから蹴り返したけど。あれはストーリーがないからさ。あればいいんだけど特にないから。それで出場停止だからね。

一同　ダハハハハハ！

玉袋　全女はおもしろ過ぎるよ〜。

ガンツ　阿部さんが悪役レフェリーを始めるきっかけってなんだったんですか？

阿部　ああいうことやると、お客さんが沸くじゃん。足引っ張ったり、ロープブレイクしてもポーンって足を蹴ったり。だから、おもしろくなるようにやったんだけどね。

椎名　おもしろくしてるのに、コミッショナーから本気で怒られて（笑）。

阿部　そうなんだよな〜。

玉袋　だけどね、いま観ても阿部さん、役者なんだよね。ホントに。

ガンツ　どんなに客やクラッシュが怒っても知らんぷりなんですよね（笑）。クラッシュに蹴られたりしながらも「うるせえ！」って言って返したり。

阿部　あれやると、お客さんが本気で怒ってね。だから当時、ある人から貰ったベンツに乗ってたんだけど、１００円玉でギーッて傷つけられたもんな。

ガンツ　いろいろ代償を払ってるんですね。

椎名　罰金まで払ってるからね（笑）。

「どっちも外の世界に触れないからビューティ・ペアとピンク・レディーって仲良かったらしいんですよ」（ガンツ）

玉袋　で、全女にはビューティ・ペアとクラッシュ・ギャルズっていう、二度の黄金期があったわけですけど、どっちが凄かったんですか？

阿部　一番のピークはビューティ・ペアのほうが凄かった。でも、トータルでいったらクラッシュのほうが上ですよ。

玉袋　へえ、そうなんですか！

阿部　クラッシュのほうは長く続いたから。ビューティっていうのは2～3年だったんだけど、クラッシュは4～5年続いたからね。

椎名　興行がずっと良かったんですね。

ガンツ　クラッシュは一般的なブームが沈静化したあとも、熱狂的なファンが付いてましたもんね。

阿部　だから松永さんは、あの頃いろいろ買ってね。

玉袋　クルーザー買ったりして散財したんですよね（笑）。

阿部　あとはあれよ、ベンツのバス。当時、日本で一番高いバスだったんじゃないの？　トイレもシャワーも付いててさ、でも、巡業中に事故で壊しちゃって、また作り直したんだよ。

椎名　全女はなんでもスクラップ&ビルドですよね（笑）。

阿部　あの頃は景気がいいから、何度でも買い直せたんだろうけどね。ビューティのときもクラッシュのときも、いいときは２つに分かれて巡業してたから。

玉袋　２班体制っていうのも凄いよな〜。

阿部　あれは選手が増え過ぎたのと、あとはマキとジャッキーがケンカになったとかで、それで２つに分かれたんだよね。

玉袋　でも、そうやって年間３００もの試合をやりながら、ビューティ・ペアは芸能の仕事もあったしね。それでいてテレビ放送も毎週ゴールデンでやってたんだから、いまじゃほんとに考えらんねえよ。

ガンツ　当時ピンク・レディー並みの忙しさですよね。だからビューティとピンク・レディーって仲良かったらしいんですよ。どっちも忙しすぎて、外の世界に触れないから、いつもテレビ局で会うたびに話すようになって。

玉袋　同じような境遇でな。もう日にちの感覚がわからなくなって、いつ生理が来るかもわかんねえっつうんだから。

椎名　凄いっスよね〜。よくこき使いましたね、昭和の芸能界（笑）。

阿部　ビューティのあとは、ミミ（萩原）もけっこうがんばってくれたよ。

玉袋　ミミ萩原！　いいね〜。出てきたね（笑）。レスラーとしてはミミさんはどうだったんですか？　あんまり強いイメージはないですけど。

阿部　いや、ミミは凄いスタミナがある。根性あるし、凄い子だよ。

玉袋　へえ〜、そうなんですか！

阿部　指折ってケガしたときもサポーター巻いて平気で試合してたし、たぶん一回も休んだことないよ。

玉袋　そうなんですか。その根性もあって、いまや新興宗教の教祖様になってるという。

阿部　いま、なんかそういうのやってんだろ？　どこにいんの？

玉袋　どこだろ？　教祖様ってことまでは知ってるんだけど。

阿部　それでマキはいまあれだろ、釜飯屋やってんだろ？

玉袋　そうですそうです。浅草で旦那さんと釜飯のお店をやってて。マキさんはまだ若いんだよね。

ガンツ　まだ50歳そこそこですよね。

玉袋　そうなんだよ。俺とそんなに変わんねえっていう。すげえ若い頃からがんばってたんだよな〜。

椎名　そうですよね、みんな10代でスターですもんね。

玉袋　10代の女の子が流血戦やってんだからな〜。阿部さんは、最近は興行のほうはやってないんですか？

阿部　このあいだ、大仁田（厚の興行）やったんだよ。福島の常磐ハワイアンセンターの近くでね。

玉袋　スパリゾートハワイアンズの近くですか。

阿部　あれはけっこう入ったよ。

玉袋　大仁田さんもまだ名前がありますしね。ああいう興行となると、ダフ屋との付き合いはどうなんですか？

阿部　いや、呼ばない。

玉袋　阿部さんは呼ばないんですか。

阿部　呼ばないし、チケット渡さないよ、俺は。

椎名　ああいうチケットって、プロモーターからダフ屋に渡ってるもんなんですね。

阿部　でも、あれやっちゃうと大変なんだよ。前に一度、券売ってるところにマル暴が来てさ、「いくらで買った？」「6000円で買ったんだ」って言って、すぐパクられちゃった。それで罰金30万円だからね。割に合わないんだよ。

玉袋　だけど、ダフ屋とかそういったものって、興行とは切っても切れないもんだと思ったんだけどね、俺は。ピシっと切れるもんなんですか？

阿部　前はあったよ。でも、いまはうるさくなったから捕まっちゃうと面倒だしね。

「小人プロレスは全盛期の加トちゃんを嫉妬させたっていうんだから　そりゃすげえよ」（玉袋）

玉袋　罰金30万だったらリスクはでかいですよね。

阿部　いまは取り締まりがキツくて、何やるのも大変だよ。いまは電柱とかにポスターなんかも全然貼ってない。あれも捕まると300万円ぐらい取られるからね。

玉袋　そんなに取られるんですか⁉

ガンツ　迷惑禁止条例とかなんでしょうね。

玉袋　俺なんかはガキの頃、あの興行ポスターを見るとウキウキしてたけどな。

椎名　そうですよね。「プロレス来るぞ！」って感じで「お母さん、プロレス来るからお金ちょうだい！」って言ったり（笑）。

玉袋　俺んちの近所もさ、よく全女のポスターが貼ってあったんだよ。それでね、きらびやかな女子レスラーが並んでる脇にね、ちっちゃく「小人プロレス」って書いてあるんだよ。

椎名　載ってましたよね、ポスターの下のほうに（笑）。

玉袋　俺は小人プロレスが大好きだったからさ、そこをちぎって、透明の下敷きの間に入れて学校に持って行ってたからね。

ガンツ　普通、『明星』あたりからアイドルの切り抜きとか入れるもんですけど、玉ちゃんは小人プロレスの切り抜き（笑）。

玉袋　しかもそのポスター、小人プロレスのところには〝笑いの殿堂〟って書いてあったからね！

一同　ダハハハハハ！

椎名　でも実際、ホントにおもしろかったですよね。

玉袋　爆笑だよ！　おしっこチビるくらい笑ったよ。

阿部　俺もアイツらのレフェリーやったけど、おもしろかったよ。
玉袋　そうだよ。阿部さんといえば、極悪以前は小人プロレスだから！　頭張り倒すためのスリッパ持っちゃってさ。その小人レスラーとの交流話なんかも聞きたいね〜。
阿部　あの頃は6人いたでしょ？　だから、6人タッグで目まぐるしくできて凄かったんだよ。
玉袋　そう、完璧！　コントとしてあれだけ成立させたものは観たことない！『キングオブコント』に出たら絶対優勝だよ！　リトル（・フランキー）さんが場外に落ちたら、小さ過ぎてリングに上がれなくなっちゃったりとか。頭で滑ったりとかさあ！
阿部　良かったな、あれは（ミスター・）ポンが作ってたんだから。
玉袋　ミスター・ポンさんが中心だったんですか。
阿部　あれがリーダーだからね。
ガンツ　ミスター・ポンは表情がいいんですよね。モヒカン刈りでふてくされた親父で（笑）。
椎名　ドリフでいう荒井注タイプだよね（笑）。
玉袋　あと天草海坊主も良かったぞ。
阿部　どっかで生きてんのよ、海坊主は。
玉袋　あ、ご存命なんですか。
阿部　どっかの老人ホームにいるって話だよ。
玉袋　角掛留造さんなんかはどうしてるんですか？
阿部　角掛は死んじゃったよ。

玉袋　え、死んじゃったんですか？

阿部　あ、アイツはまだ生きてるか。あそこにいるよ、岩手。たまーに電話かかってくる。カネがねえとか言ってね（笑）。

玉袋　でも、小人プロレスはリトルさんが亡くなって、灯が消えちゃいましたよね。俺が最後リトルさんを観たのは、あれだよ。テレビ朝日の感謝祭みたいなのあるじゃない。あんときのドラえもんの中に入ってた。

ガンツ　ええーーー、ドラえもんの中にリトル・フランキー！（笑）。

玉袋　カメラ回ってない裏で、ドラえもんが被りもんを脱いだらリトルさんが出てきたんだよ。びっくりしてさ、「リトルさんじゃないっスか！」つってな（笑）。全女で見なくなったと思ったら、ここにいたんだ、リトルさんって。

椎名　マジっスか？　いろんな仕事してますね（笑）。

ガンツ　凄い四次元ポケットですね（笑）。

玉袋　ファンタジーだったよ。それで俺ら（浅草キッド）は、漫才で「愛しの小人プロレス」ってネタを作ったんだよ。水道橋博士と2人で。「俺は小さい頃から小人プロレスに憧れてて、大きくなったら小人レスラーになりたかったんだけど、大きくなり過ぎてできなくなっちゃった」っていうね。

ガンツ　身長180センチの玉ちゃんが、小人プロレスに入門しようとするんですよね（笑）。

玉袋　そうしたら「いいじゃねえか、おまえ。〝東洋の新巨人〟としてやれ」とかなんとか言われるネタなんだけどよ。そのネタが凄く好きだから、いろんなところでやってたんだよ。そうしたら、それが本物の小人レスラーたちの耳に入って、それで「一緒に海に行こう」って誘われたんだよな。

椎名 小人レスラーと海水浴！ 楽しそうですね（笑）。

玉袋 結局、スケジュールがバッティングして行けなかったんだけど、行きたかったな〜。

阿部 アイツらね、地方なんか行くと、飲み屋のママさんたちにもモテるんだよな。

玉袋 そうなんですか！ 小人レスラーたちがモテるっていうのは、いい話だな〜。

阿部 アイツらテレビとかにも出てたしさ。〝あっち〟のほうもいいらしいよ（笑）。

玉袋 ワハハハハ！ リング上同様に素早く動いてスタミナ抜群っていうね（笑）。だけどやっぱりね、ハンディキャップある人ってのは、奥に入れられちゃうっていう風潮があったわけじゃないですか。だから「小人プロレスっていう自分を表現し輝ける場所があるのが希望だった」って、みんな語ってるんですよね。

阿部 アイツらテレビでも人気あったんだけど、人権団体から苦情が来てダメになっちゃって。

玉袋 そうなんですよ。ドリフ（『8時だョ！ 全員集合』）にだって出てたわけだからね。あれもね、加トちゃん（加藤茶）から聞いたんだよ。収録の合間に昔話をいろいろ聞いてさ、「『全員集合』でも、海坊主とかポンとか笑い取ってたのに、どっかの団体から言われてめんどくさいことになって。あれはもったいなかった」って。

椎名 ホント、そうっスよね〜。

玉袋　だって、あの加トちゃんが言うんだよ。「アイツら、俺たちより笑い取るんだから！」って。
ガンツ　ガハハハハ！　全盛期の加藤茶が！
玉袋　あの「ちょっとだけよ」の加トちゃんが「俺より笑い取る」って。
椎名　凄いことですよ。日本で一番ウケてた人ですからね。
玉袋　全盛期の加トちゃんを嫉妬させたっていうんだからね。そりゃすげえよ。でも、いまはみんないなくなっちゃってね。
阿部　寂しいよ。会社ないしな。
玉袋　目黒の全女事務所も更地になって駐車場かなんかになってるんですよね。それで北斗（晶）が『24時間テレビ』でマラソンやったとき、偶然、その全女跡地の前を通ったとき、北斗が泣いたっていうね。いい伝説だよ。
椎名　いろんなことを思い出したんでしょうね。
玉袋　走馬灯のように甦ったと思うよ。
阿部　北斗はあったかいよな。ジャガーは冷たいけど。
ガンツ　ジャガーは冷たい（笑）。
阿部　（ポツリと）俺、大っ嫌い。
一同　ガハハハハ！

「プロレスやったって儲かんないけどおもしろかったんだよな。あんないい時代はない」（阿部）

玉袋　阿部さんから見て、性格がいい女子レスラーって誰でした？
阿部　みんないい子だよ。ダンプだってそうだし、ブルも優しい子だしね。
玉袋　それでブルちゃんの引退興行では、阿部さんもレフェリーで出てきたんですか？
阿部　うん。立川の俺のとこまで旦那と一緒に来て、「やってほしい」って言うからさ。俺はもう動けないし出たくなかったんだけど、まあしょうがないやと思って。
玉袋　でもいいよね。そうやって阿部さんのことを忘れずに、自分の引退興行のレフェリーは「阿部さんじゃないとヤだ」っていうのは、いいよな〜。
阿部　あの東京ドームの小さいとこ（東京ドームシティホール）、いっぱいだったもんね。
ガンツ　満員になりましたもんね。
阿部　たいしたもんだよ。そういや、一週間前にもブルちゃんとこ行ってきたよ。
玉袋　あ、お店にも行ってるんですか。そういう交流が続いているのはいいな〜。
阿部　あと、たまにアジャなんかも連絡よこすよ。
椎名　ちゃんと、元・極悪同盟から慕われてるんですね。
阿部　みんないい子だもん。でも、連絡してくるのはダンプとブルとアジャぐらいかな。千種と飛鳥なんか、連絡ないからね。

玉袋　全女はなくなったけど、極悪同盟の絆だけは残ったっていうね。いい話だよ。

阿部　会長も亡くなっちゃったしな。だから、ほかにはなんもない。借金だけが残った。

玉袋　借金だけ（笑）。いや、だけど凄い話だよね。全女の話ってさ。もう映画化決定だよ。

椎名　映画作って、また借金抱えて（笑）。

玉袋　結局、そうなっちゃうか（笑）。

阿部　まあ、俺もいろいろやったけど、プロレスやったって儲かんないよ。

一同　ダハハハハハ！

玉袋　それが結論（笑）。でも、おもしろかったんだよな。

阿部　おもしろかったよ。あんないい時代はない。

玉袋　いまは味気ない世の中になっちゃって、ホントあの頃に戻りてえよ。

阿部　戻りたいねえ。

ガンツ　阿部さんも楽しいから、ノーギャラでレフェリーやってたんですもんね（笑）。

阿部　それと、俺んときは選手もみんな一生懸命だったから。年間で300試合もあるのに、毎日会場に着いたら、2時間前、3時間前からトレーニングしてたからね。いまの人はそういうのないでしょ。

玉袋　試合前の練習とかねえんだ。

阿部　試合数だって少ないし、準備運動ぐらいでしょ。

玉袋　だから、あの全女のレスラーが持ってた体力がある選手って、いまいねえんだろうな。あれだけの連戦に耐えられる身体と精神があったわけだから。

ガンツ　しかも当時は、日本中のスポーツエリート少女が集まってたわけですしね。

椎名　まだ女子のスポーツ選手の受け皿が全然ないときだもんね。

玉袋　いまだったらオリンピック目指すような人が、女子プロのオーディション目指してたんだからな。

阿部　だから、いまの若い子ももっと練習しないとダメだよ。俺、このあいだだって怒ったもん。試合前に練習も何もしないでいる子ばっかりだったから。

玉袋　漫才のネタと一緒でさ、毎日やることによって、どんどんどんどん良くなってってったりするんだよ。それがなくて、いきなりビッグマッチになっちゃうと、一発勝負のネタになっちゃうんだよな。そりゃ（青空）球児・好児の「ゲロゲ〜ロ」はハズさねえよ？　ずーっとやってんだから。（テツａｎｄトモの）「なんでだろ〜」だって、いまだにどこに行ったってウケるっていうからな。

ガンツ　どんな客にも合わせられるようになって。

玉袋　だから安定感があって、何度観たっておもしれえっていう。小人プロレスもそうだったんだよな。たぶん毎日同じようなことやってたと思うんだよ。ネタがこなれていって、ピッカピカの商品になっていくんだよな。

阿部　それがこの商売だからね。

玉袋　あの頃、全国を旅するのも楽しかったんじゃないですか？

阿部　楽しかったよ。それで、あとはカネ貰えれば良かったけどね（笑）。

椎名　レフェリーのギャラが振り込まれないときって、気づかなかったんですか？

阿部　いや、「あとで払う」って言うんだよ。でも、その「あと」がいつかわからぬまま、みんなあの世に行っちゃった（笑）。

玉袋　ワハハハハ！　あの世まで追っかけるわけにいきませんしね（笑）。でも、阿部さんがそれを恨んでる感じがないのがいいね、おおらかな時代というか。

阿部　恨みはしなかったけど、会長が亡くなったときにね、俺も体調が悪くて行けなかったからね。顔だけは見たかったたな。あの人に拾ってもらって良かったからな。

玉袋　「拾ってもらって良かった」って言えるんだからな、鳥肌立つね〜。やっぱりベビーフェースより、極悪だよ。ヒールだよ。なんか俺も今後の芸能生活、そうやって生きていこう。

ガンツ　目指せ、芸能界の阿部四郎！（笑）。

玉袋　いま、阿部さんみたいな人いないんだよね。おもしろくてさ、うさん臭くてさ（笑）。

椎名　俳優でもいないですよね。

玉袋　でも、極悪同盟んときの阿部さんの表情とか、映画で言ったら名優でしょ？

椎名　あの体型もいいんですよね（笑）。

玉袋　腹の出方がいいんだよ〜（笑）。

ガンツ　ボクはドクロのベルトが好きだったんですよ。シマシマのシャツに赤いズボン、そしてドクロのバックルっていうのが、「そんなレフェリーいていいのか！」って感じで（笑）。

玉袋　それでレフェリーなのに、ダンプ松本と一緒に入場してきちゃうんだからな。
ガンツ　全然、中立でもなんでもない（笑）。
玉袋　コミッショナー、何やってんだって（笑）。
椎名　しっかり2カ月の出場停止と罰金刑を与えてますけどね（笑）。
玉袋　それはやりすぎだろ、デイリーこの野郎！　ってな（笑）。
ガンツ　ワールド・ベースボール・クラシックのときに、ボブ・デービッドソンっていう誤審連発の審判いたじゃないですか。あのとき、日本中がヒートしてましたけど、その先がけは間違いなく阿部四郎ですからね（笑）。
椎名　レフェリーの不正がありなんだっていうのが衝撃だよね。
玉袋　だからさ、あの頃の女子プロっていうのは、もちろん主役は女子レスラーなんだけど、阿部さんが名脇役として果たしたエネルギーっていうのは凄かったと思うよ。
阿部　でも俺、あんだけいろいろ騒がれたけど、ポスターに出たこと一度もないから。
ガンツ　そういえばそうですね（笑）。同時期で言うと、新日にマネージャーのワカマツが出たときは、ちゃんとポスターに載ってるのに。
阿部　だから、あれは俺が勝手にやってるだけってことなんだよな。
椎名　勝手にやってるだけだから、ギャラも払わないし（笑）。
阿部　俺なんかあの頃、ダンプと一緒に『笑っていいとも！』に2回出たし、いろんな番組に出たけど、ギャラはみんな会社に入ってたから。

ガンツ　阿部さんは社員でもなんでもないのに（笑）。

阿部　フジテレビのヤツにも「俺のギャラどうなった？」って聞いたら、「ちゃんと振り込んでますよ」って言うんだけど、全部会社なんだよ。そうなると、俺のところまでは届かないから。

玉袋　極悪を雇ってる会社のほうがよっぽど極悪っていうね。凄いブラック企業だよ。『●民』超えちゃってるよ（笑）。

阿部　ダンプと映画やドラマに出たときも、全部会社だったからな。

玉袋　稼ぎをどんどん横取りしていって。全女はまさに山賊（ＳＵＮ族）だったっていうね。

一同　ガハハハハ！

ガンツ　いいオチがつきましたね（笑）。

玉袋　じゃあ、今日の変態座談会はこんなところでいいか。

阿部　こんな話で良かった？（笑）。

玉袋　最高ですよ。

椎名　ほんの10年20年前は、デタラメでおもしろかったんだなって思いますよね。

玉袋　だからね、人生の大先輩である本人を目の前にしてアレなんだけど、阿部さんみたいな「いいニオイがする人」っていなくなっちゃったんだよ。昭和の残り香がするような、インチキ臭いおじさん。粘土屋気質っていうかさ。

ガンツ　一筋縄じゃいかない、おもしろいおじさんですね（笑）。

玉袋　ポケベルをワニ皮のケースに入れちゃってるようなさ、ああいうおじさんがいなくなっち

阿部四郎

やったよな。阿部さんが持ってる、このオーストリッチのバッグがいいよ。いまオーストリッチが似合う人いねえ。俺も持とう、オーストリッチ。そして俺も阿部さんみたいな、怪しいおじさんになろう！（笑）。

阿部　いや、俺みたいになっちゃダメだよ。家2軒なくなっちゃうから（笑）。

玉袋　ワハハハハ！　そりゃ、キツいな〜。いやあ、今日は数々の全女伝説をありがとうございました！　全日本女子プロレスに乾杯！

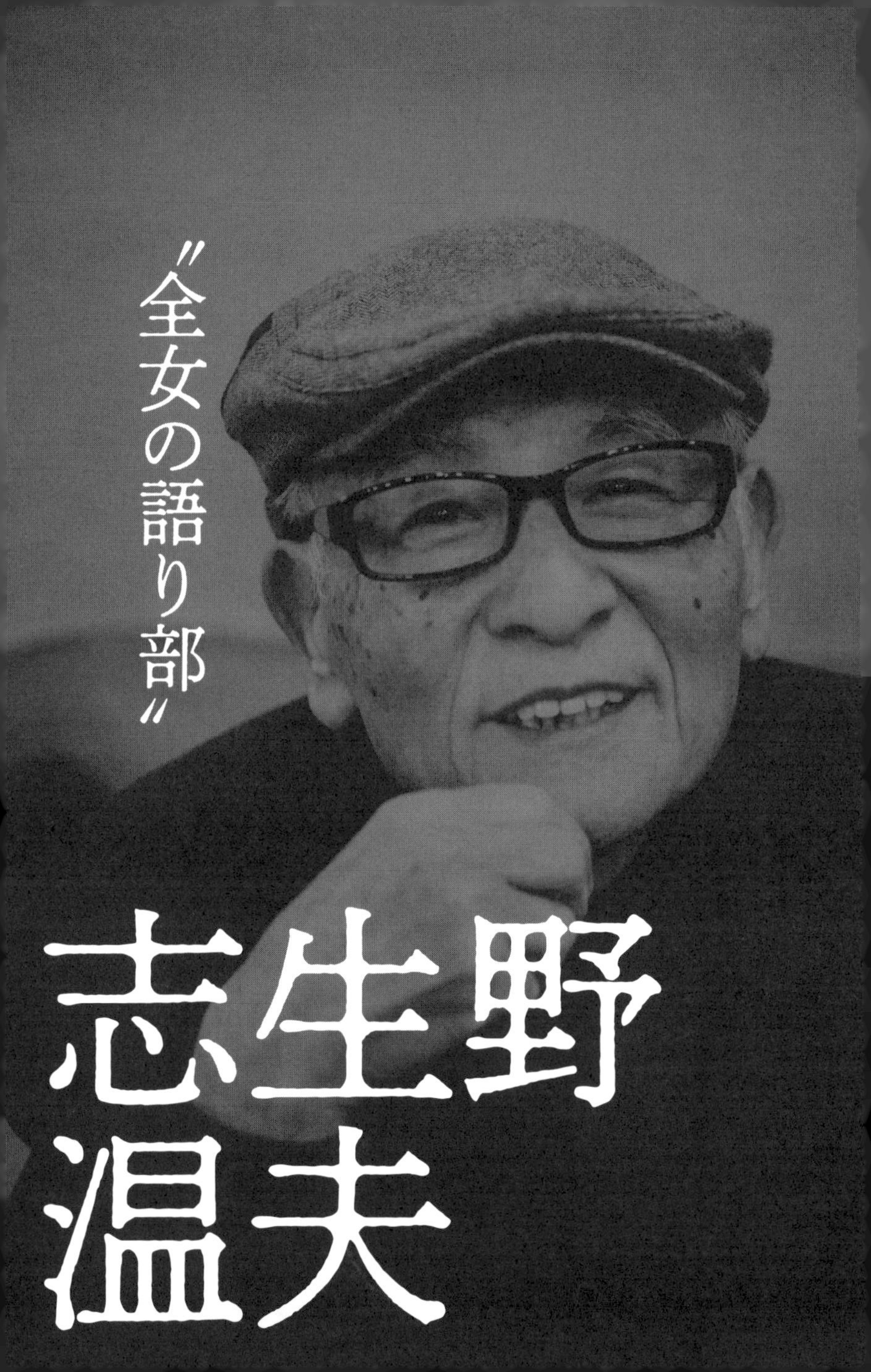
〝全女の語り部〟
志生野温夫

志生野温夫（しおの・はるお）

1932年11月4日、大分県竹田市生まれ。フリーアナウンサー。1956年に日本テレビに入社。力道山時代のプロレス中継や、ON砲全盛期の野球中継、そして日本初のプロゴルフトーナメントの生中継など、スポーツ実況を担当。1972年にフリーに転身すると、『びっくり日本新記録』や『全日本女子プロレス中継』など、バラエティ番組やプロレス中継で活躍した。

［2014年4月7日収録］

「横山やすしさんでびっくりするのは、夜中まで遊んだあと、タクシーに乗って、『大阪まで！』って言うの」（志生野）

ガンツ　毎度おなじみの変態座談会ですが、例によって椎名さんが時間を間違えていたらしく、遅刻となります（笑）。
玉袋　またかよ！　椎名先生、昼夜逆転してっから、寝てたんじゃねぇのか⁉
ガンツ　椎名さんは以前、夕方5時スタートなのに、寝坊して来たことがありますからね（笑）。まあ、あとから来ると思うので、先に始めましょう！
玉袋　おう、始めよう、始めよう。今日は素晴らしいゲストに来ていただいてるからね。
ガンツ　今回は玉ちゃんのリクエストで実現した企画ですから。
玉袋　うれしいね～。俺たちが子どもの頃は、スポーツとかバラエティ番組の実況と言えば、この方だから！　『全日本女子プロレス中継』から、『びっくり日本新記録』、『鳥人間コンテスト』とか、みんなそうだもん。
ガンツ　あの矢吹丈vsホセ・メンドーサまで実況してますからね！（笑）。
玉袋　歴史の証人だよ！　あの場にいたんだから、矢吹vsホセの武道館に！
ガンツ　というわけで、今回のゲストは志生野温夫さんです！
玉袋　今日はホント楽しみにしてたんで、よろしくお願いします！
志生野　こちらこそ、よろしくお願いします（笑）。でも、玉袋さん世代の人はそういうのを憶えてくれているけどさ、最近の若いアナウンサーなんて、「俺は昔、プロ野球でONの実況やってたんだよ」って自慢しても、「ONってなんですか?」って化石扱いですよ(笑)。

ガンツ 王、長嶋の神通力が通用しない(笑)。

志生野 だから、若いアナウンサーで俺を尊敬するヤツがいないの(笑)。

玉袋 でも、ボクらは尊敬してますから!

志生野 まあ、ボクはある意味で、たけし軍団とは関わりが深いというか。昔、たけしさんが『フライデー』に殴り込みをかけていなくなっちゃったとき、『スポーツ大将』の司会をボクが代わりにやったこともありますからね。

玉袋 その節は大変お世話になりました(笑)。

志生野 いまボクは大塚のほうに住んでるんだけど、講談社の前を通るたびに、「たけしさんも何を考えていたのかな?」って思うの。だって、講談社のすぐ隣が大塚警察署なんですよ? そこに、よく軍団引き連れて乗り込んだなって。

ガンツ ガハハハ! 暴れたあと即、隣の署に連行されるのがわかってて(笑)。

志生野 いま、そんな迫力がある芸人さんはいないでしょう?

玉袋 そうですね。

志生野 いないですよ。吉本だって、上場して企業になっちゃうぐらいだから。昔の芸人さんと言えば、ボクは横山やすしさんとよく番組をやってたんだけど、あの人は桁外れっていうか、「これが芸人さんだな」って思いましたね。だって番組終わると、「ちょっと志生野さん、千葉に遊び

に行こう」って言ってさ、ソープとか行くじゃない？

玉袋　栄町！

志生野　そうするとフジテレビからタクシーが出てるの。ボクも付き合うじゃないですか？　そのまま遊んで終わって、夜中に帰るときに市川のほうに行きつけの店があって、そこにちょっと寄ったりするの。ボクもバカだから、そこもまた付き合っちゃって。でも、芸人さんの番組って、そういうふうに作るものだと思ってたから。

ガンツ　本番が終わったあと、朝まで付き合うのが当たり前だと（笑）。

志生野　いまみたいに、収録終わってすぐお別れなんてことはないですよ。やすしさんでびっくりするのは、そうやって夜中まで遊んだあと、「じゃあ、わし帰るわ」ってタクシーに乗って、「大阪まで！」って言うの。

ガンツ　凄い！　千葉から大阪まで！（笑）。

志生野　フジテレビのプロデューサーもたまったもんじゃないよ。タクシーの運ちゃんもビックリしてさ。スケールが違うんだなって。昔はそんな人いたよね？　でも、いまそんな吉本の芸人いないでしょ？

ガンツ　まず、いないでしょうね（笑）。

玉袋　いまはタクシーチケットもないですよ。

志生野　昔は俺も芸人さんたちと付き合ったけど、いい時代にいい人たちと付き合ったと思いますよ。たけし軍団でいえば、ダンカンなんかも破天荒だったしね。昔、ボクはダンカンとテレビ東京で、『スポーツTODAY』っていう番組をやってたんだけど、月曜日に『月曜スポーツ討論会』っていうコーナーがあったの。

玉袋　ああ、やってましたね！

志生野　ダンカンがいて、相手が青田昇と豊田泰光。この3人がめちゃくちゃでさ。福岡で野球の試合が終わったあと、博多の屋台で飲みながら、その3人がしゃべるのを生中継したんだけど、もう、ひどいのなんのって。

玉袋　飲みながら、好き勝手なことを言ってたんですよね（笑）。

志生野　それが生放送ですからね。収拾のつかない番組になっちゃって、番組が終わるんじゃないかって言われるぐらいで。

玉袋　いきなり、〝黒い霧事件〟のことを話し出したりしたんですよね？（笑）。

志生野　そう！　プロ野球の番組でね、「絶対にこれだけは言っちゃいけない」っていうことを言うんだから。プロデューサー、一発でクビですよ！

ガンツ　ガハハハ！

志生野　福岡に来て、いきなり「おお、ここが黒い霧の本場か」とか言い出すんだもん。

玉袋　ワハハハ！　黒い霧の本場（笑）。めちゃくちゃだよな。ダンカンさんなんか、青田さんに「青田さんも、八百長やってたんですよね？」とか、いきなり聞いてるんだから！

ガンツ　ガハハハ！

志生野　青田さんも豊田さんも、めちゃくちゃ言ってたから。番組としては、おもしろかったんですよ！　それがまた通ったんだよね。通るというか、豊田さんや青田さんをクビにできないじゃない？

玉袋　なんとか乗り切りましたよね。電車道でしたよ、おもしろいな〜。

志生野　いまは言っちゃいけないことがたくさんあるから大変でしょうね。いまの番組なんか、もうボクは出てないけど、ホントにこの時代のアナウンサーじゃなくて良かったと思って。ボクもそういう人たちに鍛えられた危ないアナウンサーだからさ、何言うかわからないもん。

「巨人の選手は好きだったんだけど、フロントが嫌いだったんですよ。もっと言えば、読売新聞が嫌い」（志生野）

玉袋　志生野さんは、いろんな人と番組やられてますもんね。

志生野　ボクはスポーツアナウンサーで、野球とかゴルフが専門のはずなんだけど、バラエティ番組もずいぶんやらせてもらいましたからね。

ガンツ　ボクの子どもの頃、70年代末から80年代にかけては、バラエティの実況と言えば志生野さんでしたよ。

玉袋　だいたい、俺たちの好きな番組は志生野さんがやってんだから！

志生野　当時、『びっくり日本新記録』っていうのがあって。日本テレビ辞めて、フリーになってから来た仕事なんだけど、バカな番組でしたよね。

ガンツ　ガハハハ！　バカな番組（笑）。

志生野　あれは読売テレビの番組で、オフィス・トゥー・ワンっていう、作家集団が初めて番組制作に手を出したのが『びっくり日本新記録』だったんですよ。

玉袋　へえ、そうだったんですか！

志生野　だから、お金がかかんないように、視聴者参加にして。ノーギャラでバカバカしい、危ないことをたくさんやらせてね（笑）。「なんで、この番組で俺を使うんだ？」って思ったら、「こんなバカな番組に、局のアナウンサーは使えないと思った」って言うんだから。

玉袋　そういう理由なんですか！

志生野　局アナにはイメージがあるから、こんなバカらしいことやらせられないって言うんだから。女子プロレスもそうなんですよ。フジテレビのアナウンサーは、女子プロなんかやっちゃダメだってことで、ボクに話が来たんだから。

ガンツ　そうだったんですか。まあ、ビューティ・ペア以前は、凄くハレンチなイメージがありましたからね。

志生野　制作もスポーツ局じゃなくて、芸能がやってましたからね。だから、ボクがフリーになった70年代というのは、ちょうどバカな番組がたくさんでき始めた時期なんですよね。

玉袋　ボクらは子どもの頃、そういう〝バカな番組〟が大好きだったんですよ（笑）。

志生野　ボクもラッキーだったんですよ。フリーになったタイミングで、バカな番組が増えて、いろんなところで使ってもらえてね。

玉袋　もともと日テレのアナウンサーだった志生野さんが、辞めてフリーになる契機っていうのは、なんだったんですか？

志生野　ケンカですね。

玉袋　ケンカなんですか！　へえ！　日テレとケンカしたんですか？

志生野　ケンカっていうかね、ボクは日テレに17年勤めたんだけど、もともと現場志向だったんですよ。だから、辞める前から「専門職と管理職は別にしろ。俺は管理職になんかなりたくないんだ。俺は一生アナウンサーをやりたい。40、50になっても現役でやりたい」って、いつも言ってたんですよ。

玉袋　生涯アナウンサーのつもりだったんですか。

志生野　ところがね、ボクも辞める前は40歳ですから、副部長とか部長とかになってて、管理職だったの。管理職になると夜7時から巨人・阪神戦の実況をすると言ってもね、朝9時からの会議にも出なきゃいけないの。

玉袋　なるほど。

志生野　だから「夜の巨人・阪神戦と朝の会議のどっちが大切なんだ！　それに出たために夜、声をかけられなくなったらどうすんだ」って、非常に反抗的だったんですよ。

ガンツ　当時の巨人戦と言えば、日テレのドル箱中のドル箱ですもんね。

志生野　ただ、ボクは巨人戦の実況をやってたけど、基本は阪神ファンなんですよ。

玉袋　ワハハハハ！　そこでも反抗的で（笑）。

志生野　入社したときから、巨人の川上（哲治）とか大嫌いだったから。

玉袋　巨人のＶ９時代を実況してた日テレのアナウンサーが、ドン川上を大嫌いっていうのがすげえな（笑）。

志生野　長嶋とか王は好きだったの。要は、選手は好きだったんだけど、フロントが嫌いだったんですよ。もっと言えば、読売新聞が嫌い（キッパリ）。

玉袋　読売新聞が嫌い！　反抗的だよ〜！（笑）。

志生野　やっぱり、日本テレビなんかは読売の子会社みたいなもんだから、読売新聞って威張ってるでしょ？　アナウンサーの発言なんかにしても、すぐに読売から文句が来たんですよ。

ガンツ　テレビより新聞が偉いっていう時代ですもんね。

志生野　いまでもそうでしょ？　テレビ朝日の朝日新聞だって、テレビ東京も日経新聞とか。売り上げはともかく、活字のほうが伝統的に長いから威張ってるわけ。

玉袋　そうですね。
志生野　ところが、ボクらは始めからテレビ局に入っているから、「活字がなんだって言うんだ！映像と音声で勝負しなきゃダメじゃねえか！」って、そういう生意気なアナウンサーだったから。
玉袋　親会社に噛み付きまくるアナウンサーだったんですね（笑）。
志生野　だから、辞めるきっかけっていうのも、ナイター中継のとき、ボクが実況で佐々木信也さんが解説でやったとき、信也さんもズバズバ言う人だからさ。２人で巨人軍批判をしちゃったの。
ガンツ　ガハハハ！
志生野　「巨人はファンを大切にしない」とか言ってね。
玉袋　おもしれえ～！（笑）。
志生野　だって当時巨人軍は、球場入りするときにファンにサイン頼まれるのが面倒だからって、駐車場から後楽園球場につながる選手だけの通路をわざわざ作ったんですよ!?　そんなことしてるから、選手も態度がデカくなる。でね、ボクと信也さんが組んだときっていうのは、ちょうど巨人のＶ９が終わって、カネヤン（金田正一）のロッテが、川崎球場でファンと一体になって優勝したの。
玉袋　昭和49年！
志生野　あのとき、その放送をボクらがやってね、信也さんが「志生野さん見ましたか？　みんな巨人、巨人と言って、セ・リーグばっかりだけど。このパ・リーグのお客さんと一体になった野球。これが野球ですよ。志生野さんもそう思いませんか？」って言うからさ、「その通りだ」って。

玉袋　同意しちゃったよ～（笑）。

志生野　そうしたら、すぐに読売新聞の上のほうから抗議が来て、日本テレビの局長にボクと信也さんが呼び出されたんですよ。それで「今後、巨人軍の批判をやったら、放送をさせない」って、こう言うんですよ。

ガンツ　そんな脅しがありましたか。

志生野　しかも、そのときボクは、すでに立場上はフリーになってたんですよ。社員を辞めて1年ぐらいだったんですけど、当時は、たとえフリーになったとしても、辞めてから2年間ぐらいはお礼奉公で、他の局の仕事をやっちゃいけないっていうしきたりがあったんですよ。

玉袋　へぇ～！　辞めてからも2年間の縛りがあったんですか。

志生野　だから、ボクは徳光（和夫）なんかとは違うんですよ！

玉袋　ワハハハハ！　徳さんとは違う！（笑）。

志生野　徳光なんかは、辞めるときから他局の仕事が決まってて、会社もフリーになるのをバックアップするようなカタチだったでしょ？　ボクらの頃は、スポーツアナウンサーがフリーになるなんて初めてだったから、裏切りみたいに捉えられてたんですよ。それで「2年間、黙っておれ奉公しろ」って言われたんで、他の局には出ないで、日本テレビの野球中継をやってたの。

玉袋　そうなんですか！

志生野　ボクはフリーにも関わらず、日本テレビでしか仕事ができないっていう、危うい立場だったんですよ。だから、佐々木信也さんに巨人批判を振られたとき、ボクも内心ビビったところもあったんだけど、もうフリーだし、自分の気持ちで素直に「その通りだ」と。「従来の日本の野球はファンと一体になることを忘れてる。ファンを大切にしなきゃいけない」って言っちゃったの。そうしたら局長に呼ばれてね、「そんなことをやるようなら、おまえたちはクビだ」って言われて。そのとき、信也さんは若いけど肝っ玉が据わってて、「じゃあ、辞めます」って、その場で解説を降りたんですよ。

玉袋　凄い！

志生野　解説者がそう言うのにさ、俺が言わないわけにはいかないから、俺も「わかりました」って言ったんだけど。そしたら信也さんは、すぐフジテレビの『プロ野球ニュース』の司会になって、あっという間に大スターになっちゃった（笑）。

玉袋　ワハハハハ！　裏で次の職が決まってんじゃねえかと（笑）。

志生野　信也さんは、のちに自分の本で「志生野さんは戦友だ」って書いてくれたんだけど、何が戦友だって（笑）。信也さんが辞めるっていうから俺も辞めたのに、信也さんはすぐに『プロ野球ニュース』があったけど、俺なんか危なかったよ！

玉袋　ホント、あっぶねえな〜！

志生野　フリーのアナウンサーなんかさ、当時は本当に危うい立場なんですよ。なんにも保証がないんだから。ボクもフリーになって、家を売ったぐらいだから。

玉袋　うわー！

志生野　そうやって生活しなきゃなんなかった。そういう厳しい時代。

玉袋　そらしんどいわ！

「局アナがやりたがらねえような仕事をガンガン請け負って、生き残っていったってことですね」（玉袋）

志生野　そんな、危うい立場のボクを救ってくれたのが、『びっくり日本新記録』なんかをはじめとした、〝バカな番組〟たちですよ。

玉袋　要は局アナがやりたがらねえような仕事をガンガン請け負って、生き残っていったってことですね。いい話だな〜！

志生野　でも、ホントにそうですよ。バカなバラエティに生かしてもらったんです。

玉袋　ボクは毎週日曜日、『びっくり日本新記録』を家族揃って観るのが楽しみでね。次はどんな大会なんだ。轟二郎、また出てくっかなってね。

志生野　轟二郎は、三浦康一って本名で出てたんですよ。なんでもやりましたよね。

玉袋　まさにチャレンジボーイで。

志生野　ホント、あの番組は、よくこんなこと考えつくなっていうバカなことを毎週やってましたよね。

玉袋　俺好きだったのは、雪山のソリをみんな作ってスピードを競うヤツ。危ねえんだ、あれ。
志生野　みんな危ないですよ。半身不随になった人もいましたよ。
玉袋　やっぱり、いたんだ。でも素人だから、出るときは一筆書いてるんですよね？　いまだったら、大変でしょうけど。
志生野　いまだったら大変。放送事故だから。
玉袋　すぐ打ち切りですよ。
志生野　でも、当時はそんな事故が年中だから。
ガンツ　年中でしたか（笑）。
志生野　年中なんだけど、隠してたね。だから相当、オフィス・トゥー・ワンも裏で保証をやってますよ。読売テレビはやんないんです。制作会社に責任を押し付けて。
玉袋　『鳥人間コンテスト』だって、危なくてしょうがねえと思ってたから。
志生野　『鳥人間コンテスト』も、元々は『びっくり日本新記録』の中でやってたものですからね。それで評判が良かったから、独立したんですよ。
玉袋　あの番組こそ、シャレにならない事故がたくさんあったんじゃないですか？
志生野　あれは最初から危なかったんですよ。本番前にテストをやったんだけど、テストをやる出場者は緊急脱出装置とかをつけないで湖に落っこちたためにさ、もう沈んだまんま出て来られなくなっちゃった。
玉袋　ええ～～っ⁉

志生野　それで緊急脱出装置を付けなきゃダメってなったんですよ。
玉袋　でも、鳥人間は飛ぶほうも相当の度胸がいりますよね？　プールで10メートルの飛び込み台から飛び降りるのだって、すげえ怖いんだから！　それなのにあんな素人が作った人力飛行機で行ってご覧なさいよ。無理！　無理！　中にはウケ狙いで変なの作ってくるヤツがいるんだけど、危ねえっつうんだよ。
志生野　ホント危ないんですよ。危ないけど、落っこちてバタバタになるのが、映像的におもしろいんだよね。
ガンツ　空中分解が一番おもしろいんですよね（笑）。
志生野　ただ、あの番組は日大名誉教授の木村（秀政）先生っていう、航空の権威が解説をやってくれたんですよ。ところが木村先生はちゃんとした設計家で真面目だから、「こんなすぐに落っこちるようなのはダメだ」って言って。2回目か3回目からは、ちゃんと設計図を提出して、審査を通らないと出られなくなったんです。それまでは、途中で飛行機がバラバラになって落っこちるのがおもしろかったんだけど、先生が言い出したために、回を重ねるごとに、日大理工学部とか、九州大学の航空科学科とか、専門家が出るようになったんですよ。
玉袋　専門家が本当に飛行機を作って出るようになっちゃったんですよね。
志生野　だって、いま宇宙飛んでいる若田光一さんなんかも出てたんだから。
玉袋　若田さんは鳥人間だった！（笑）。
志生野　若田さんは、『鳥人間コンテスト』のパイロット出身ですよ！

ガンツ　ガハハハ！　元鳥人間が宇宙まで行っちゃったんですね（笑）。

志生野　でもね、そういう専門家が出てきて、日本航空とか大きい会社がドンドン入ってきてね、もうテレビでは収まらなくなっちゃったんですよ。だって、優勝機なんかは1時間飛んじゃうんだもん。1時間番組が、それだけで終わりですよ！（笑）。

ガンツ　番組としては、飛びすぎても困ると（笑）。

志生野　だから、すぐ落っこちるようなコミカル部門なんてのを作って、そこだけ数字がいいんですよ。

玉袋　あ、そっちのほうがいいんですか。

志生野　うん。飛ぶからいいってわけじゃないから。それで途中から大学対抗みたいになって、大学の名誉に懸けて飛ばす飛行機を作ろうってなっちゃったんですよ。

玉袋　ロボット選手権みたいなもんだな。

志生野　だって、材料なんかも三菱重工なんかから持って来て、本物の飛行機と同じ物を使って、人力とかって言うけども、コクピットの中は冷房まで効いてんだから！

ガンツ　へえ！　まさに快適な空の旅で（笑）。

志生野　しかも、操縦だって自分でやるんじゃないんですよ。地上から全部指令を送るの。

玉袋　管制塔じゃないですか！

志生野　もういまはそういう飛行機ばかりだから、琵琶湖の対岸まで行って、帰ってこれます。そういう飛行機になっちゃったから、いまはつまんないんですけどね。

玉袋　進化しすぎてつまらなくなるっていうのが、おもしれえな～。

志生野　ボクと三枝（現・桂文枝）さんがやってた頃は、まだ小林亜星さんなんかもやってたんだけど、一番おもしろかったね。めちゃくちゃだから。

玉袋　亜星さんはどんな人だったんですか？　めちゃくちゃな人なんですか？

志生野　めちゃくちゃ。

ガンツ　ガハハハ！

志生野　あの人は、ホントに毎晩飲みに行ってた。三枝さんのほうがよっぽど真面目ですよ。亜星さんはめちゃくちゃ。

「プロレスのフィニッシュホールドっていうのは、みんなに浸透して、初めて意味がある」（ガンツ）

玉袋　おもしれえな～！　女子プロレスの話をする前から、こんなにおもしれえんだから。

（ここで椎名先生登場）

椎名　すいませ～ん、遅くなりました！

玉袋　椎名先生、おせえよ！　いま、志生野さんにめちゃくちゃおもしろいお話を聞かせてもらってたんだから。

椎名　申し訳ありません！　志生野さん、初めまして椎名と申します。

志生野　よろしくお願いします。〝飲み会〟に人が増えて、より楽しくなりますね（笑）。
玉袋　じゃあガンツ、椎名先生も来たことだし、そろそろ全女の話をしてもらおうか？
ガンツ　そうですね。でも、志生野さんは全女の前に、力道山時代からプロレスの実況はやられてるんですよね？
志生野　いや、ボクは昭和31年（１９５６年）に日本テレビに入ったんですけど、当時の日テレの売り物はプロレスしかなかったわけだから。金曜夜の放送は、サブアナで付くことはあっても、若手は実況中継なんかは絶対にやらせてもらえなかったんですよ。でも、土曜日に『プロレス・ファイトメン・アワー』っていう若手中心の30分番組ができて、その実況をやらせてもらったんですよ。
玉袋　へえ！　そうなんですか。
志生野　若手中心だから、力道山は絶対に試合しないんだけど、必ず放送席の横に座って、試合は観ていたんです。で、放送席の横に力さんが座っていたら、ボクらも「力道山さん」って声をかけなきゃしょうがないじゃない？　そうすると、力さんが即興で解説してくれるわけ。
ガンツ　力道山が飛び入りで解説ですか！
志生野　普段、力さんは絶対に解説なんかする人じゃないんだけど、土曜日の『ファイトメン・アワー』だけは飛び入りで、しゃべってくれるんですよ。
玉袋　俺たち、力道山は知ってるんだけど、声をあんまり聞いたことがないんですよ。しゃべってる音声って、そんなに残ってないんで。じつは、意外と甲高いんだよね。

志生野　力さんは、マスコミと距離を置いてたんですよね。そうじゃないと、やっぱり神秘性が保てないから。
玉袋　なるほどな〜。
志生野　ところが女子プロレスを始めてしばらくしてから、若いフジテレビのアナウンサーが入ってくると、「今日はどっちが勝つの？」とか、聞いちゃいけないことを平気で聞くんだよ（笑）。そしたら選手のほうもさ、「今日は私が勝つの。最後は私が新しく工夫したフィニッシュ技を見せるから、ちゃんと紹介して」とか言って。初めて出す技なのに、アナウンサーがわかってるんだよ（笑）。
椎名　ハハハハ！　あの複雑な技の名前が、なぜか出てくるんですね（笑）。
志生野　プロレスっていうのは、そんな難しい技の名前をポンポン出してもしょうがないと思うんだけどね。
椎名　それはホントに思います。最近は、男のプロレスでも、聞いただけじゃどんな技かわけわかんない変な名前付けて、それが氾濫してますからね。
玉袋　それで、どんどんマニアックになっていっちゃうんだよな。
志生野　だから、俺なんか「志生野は技の名前を知らない」って言われてたけど、ホントに知らないんだよ（笑）。北斗晶がノーザンライトボムを使い出したとき、あの技はなんか途中で崩れたような気がしたから、「大技を仕掛けようとして、北斗は失敗しました」って実況したら、北斗が怒っちゃってさ（笑）。

ガンツ　ガハハハ！　ボディスラム失敗みたいな（笑）。

志生野　「志生野さん、あれはノーザンライトボムって、新しい技よ！」って北斗に怒られて。そのとき、ボクは言ったんですよ。「じゃあ、それをずっと使い続けろよ。そうすれば俺もわかるし、ファンもわかるから」って。

ガンツ　いや、そうなんですよ！　プロレスのフィニッシュホールドっていうのは、みんなに浸透して、初めて意味があるものですからね。

志生野　だから、どんなに非難されても、「志生野さんがついていけない技」っていうほうがおもしろいんですよ。それで、やっていくうちに「志生野さんにも言えるようになった」となれば、それはもう自分の代名詞みたいな技になってるわけだから。

玉袋　なるほどな〜。

ガンツ　必殺技はいい意味で、マンネリズムですもんね。ギャグと一緒で「待ってました！」にならないと、しょうがないと。

志生野　そうそう。選手や若いアナウンサーは、すぐ新しいことをやりたがるんだけど、ずっと使い続けるから、プロレスはおもしろくなっていくんですよ。

玉袋　志生野さんが「プロレスはこういうものだ」って気付きだしたのは、いつぐらいからなんですか？

志生野　ボクはプロレスというスポーツに対して、基本的に最初から懐疑的だったんですよ。ボクはボクシングもやってましたから。ファイティング原田、海老原博幸、青木勝利の時代なんかをね。

玉袋　おお！　60年代の黄金時代ですね。

志生野　他には、野球やゴルフという、スポーツの正統的なものをやっていたから、プロレスは力道山なんかを観ていても、怖いけれど、インチキ風でさ。

ガンツ　インチキ風（笑）。

玉袋　でも、ボクシングや野球、ゴルフを中心にやってる人は、そうだよな。

椎名　嫌でも違うってわかりますよね（笑）。

志生野　プロレスは、清水（一郎）っていうアナウンサーがやっていて、ボクは清水とも仲が良かったから、酒飲んでプロレスの話なんかもよくしてたんですよ。で、ボクがプロレスに対して否定的なことを言うと、清水が「志生野さんは、プロスポーツをわかってない」って言うんですよ。

玉袋　おお！

志生野　「志生野さんは野球のアナウンスをやってるけど、野球はここ一番で王が三振したりする。それは、ファンが望むものを見せる、プロスポーツとしては不十分だ」って言うんです。また、巨人軍50周年のとき（1984年）、王監督で優勝できなかったら、そのときも清水は、「プロスポーツとして、今年の巨人軍は失敗だった。ファンが望んでるものを見せるというプロスポーツの原点ができないから、いまの巨人軍は魅力がないんだ。プロレスは、そう言っちゃなんだけど、ファンが最終的に観たいものをきちっと見せるのが基本だ。選手たちはみんなそういう精神を持って、リングに上がっている。プロスポーツっていうのは、必ずファンが期待したものに対して、結果を出さなきゃダメだ。そのために努力しているのがプロレスだ。そういうふうに思ってプロレスを観ると、おもしろい」って言われてね、それもそうかなって思いましたね。

玉袋　へえ〜！　なるほどなあ。

志生野　だから、プロレスというのは、そういうものだというのはわかってたんだけど、女子プロレスの場合は、男子とはまた感覚が違うんですよ。

玉袋　やっぱり違いますか。

志生野　全然違う。女子プロレスって、中学卒業したての純粋無垢な女の子たちが入ってくるわけでしょ？　高校進学を諦めてでも、プロレスに夢を見てみんな入ってくるんですよ。プロレスがどんなものかもわからずね。

玉袋　そうだよな〜。

志生野　男がプロレスに入るときは、「八百長」っていう言葉は使わなくても、ちゃんとファンに満足してもらえる仕組みがあるって、わかってて入ってくる。もし入るときは知らなくても、入ってからプロレスはこういうものなんだって理解できるんです。でも、プロレスに夢を見ている、15歳の女の子はわかりませんよ。

椎名　頭で理解するより、感情が優先されますもんね。

志生野　だから、どこで彼女たちにプロレスというものを叩き込むか、それがまず問題になるんですよ。デビューしても「今日、八百長するよ」とは言えないわけですよ。だから、女子プロレスの最初は、徹底的にフォール、フォールなんです。
玉袋　押さえ込みが、全女用語で言うピストル（真剣勝負）なんですよね。
志生野　女の子たちが必死にフォールしようとしてるんだから、それはそれでおもしろいんですよ。でも、本気でやると、なかなかカウント3って取れないんだよね（笑）。
ガンツ　そうですね（笑）。
志生野　とにかく、男だったら自分が負け役だとしても、それも必要な役割だって納得できるんだけど、女の子は負けたくないものは、負けたくないんですよ。
椎名　だからこそ、プロレスをちゃんと理解するまでは、真剣勝負でやらせるわけですね。
志生野　いや、負けたくないっていうのは、トップになってからも一緒なんですよ。だから、マキ（上田）とジャッキー（佐藤）が引退を懸けてタイトルマッチをやったときがあったでしょ？
ガンツ　日本武道館でやったビューティ・ペア対決ですね。
志生野　あれは、本当はマキが負けて引退するって決まってたんだけど、やっぱりマキとジャッキーのライバル意識っていうのは凄かったから。マキは新人と同じような「負けたくない」っていう気持ちになって、ジャッキーがいくらフォールしようとしても、徹底的にカウント3を取らせなかったっていう試合があるんですよ。
ガンツ　その話、マキ上田さん本人に聞きましたよ。
志生野　聞いた？
ガンツ　「自分で辞めたいと言って組んでもらった、敗者引退マッチなのに、途中からどうしても

『ジャッキーに負けたくない』っていう気持ちになっちゃった」って。凄いですよね（笑）。

志生野　あのときは、レフェリーのほうが青くなっちゃってね（笑）。

ガンツ　結局、60分フルタイムのギリギリで、阿部四郎ばりの高速3カウントで無理矢理ジャッキーの勝ちにしたんですよね（笑）。

志生野　男子でこんなことはありえないけど、女子にはあるんですよ。誰が何を言おうが、負けたくないものは負けたくないって。

玉袋　それをずっと見てるんだもんね、志生野さんは。凄いよな〜。

「ビューティ・ペアを活かしたのは、ブラック・ペアなんですよ。もう池下ユミなんか最高！」（志生野）

志生野　だから、若い選手と接するとき、技や試合のことよりも、彼女たちの意識がどう変わったかなっていうのを、いつも気にしていました。その選手が、どれくらいプロレスを理解しているかわからないと、質問も出てこないんですよ。

玉袋　どこまで話したらいいのかっていうのがありますもんね。

志生野　だから、ボクは「この選手はプロレスを理解してきたかな？」っていうことを、いつも観察していました。で、それがわかってきて、反抗する子もいるわけですよ。「こんな世界だと思わなかった」って、辞めちゃったり、やる気をなくす子もいる。でもその一方で、プロレスがわかったことで、さらに腕を磨いて、おもしろい試合を自分たちで作ろうとしていく選手たちも出てくるんです。

ガンツ それが、プロレスラーとしての最初の分かれ道になるわけですね。

志生野 やっぱりね、プロレスをちゃんと知らないと、危ないんですよ。みんな10代の女の子が、ビューティ・ペアやクラッシュ・ギャルズみたいになりたいと思って入ってきて、ろくに受け身も知らない同期に、ブレーンバスターとかパイルドライバーとかかけちゃう。それで女子プロレスは、たくさんの子が死んでるんです。やるほうも、受けるほうも未熟だから。

玉袋 凄い話だよ。

志生野 やっぱり、相手を信頼しないと、技なんて受けられないんですよ。

ガンツ 命を相手に預けるわけですからね。

志生野 かけるほうだって、「この技は、この選手にしかかけられない」っていうのがあるんです。そういう深い世界があるんですよ、プロレスには。だから、プロレスラーで最も信頼されるのは、受け身を取れる人ですね。たとえば、ビューティ・ペアっていうのは凄い人気だったけど、あれは対戦相手の阿蘇しのぶと池下ユミ。あの2人が抜群にうまかったんです。

玉袋 ブラック・ペアっていうのは、そんなにうまかったんですか！

志生野 身体は小さかったけど、プロレスはもう抜群にうまかった。ビューティ・ペアを活かしたのは、ブラック・ペアなんですよ。もう池下ユミなんか最高！

玉袋 職人なんだな〜。でも、そこには光は当たんないんですよね。

志生野　いや、それは松永兄弟もわかっていたから、試合でいいところを取るのはビューティだけど、給料はブラック・ペアのほうが高かったと思いますよ。
玉袋　おお、さすがにわかってるな～！
ガンツ　クラッシュ・ギャルズと極悪同盟の関係はどうだったんですか？
志生野　これはね、ビューティとは逆なんですよ。
玉袋　逆なんだ！
志生野　ダンプ（松本）は性格が凄くいいでしょ？
玉袋　いいんだよな～。
志生野　松本香は凄くいい子だったの。それが、どうしてあそこまでのヒールになれたかと言ったら、ダンプ自身は「（長与）千種があそこまでやったから、私もあそこまでやれた。私はヒールとして千種に変えられた」って言ってたんですよ。
玉袋　へえ！
志生野　千種がベビーフェイスとしてあそこまでやるから、ヒールとしてはそれに対抗するために、その上をいかなきゃいけないじゃない？　だから、ダンプは千種によって、エスカレートしていったんですよ。
ガンツ　長与千種は、観客をヒートさせるためなら、血だるまにもなるし、丸坊主にもなる人ですからね。
玉袋　すげえライバル関係だな～。その極悪同盟の阿部四郎さんと志生野さんは、仲が良かったんですよね？

志生野　阿部四郎は仲いいし、個人的に好きなヤツなんだけど、あいつは〝これ〟だからね（笑）。

玉袋　ワハハハハ！

椎名　額じゃなくて頬にキズのある（笑）。

志生野　あいつの本職は、レフェリーじゃなくて興行師だから。阿部四郎の興行はみ～んな〇〇〇だもん！　だから中継に入りにくいんですよ。あいつの興行は。

ガンツ　リングサイドに映しちゃいけない人がいるっていう（笑）。

玉袋　おもしろすぎ（笑）。

志生野　阿部さんが自分で組む興行は〇〇〇がらみだから、切符は売れてるけど、必ずしも客席は満員にならない。〇〇〇に買い占められてるから。で、地方なんか行くと、黒塗りの車が何台も迎えに来てさ。その日、興行をやるところの親分に挨拶に行くんですよ。俺も宮尾すすむとか、あとゲストの女優さんなんかとよく行きましたよ。そのために、宮尾さんがいるんだから！

ガンツ　『全日本女子プロレス中継』で、毎回のように宮尾すすむさんがゲストなのは、そういう理由なんですか！（笑）。

志生野　だから、試合が終わったあとも、俺と宮尾さんと女優さんと、30分おきぐらいに3軒くらい行かなきゃいけないし。フジテレビのプロデューサーなんか、「そのために、フリーの志生野さん雇ってんだから」とか言うんですよ。

椎名　アハハハハ！　局アナを行かせると、コンプライアンス的にさすがに問題があるから（笑）。

ひどいですね。

志生野　ボクもずいぶんひどいなって思いましたけど、そういう世界だったんですよ。

玉袋　昭和ですな〜（笑）。

志生野　それは、プロレスがどうのこうのじゃなくて、みんなそうだったんですよ。日本のプロスポーツっていうのは、基本的にボクシングもプロレスも野球も、昔はみんな○○が付いてたじゃない？　だから、各局のスポーツ局の局長クラスっていうのは、どう○○と付き合うかっていうのができなきゃ務まんなかったんです。

「志生野さんが松永兄弟の最大の理解者だと思います」（椎名）

玉袋　なるほどな〜。全女の松永会長は、そっち方面の付き合いはうまかったんですか？

志生野　松永さんより、コミッショナーやってくれてた、デイリースポーツの植田（信治）さんなんかが、そっちと仲良くするのがうまかったですね。プロレスでよく新聞社が主催とか後援に付くっていうのは、そういう意味合いもありますから。

椎名　そうだったんですか！

志生野　松永兄弟っていうのは、○○○の言いなりにならない人たちだったから、逆に壮絶なケンカをよくしてましたよ。

椎名　へぇ！

ガンツ　肝が座ってるんですね。

志生野　俊さん（松永俊国）とか国ちゃん（松永国松）とかね、みんなボクシングやってて、腕っ節には自信があるから。○○○が仕切ろうとしても、切符はやるんだけども、意味のない客を入れようとすると、そういうのは許さないって、入口でもの凄い殴り合いをやって、しかも勝つんですよ。

椎名　すげえ！（笑）。

玉袋　松永兄弟強いね～（笑）。

志生野　あとは、ミミ萩原なんかが花道から出てくると、ガラの悪い連中が触ってきたりするじゃないですか。そうすると、松永兄弟がその客をぶっ飛ばしたりね。だからもう、団体そのものが○○○ですよ（笑）。

玉袋　やっぱり、松永4兄弟はおもしれえな～。

志生野　ボクもあの松永4兄弟っていうのは大好きでしたね、いい加減で（笑）。でも、ああいういい加減な兄弟だから、逆におもしろい団体ができたのかもしれませんよ。

玉袋　そりゃそうですよ！　あんだけ浮き沈みが激しい団体はないんだから！（笑）。

椎名　天国と地獄を行ったり来たりしてましたもんね（笑）。

志生野　だから、横山やすしさんら昔の芸人さんと同じような感覚だと思いますよ。カネ儲けはしなきゃいけないけど、カネのために団体をやってるわけじゃないんですよね。昔の芸人さんと一緒で、儲かったらその分、バカみたいに使いましたから。貯金しようなんて気はまったくなかった。

玉袋　興行師というか山師ですよ！

志生野　儲かったら儲かっただけ遊んで買ってっていう、そういう精神が団体全体に行き渡ってましたから。

ガンツ　団体丸ごと、宵越しのカネは持たない体質（笑）。

志生野　だから、選手たちに対する払いも良かったんですよ。みんないい時期は、凄いお金をもらってた。その代わり、ダメになったらまったく払わなくなったけど（笑）。

ガンツ　もう、ギャラとかファイトマネーというより、〝分け前〟の発想なんですね（笑）。

志生野　全女はそれで成り立ってたんだけど、松永兄弟がダメになったのは、クラッシュで儲かったあとですよ。ビューティで儲かったときは、銀行や証券会社、不動産屋とかが入ってこなかったけど、クラッシュで儲かったあとはバブルだったから、銀行や証券会社がほっとかなかった。

ガンツ　バブルの投資ブームのときですからね。

志生野　野村證券の営業マンとか、事務所に入り浸りでしたからね。それで、彼らはあっという間に騙されて、借金まみれになった。それまでは、興行で儲かったお金を段ボールに入れて、また翌日使うっていう生活をしてきた人たちだから、「この株を買ったら儲かりますよ」っていう話に簡単に引っかかっちゃう。植田コミッショナーが亡くなったあとは、特に簡単に乗っちゃってましたね。

ガンツ　興行のことは知り尽くしていても、投資とか資金運用については、まったくわかってなかったんですね。

志生野　だから、秩父の山奥に土地買って、レジャー施設みたいなのを作っちゃったんですよ。

玉袋　秩父リングスター・フィールド！　道が狭すぎて、バスが行けない場所にあるレジャー施設ですよね（笑）。

志生野　だから当時、ボクが俊さんとか国ちゃんとゴルフに行くと、帰りに「これ取っといて」って1万円くれたりしたんですよ。それで「俺は志生野さんにゴルフで負けてるあいだに、100万儲かった」って言うんです。要は朝出る前に株の注文をしておいて、ゴルフが終わる頃には100万儲かってるっていう。彼らはそういうのに目覚めちゃった。それまでは興行で地道に稼いでさ。興行は1日稼いでも300万とか100万単位じゃない？

ガンツ　日銭商売ですよね。

志生野　ところが、ゴルフやっている間に何百万儲かっているっていう味を覚えちゃうと、もともとそういうのが好きな人だから。

ガンツ　博打大好きな人たちですからね（笑）。

志生野　それで、あっという間に潰れちゃった。最後の頃なんか、ボクはコミッショナーをやってた関係で、年中「志生野さん来てくれ」って目黒の事務所に呼ばれたんだけど、行くと銀行とか○○○とか債権者ばかりですよ。

玉袋　まさにSUN族ならぬ山賊だな（笑）。

志生野　それで会長の高司さんなんか、「ウチは払えないんだから、いまこの人にね、俺の命を取ってくれたと言ったところだ」とか言うんですよ。
玉袋 ワハハハハ！
椎名 開き直ってる（笑）。
志生野 いくら債権者が来ても、動じないんですよ。「ないものはない！」って。
ガンツ ないものはない（笑）。
志生野 そういう団体ですから、全女っていうのは。
椎名 そこまで開き直れると強いですね（笑）。
志生野 だから、そういうところでボクも勉強させてもらったけど。
椎名 ボクも勉強になります（笑）。
志生野 無頼な世界を勉強させてもらったし、ある意味、尊敬しましたね。女子プロレスの全盛時代を作った人ですから。ああいう人じゃないと、時代は作れなかったかもしれない。だから、みんなに言わせれば、情けない最期だったかもしれないけど、ボクは最期まで松永兄弟らしいと思いましたね。
玉袋 いやあ、こうやって志生野さんが言ってくれると、松永会長も成仏できますよ！
椎名 ホントにそうですね。松永兄弟の最大の理解者だと思います（笑）。

「小人プロレスも、いまや日本じゃほぼ絶滅した状態で、俺は寂しいかぎりですよ」（玉袋）

玉袋　あと、志生野さんと小人プロレスラーたちとの交流はどうだったんですか？
志生野　小人たちとは、いまでも付き合いがありますよ。
玉袋　おお、そうなんだ！
志生野　ボクは彼らのことが好きでしたからね。一時なんか、小人レスラーが、本隊である女子プロレスを完全に食っていた時代もありましたしね。小人レスラーの試合がウケちゃって、ウケちゃって。
玉袋　おもしろいんですもん！　最高ですよ。俺も小人プロレスが大好きだったんですよ！
志生野　でも、いまは小人と言っちゃまずいんで、ミゼットか。
玉袋　いや、小人で大丈夫ですよ。「小人プロレス」が正式名称なんだから！
志生野　そう呼ばれることを本人たちも望んでるからね。だから、ボクが放送の中で「ミゼットレスラー」って言うと、ミスター・ポーンとか、天草海坊主なんかが怒ったんですよ。「小人って言ってくれ」って。
玉袋　へえ！
志生野　ところが、フジテレビは小人っていうのが差別用語になるから、使わせてくれないんです。だから、「俺だって、小人プロレスって言いたいよ。だけど、テレビでは言えないんだ」って言ってね。彼らはああいう身体的なハンデはありましたけど、レスラーとしての気概がありましたよ。「志生野さん、日本には俺たちみたいな背が伸びたくても伸びないヤツがたくさんいるんだ。

俺たちはそういう人たちに、小人でもこれだけファンを沸かせることができるっていうところを見せたいんだ」って言ってたんですよ。

玉袋　カッコいいな〜〜!

志生野　だから、「ミゼットって呼ばないでくれ。小人なんだ」って。ボクはそんな彼らの試合を観ていて、立派だなって思いましたよ。だから、ボクは彼らと一緒に飲んだり食ったりしていたときは、平気で「小人」って言いましたよ。「おまえたち小人は……」って。それでいいんだって。「ミゼットなんて呼ばれるほうがよっぽど侮辱されてる」って、彼らは言ってましたから。

玉袋　だけど、あれだけの技術は素晴らしかったですよね〜。頭で滑ってさ。海坊主さんとか。

志生野　最高ですよね。ミスター・ポーンなんかが出たあとは、あとでどんな選手が出てきても食われちゃう。

玉袋　スリッパで引っ叩かれてさ、リングから落っこったら、上がれねえっていう。あのネタがいいんだよ!(笑)。

ガンツ　練りに練られたネタがいくらでもあるんですよね(笑)。

玉袋　昔、海坊主さんとかポーンさんが、ドリフの『8時だヨ!全員集合』に出てたじゃない?で、俺は加藤茶さんと番組で一緒になったとき、小人プロレスの話をしたら、あの加トちゃんが「あいつら、俺らより笑い取るからね」って言ってたからね。

ガンツ　全盛期のドリフが脱帽するおもしろさ(笑)。

椎名　日本一ウケてた加トちゃんが言うんだからね。

志生野　だから、あいつらプライド持ってたんですよ。「俺たちは小人代表で、同じハンデを持ってる人たちのためにもがんばるんだ」って。みんなそういう気持ちを持ってましたね。だから、少しもいじけたところがなかった。

玉袋　そこが気持ちいいですよね。

志生野　しかも小人ってね、凄い女の子にモテたらしいんですよ。「志生野さんはね、いろんなテレビに出てて、自分は女にモテると思ってるかもしれないけど、俺たちのモテ方は半端じゃないよ」って。「俺たちがヤったら女の子たちがどれだけ喜ぶかわからない」って。そうなんですよ。やっぱり、あの身体で上に乗ったりしてね、喜ばせるテクニックは最高だって言うんですよ、みんな。

椎名　プロレスと同じですね（笑）。

ガンツ　小回りが利くアクロバティックな動きで（笑）。

志生野　プロの女の人ほど喜ぶって言ってましたよ。だから、「俺たちは、志生野さんより遥かにいい女とやってるんだ」って、みんな威張ってましたよ（笑）。

椎名　アハハハハ！　ヤった自慢をしてましたか（笑）。

志生野　だから彼らはボクらに対してコンプレックスもないし、ボクも彼らを下に見るなんてことはなかった。逆に尊敬する存在でしたよ。テレビでも、あれだけの人気を得てましたしね。だから、フジテレビもミゼットなんて呼び方にするんじゃなくて、「小人で売ってやりゃいいじゃないか」って、ボクは言ったんだけどね。

玉袋　そんな小人プロレスも、いまや日本じゃほぼ絶滅した状態で、俺は寂しいかぎりですよ。
椎名　あれだけ盛り上がった全女自体が、あっさりとなくなっちゃいましたしね。

「堺屋さんがテレビで真面目なことを言ってもね、ボクは全然尊敬してない。『このエロジジイ！』と思って」（志生野）

志生野　それでも全女は保ったほうですけどね。マッハ文朱が引退したあと一度、全女は潰れる寸前だったんですよ。何をやってもダメで、もうフジテレビも放送をやめようってときに、ある日突然、ビューティ・ペアが『かけめぐる青春』で火がついて、最後の最後で女子プロレスは生き残ったんですよ。
ガンツ　ホントに瀕死のところから逆転だったんですね。
志生野　あのとき、地方に巡業に行ってるあいだに、フジテレビで『かけめぐる青春』が流れて、試合じゃなくて、歌で火がついたんです。だから、全女はフジテレビが付いていたことが幸運だったんですよ。
椎名　やっぱり、テレビの力は大きいんですね。
志生野　ただ、そのときビューティのあらゆる権利をフジテレビが押さえちゃったんです。あの頃は、パンフレットでもTシャツでもウチワでも、じゃんじゃん売れて、いくら儲かったかわからないんですよ。でも、そういう権利を押さえる知恵が、松永兄弟にはなかった。

玉袋　切符売ることだけしか考えてなかったんだ。
椎名　あとは、焼きそば売るくらいで（笑）。
志生野　それで映像も含めて、フジテレビが権利を全部持っていっちゃったから、興行以外の収入はそんなに入ってこなかったんです。だから、松永兄弟とフジテレビは仲悪いんですよ。
玉袋　そうだったんだ！（笑）。志生野さんは、そういう状況を冷静に見ていたんですね。
志生野　ボクはフジテレビ側なんだけど、松永さんたちと仲いいから、テレビ局の収奪みたいなのが見えるわけですよ。だから、植田さんには話したんです、「もう少し権利を主張して、団体に入るようにしたほうがいいですよ」って。だから、少しはやったと思いますけど、そういう権利ビジネスになったら、テレビ局には敵いませんよ。
椎名　でも、権利のほとんどをフジテレビに持っていかれても、全女は儲かってたわけですよね？それぐらいビューティ・ペアは凄かったんですね。
玉袋　すげえよ。あのピンク・レディーと競ってたくらいだからな。
ガンツ　『かけめぐる青春』って、オリコンでは80万枚売れたってことになってますけど、実際は軽く100万枚以上売れてたらしいですからね。レコード屋で売れた枚数が80万枚で、それプラス、全女の会場での手売りがもの凄かったって。
玉袋　そりゃそうだよ。年間300試合だもん。300回営業やったら、すげえぞ。まあ、山高くして谷深し、そのあとはまた谷底に落ちちゃうのが全女らしくていいんだけど（笑）。
ガンツ　そのあと、クラッシュ・ギャルズで奇跡的に復活して、また転落して、対抗戦で盛り返してっていう、その繰り返しでしたからね。

椎名　でも、あの対抗戦でラストだったけどね（笑）。

志生野　まあ、対抗戦をやっちゃったあとは、松永兄弟のサイドビジネス失敗もあって復活できなかったけど、全女がラッキーだったのは、当時編成部長かなんかを日枝（久）さんがやってたの。いまのフジテレビ会長。

玉袋　ええっ⁉　日枝さんがやってたんですか！

志生野　日枝さんが大の女子プロレスファンでね。あの人がいなかったらフジテレビはとっくに女子プロレスを見放してた。

ガンツ　そういえば、ギリギリまで『格闘女神ATHENA』とかやってましたもんね。あんな借金踏み倒して倒産した団体の放送を続けてるって、よくよく考えてみたらおかしい（笑）。

志生野　あれがなんで残ったかって言うと、日枝さんが残したの。日枝さんがいなかったら、とっくの昔に消えてましたよ。風当たりは強かったけど、日枝さんが風防になってたんだから。

椎名　女子プロレスが大好きな偉い人って、いるんですよね。

玉袋　堺屋太一とかな。

志生野　堺屋太一もプロレスが大好き！　ウチの事務所が三番町にあった頃、堺屋さんは、プロレスの話がしたくて、いつもボクのところに来てましたから（笑）。

ガンツ　ガハハハ！　ただ単に女子プロレスの話がしたいだけで（笑）。

志生野　あんな偉い人がね、「志生野さん、志生野さん」って来るんですよ（笑）。ウチの事務所のヤツも堺屋さんってわからないからさ、「あのおっさんなんなんだろう？」って。
椎名　日本を動かしている人なのに（笑）。
志生野　だけどね、堺屋さんとボクでは、好きな団体は違ってた。
玉袋　堺屋さんは尾崎魔弓が大好きだからね。
椎名　メロメロでしたよね？
玉袋　メロメロよ！
志生野　もう尾崎命だから。ボクのところに来ても、尾崎魔弓のことしか話さない。それぐらい入れ込んでた。
玉袋　尾崎とは何かあったのかね？
志生野　何かあったんじゃないの？（笑）。
ガンツ　いや、でも某女子レスラーに聞いたら、尾崎はヤラせてないらしいですよ。「ヤラせてないからこそ、いくらでも来る」って（笑）。
玉袋　水商売だよ、それ！（笑）。
志生野　だからね、堺屋さんがテレビで真面目なことを言ってもね、ボクは全然尊敬してない。「このエロジジイ！」と思って（笑）。
ガンツ　ガハハハ！
椎名　「おまえは尾崎にどうされたいんだ？」って（笑）。
玉袋　首4の字とかで、絞めつけてもらいたかったのかな〜（笑）。

志生野　でも、ああいうファンが多いよね、プロレスってね。
椎名　そういう目線っていうのは、あったほうがいいと思います！
玉袋　ただ、対抗戦の頃なんかは、男のファンが大量に来てブームになったけど、その反動で宝塚目線で憧れる女の子がいなくなっちまったのが、女子プロ衰退の一因ではあるよな。
椎名　でも、女の子がああいう人たちに憧れるのって、なくならないと思うんですけどね。
玉袋　根底には、みんな持ってるんだけどね。
椎名　だから、復活できると思うんですけど、難しいですかね？
志生野　一度、空前のブームを作っちゃったから難しいね。世代が完全に一回転してからじゃないかな。
玉袋　俺たちが生きてるあいだは無理かな〜？　でも、女子プロは、あの一瞬の青春にすべてを懸ける姿がたまんないね。それをずっと見守っていた志生野さんは凄いよ！　なんか次から次へと身売りされてくるお姉さんたちをじっと見てる番頭さんみたいな感じかもしれないけど。
ガンツ　でも、全女のレスラーの最終目的は、みんな志生野さんのナレーションで引退して、旅立っていくことですからね。
玉袋　そうだ！　あのナレーションがいいんだよ〜！　出身地とか紹介してな。
志生野　だからボクもナレーションを一生懸命やってあげるんだけど、辞める選手に対しては、本当に「おめでとう」っていう気持ちなの。お父さん、お母さんの気持ちわかるからね。
玉袋　そうだ。自分の娘を女子プロに入れたら、心配で心配でたまんねえよ！

志生野　だから、どこの親御さんもみんなホッとしてますよ。そのうえ結婚があればもっと幸せなんだけど、なかなか（笑）。
ガンツ　志生野さん、女子レスラーが引退するときは、いつも売り込んでますもんね。「女子レスラーはいいですよ。なんでもひとりでできるんだから、いい嫁さんになりますよ」って、よく言ってましたよね（笑）。
志生野　ホント、たくさんの女子プロレスラーを送ってきたけど、このあいだ、美人の井上貴子が、「志生野さんにお願いしたいことがあります」って来たの。てっきり、引退のナレーションを頼みに来たんだと思って、「おまえもやっと辞めんのか。じゃあ、喜んでやるよ」って言ったら、「違うんです。私の25周年に」って言われて。まだやんのかよって（笑）。
ガンツ　ガハハハ！
志生野　昔は25歳で定年なのに、25周年のアナウンスをしてくれって言うんだからね（苦笑）。
玉袋　定年を撤廃したら、みんな辞めずに残っちゃったというね（笑）。
志生野　まあ、ボクもずっと現役にこだわってきたから、気持ちはわからないではないけど。
玉袋　志生野さん、いくつになられたんですか？
志生野　ボクは81ですよ。
玉袋　81歳！
志生野　昭和7年生まれですもん。
玉袋　元気過ぎるよ〜！
志生野　ボクらの仲間もドンドンいなくなってますけどね（笑）。
玉袋　昭和九年会だって、ドンドン死んでますからね（笑）。
志生野　この前だって、アナウンサーの山本文郎が死んだでしょ？
玉袋　だから、志生野さんの若さの秘訣が知りたいですよ。
志生野　基本的に、健康に気をつけないことだね。
椎名　健康に気をつけない！（笑）。
志生野　ボクは健康に気をつけたことがないの。何をやったら悪いとか、歳を取ったからこうしようとか、全然なくて。むしろ徹夜マージャンやったり、朝まで若いヤツと飲んだりしてますから。
玉袋　おいおい！　81歳で徹マンかよ（笑）。

志生野　だから、歳だからどうとか考えちゃダメだね。身体は大切にせずにイジメたほうがいい。むちゃくちゃな生活をやっておけば、耐性ができる。逆に「夜は何時に寝る」とか決めつけてる人は、それが崩れると、ガタッとくるじゃない？　場合によっては徹夜もあるって思っていれば、この歳だっていけますよ。

玉袋　いやあ、素晴らしいな〜。不健康なことをするのが健康法っていうのがいいよ！（笑）。

志生野　玉袋さんは、いまいくつ？

玉袋　ボクは47です。

志生野　じゃあ、まだまだいろいろできるね（笑）。

玉袋　いまから、81歳までムチャし続けるのは、大変だぞ〜！

志生野　でも、そうやり続けると味が出るんだから。

玉袋　いやあ、今日はもう金言だらけですよ！　志生野さん、これからも現役アナウンサーと徹マンの、日本中がびっくりする新記録を作ってください！

〝女子プロレスの生き字引〟
ロッシー小川

ロッシー小川（ろっしー・おがわ）

1957年5月1日生まれ、千葉県出身。マリーゴールド代表取締役。

本名・小川宏。東京写真専門学校在学中よりプロレスをリングサイドで撮り続け、やがて全日本女子プロレスの専属カメラマンとなる。卒業後の1978年、広報として全女に入社。クラッシュギャルズのマネージャーを務めるなど80年代の黄金期を牽引。90年代に入ってからも団体対抗戦を取り仕切るなどして活躍。1997年8月に退社してアルシオンを旗揚げするも経営不振により解散。だがプロレスへの熱意は冷めることなく2011年1月にスターダムを旗揚げし、人気団体へと成長させた。スターダムと契約解除後の2024年4月、新団体マリーゴールドを旗揚げした。

［2019年3月29日収録］

「ファン時代から勝手にリングサイドで写真を撮っててね。東スポのカメラマンたちによく怒られましたよ」(小川)

ガンツ　玉さん！　今日は我々が子どもの頃から愛してやまない女子プロレスを、もっとも長く、そして深く知る方に来ていただきました！

玉袋　ついに来たよ！　人生を女子プロレスに捧げた男！

椎名　ざっとウィキペディアを見ただけでも、動く女子プロ事件簿だなって思うもんね（笑）。

ガンツ　というわけで今回のゲストは、スターダム代表（当時）のロッシー小川さんです！

小川　よろしくお願いします。

玉袋　そうなんですよ。俺も昔から女子プロ関係の人とは一緒に仕事させてもらう機会が多くて、小川さんとも現場で挨拶ぐらいはしてましたけど、なんか風貌が怖くて踏み込めなかったんですよ。いったいどこの国の人なんだろうって（笑）。

ガンツ　昔はカーリーヘアでファンキーな風貌でしたもんね（笑）。

小川　いやいや、カーリーじゃなくて天パなんですよ。

玉袋　あの迫力は「日本のドン・キングか」って感じだったから。

椎名　たしかに！　ドン・キングに寄せてる感じもありましたよね？（笑）。

小川　昔は体重が100キロ以上あっただけです（笑）。

玉袋　だけど女子プロの歴史を語れる人がもう小川さんしかいなくなりましたよね。全女の松永兄弟がもういないんだから。今日は聞きたいこと、全部聞かせてもらいます！
小川　だいぶ忘れちゃいましたけど、お話できる範囲で（笑）。
玉袋　小川さんはもともとプロレス少年だったんですよね。最初の生観戦は？
小川　1968年1月、地元の千葉に来た国際プロレスですね。当時「TBSプロレス」と名前を変えた旗揚げシリーズにルー・テーズ、ダニー・ホッジ、ハンス・シュミットなんかが来たんですよ。
玉袋　グレート草津がテーズのバックドロップでいきなり失神しちゃったときですか？
小川　そのシリーズですね。
玉袋　すげえ。1968年1月って、俺がまだ1歳にもなってないからね。年季が違うよ（笑）。当時いくつですか？
小川　小学5年生かな。それで中学生になったら東京までプロレスを観に通うようになりましたね。
ガンツ　外国人レスラーの追っかけをやってたんですよね？
小川　当時のファンのお目当ては、みんな外国人だったんですよ。日本人のスターっていうのは、基本、猪木と馬場しかいないわけだから。それでホテルまで追っかけてサインをもらって。
ガンツ　小川さんが今年出した本（『実録 昭和・平成 女子プロレス秘史』彩図社）には、その当時もらった錚々たるメンバーのサインが載ってますよね。歴代NWA世界王者から、フリッツ・フォン・エリック、アンドレ・ザ・ジャイアントとか。

ロッシー小川

小川　アンドレのサインは3種類あるんですよ。

椎名　アンドレからサインがもらえるのが凄いですよ（笑）。

玉袋　当時は小川少年のような追っかけファンはいっぱいいたんですか？

小川　いましたよ。そのときに知り合った仲間とはいまでも交流がありますからね。今度の5月にその仲間たち5人くらいでバンコクに旅行に行くんですよ。40何年間付き合ってきて初めて（笑）。

椎名　もの凄い時を超えた〝オフ会〟ですね（笑）。

玉袋　当時の仲間でプロレス業界に入ったのは小川さんだけなんですか？

小川　カメラマンになったのがひとりいますね。

ガンツ　小川さんもファン時代からリングサイドで写真を撮ってたんですよね？

小川　うん、勝手にね。非公認で。

玉袋　勝手にリングサイドに居座れる心臓の毛の生えっぷりが凄いよね。

小川　これは追いかけっこですよ。リングサイドに行っては剥がされて。その繰り返しです（笑）。東スポのカメラマンたちによく怒られてね。でも、その人たちはのちに部長になったりして、自分がこの立場になってプロレス大賞とかに行くと迎えてくれるようになって。

椎名　いい話じゃないですか（笑）。

玉袋　若手レスラーにもよく怒られたんじゃないですか？

小川　怒られましたけど、写真を撮りたいから何回も行くんですよ。で、国際だけは何も言わないんですね。

玉袋　国プロはゆるいっていうのがいいな（笑）。

小川　外国人レスラーも、ほかの団体だったらなかなかサインをくれないのに国際に来たらいい人なんですよ。

玉袋　俺が子どもの頃も国プロはファンサービスをやってたからね。ちびっ子はタダとかさ。それでパンフレットには「大久保のサンパークホテルに泊まってる」とか、そんな情報まで載せてたから。

ガンツ　追っかけガイドまで（笑）。

玉袋　サンパークって汚ねえホテルがあったんだよ。でも俺は子どもだったからなんか嫌だなと思って、新日のガイジンが泊まってる京王プラザホテルに行ってたんだけどね。

小川　あっ、玉袋さんも行ってました？

玉袋　京プラに行きました。ボク、新宿生まれなんですよ。

「プロレス雑誌に女子プロが載ってないのが不思議だったんですよ。そうしたら自分で探るしかないわけですよ」（小川）

小川　今日もここ（『スナック玉ちゃん』赤坂本店）に来る前に赤坂を歩いていて、「昔、ホテルニュージャパンによく行ったなあ」とかって思い出してましたよ。

玉袋　ニュージャパンはどこの団体ですか？

小川　日本プロレスですね。

玉袋　うわっ、日プロか。年季が違うよ！（笑）。

小川　だから歩いていて懐かしかったなあ。

玉袋　考えてみりゃ、力道山はそのニュージャパン地下のラテンクォーターで刺されてるわけだからね。

ガンツ　小川さんはその追っかけ時代に全女にも通ってたんですか？

小川　全女というかプロレス全般が好きだったので、女子プロレスにも興味を持ったんですよ。

ガンツ　当時のファンとしては、女子プロまで好きっていうのは珍しいですよね？

小川　そう。マニアのファンがまったくいなくて。それでリングサイドに行って勝手に撮ってるうちに松永会長に顔を覚えられて、途中からはもう顔パス（笑）。

ガンツ　なんで顔パスになっちゃうんですか（笑）。

小川　毎回来てるから。だってファンは俺しかいないんですもん。

玉袋　その潜り込みぶりが凄いんだよな。

椎名　才能なんでしょうね（笑）。

玉袋　当時は女子プロ自体、見世物みたいな感じで見られてるっていうのもあるしさ。

小川　お客さんもほとんどが中年のおじさんしかいませんでしたから。

玉袋　スケべな目線で見るみたいなさ。

小川　でも自分はプロレス雑誌とかで育ってるんで、そこに載ってないのがまず不思議だったんですよ。「なんでプロレスなのに載ってないのかな？」って。そうしたら自分で探るしかないわけですよ。

ガンツ　好奇心旺盛ですね（笑）。

小川　自分で歴史を作るしかないと思って。

椎名　〝取材〟でもあったと（笑）。

ガンツ　全女にはそのまま潜り込んで入社した感じなんですか？

小川　顔パスで出入りしていたとき、当時の松永（高司）社長に「カメラマンのアルバイトをやらないか？」って声をかけられたんですよ。それはもう飛びつきましたよね。ちょうど写真の専門学校を卒業して、働かなきゃいけないと思っていた頃なので。でもカメラマンのアルバイトはたまにしかないから、勝手に毎日、全女の事務所に通ってたんです。それで空いてる席に座って「何か仕事はないですか？」って聞くと、営業の人に「じゃあ、このチケットに裏判を押してくれよ」とか細かい雑用を任されて。それを毎日やって1カ月くらい経ったとき、「そんなに好きならちゃんと入れてあげるよ」って言われて入社したんです。

ガンツ　勝手に通勤してそのまま入社って凄いですね（笑）。

玉袋　入社したあとはカメラだけじゃなく、なんでもやるんですよね？

小川　ホントになんでも屋ですね。あと広報みたいな部署がなかったので、これも自分で勝手に作りました。

ガンツ　小川さんは長く全女の広報でしたけど、もともと小川さんが勝手に作った部署でしたか（笑）。

小川　当時はプロレスマスコミはほぼ来なかったので、芸能関係だけだったんですけど、自分がその雑誌やテレビの窓口になって。

ガンツ　ちょうどビューティ・ペアが人気の頃ですか？

小川　もう真っ盛りですね。

ガンツ　じゃあ、いいときに入ったんですね。

小川　いきなりテレビ局に行かされたりしましたから。で、当時は地方巡業が1〜2カ月はざらにあって、自分は事務所の残り番だったので、社長や営業部長がキャバレーに毎日連れて行ってくれるんですよ。「いいところに入ったな」と思って（笑）。

玉袋　毎日キャバレー三昧はいいいな〜（笑）。

小川　給料は少ないけどみんなが奢ってくれるんですよ。で、夜になるとキャバレー、スナック、寿司屋とかほぼ毎日。自分が一番下だから最後までいなきゃいけないじゃないですか。それでかわいがられましたね。

玉袋 普通の会社ではそうはいかないよな。そこはやっぱり興行会社ですね。

小川 でも、それが1年半くらいしたら会社でスナックをやるとか言い出して、キャバレーに行かなくなっちゃったんですよ。

椎名 全女らしい話ですね（笑）。

玉袋 「こんなに通ってるならもう作っちゃえ！」と（笑）。

椎名 「そっちのほうが得だ！」と（笑）。

玉袋 そりゃ俺と一緒だよ。スナックに通ってて自分の店を作っちゃうっていうね（笑）。

小川 自分としてはちょっとテンションが下がりましたよね（笑）。

玉袋 で、そのスナックはどこに作ったんですか？

小川 武蔵小山ですね。

玉袋 あー、なるほど！　そのイズムが井上京子とかに受け継がれているわけか（笑）。

ガンツ 武蔵小山は、ほかにも立野記代や堀田祐美子がスナックをやってたりして、全女タウンですからね（笑）。

椎名 そういう磁場なんだ（笑）。

小川 当時は赤城マリ子が引退したばかりで、赤城マリ子をママにしようってことで始めたんですよ。

「やっぱり家庭環境が複雑な人が多かったんだな。そうじゃねえと、あの当時の興行の世界に中卒で入らねえもんな」（玉袋）

ガンツ　いいですねえ。引退した人を今度はスナックで（笑）。
椎名　いまも同じじゃん、それは（笑）。
玉袋　まあ赤城さんはキレイだったし、ママの器っていう感じもしたからな。
椎名　名前もちょっとママっぽいですよね（笑）。
小川　赤城マリ子はその前に渋谷でちゃんとママの修行をしてるんですよ。
玉袋　その頃は25歳で引退ですか？
小川　よく「25歳定年制」って言われますけど、25歳で引退と決められていたわけじゃなく、だいたい中卒で入ってきて約10年経つと25じゃないですか？　だから自然と定年みたいになっていただけなんです。昔は10年やる人も少なくて、だいたい2～3年でやめる人ばかりだったんですよ。
玉袋　旬は短かったんですね。
小川　短いですよ。当時はタイトルマッチで後輩に負けると、その場でやめてましたからね。もったいないなと思いましたよ。
玉袋　しかもその試合は〝ピストル〟ってことですよね？

小川　そう、押さえ込みでね。それでやめちゃうんですよ。

玉袋　すげー！

ガンツ　だから、まさに「負けたら即引退」だったわけですよね。暗黙のうちに（笑）。

小川　そう決まっていたわけではないですけど、後輩に負けちゃうと居場所がなくなっちゃうんですよ。

玉袋　めちゃくちゃ厳しい世界だよ〜。

ガンツ　それで新陳代謝を図るっていう。

小川　それもあって新陳代謝はちゃんとしていた会社だと思いますよ。

椎名　当時の全女は、腕自慢の女性が集まっていたんですか？

小川　そんなことはないですね。団体が1個しかなかったんで。当時はやっぱり家庭とかに問題がある人が入ってきたんじゃないですかね。

玉袋　やっぱり家庭環境が複雑な人が多かったんだな。そうじゃねえと、あの当時の興行の世界に中卒で入らねえもん。

小川　こういう言い方をするとあれかもしれないけど、当時の人たちは片親とかで貧困で入ってきてるんですよ。

玉袋　だから根性も違うよな。

小川　いまとはまったく違う世界ですよね。

ガンツ　小川さんも本に書かれていますけど、まず全女に入って選手の人間関係に驚いたと。

小川　人間関係というか恋愛関係ですよね。恋愛事情。毎日知ることが増えてくるのでノートに相関図を書いて（笑）。
玉袋　こんがらがりそうだな〜（笑）。
小川　相関図を書くと、線がいろんな方向にいってね（笑）。
椎名　乱れてますねえ。いいですねえ（笑）。
玉袋　それは「三禁」からのリバウンドなんですかね？
小川　いや、選手は「三禁」という意識はなかったんじゃないかな。新人はともかくね。ただ目立たないようにしてても目立つんですよね。社内が多いから。
玉袋　もの凄い狭い世界の社内恋愛。ずっとバス移動だから〝車内〟恋愛でもあるというね（笑）。
小川　自分もハタチで入って驚きばかりなんですよ。普通の生活では経験しないことだらけなので。で、やっぱり好奇心なのかな、「これを記録しておかないと！」と思っちゃって。
椎名　その記録はまだ残ってるんですか？
小川　あるかもしれないですね。
椎名　恐ろしい男だなあ（笑）。
玉袋　小人レスラーと誰かがデキてたとか、あったんだろうな。またミゼットがモテるんだよ（笑）。
小川　意外とね（笑）。
玉袋　阿部四郎さんが言ってたもん。「アイツらモテるんだよ。小回りがきくから」って（笑）。

椎名　アクロバチックだって言ってましたね（笑）。

小川　「こんな関係があるんだ⁉」っていうのがいっぱいありましたよ。さすがに実名は挙げられませんけどね。

玉袋　選手同士っつーのも当然あったんだろうしな。

小川　見ていればだいたいわかりますよ。いままで親しくなかったのが急に一緒にいたりすると、だいたいそうですね。ただ、それが仕事とリンクしちゃうわけですよ。

玉袋　仕事とリンクっていうのは？

小川　ある関係でいえば、ひとりは尽くす側になっちゃうから、そのまま日陰の人になったりとか。もうレスラーとしても目立たなくなっちゃうわけですよ。

玉袋　なるほど！　そんな人間劇場が展開されてたんだな〜（笑）。

小川　そんなことが日々あるんでビックリすることばかりでしたよ。ただ、それもだんだん慣れてくるわけじゃないですか。「ああ、またか」みたいな。なのでそのうち線を引っ張るのもやめましたよね（笑）。

ガンツ　なんの驚きもなくなったと（笑）。

玉袋　それも小さな世界ならではですよね。

小川　でも自分はプロレスが好きで入ってきてるので、そこは置いておいてやってましたね。

「松永兄弟という叩き上げで下手すりゃヤクザと殴り合っちゃうような人たちが身体張ってる興行っていうところも俺は好きなの」（玉袋）

ガンツ　小川さんのライフワークとして、女子プロレスがちゃんと「プロレス」として注目されるようにしたいっていうのがあったわけですよね。

小川　当時は芸能雑誌には載ってもプロレス専門誌では扱われてなかったので、ボクとしては女子プロレスがプロレスとして認められるようにしたかったんですよ。ただ会社としては、あまり関心がないことなんですよ。

玉袋　松永兄弟にとっては日銭が一番だからね（笑）。

椎名　だから小川さんが入ってよかったんですよ。入ってなかったら、ずっと日銭が一番のままだったでしょうから（笑）。

小川　会社にプロレスの話をする人がいませんでしたからね。みんなプロレスに興味がないんです。

ガンツ　プロレス団体なのに（笑）。

玉袋　要するに松永兄弟にとってプロレスは商売であり、選手も試合も商品でしかないわけだもんな。

小川　あとはそこが松永兄弟の領分だったので、みんなもそこには触れないし、意見も言わないし。

ガンツ　マッチメイクから何から、ソフト面は松永兄弟が全権を握っていたわけですね。
小川　だからボクが初めてだったんじゃないですか。そういうものに興味を持ったり、意見を言うようになった社員っていうのは。
玉袋　たとえば小川さんが松永兄弟に提案するわけじゃないですか。そのときに「若僧が何を言ってるんだ」っていうふうにはならないんですか？
小川　最初の頃、新しい興行ポスターが出てきたら自分はかならずクレームをつけてたんですよ。「この位置はおかしいです」とか「いまこの選手が上なのでこうしなきゃいけないです」とか。それを毎回言ってたら、あるとき松永会長が「おまえが作れ」って言ってくれて。それで変わったんですね。
玉袋　ちゃんと認めてくれたんですね。
小川　当時は興行ポスターって重要だったんですよ。
ガンツ　要はポスターが相撲で言うところの番付みたいなものだったわけですよね。現時点での選手の格がわかるという。
小川　それとポスターでしか宣伝方法がなかったんですよね。インターネットもＳＮＳもない時代じゃないですか。
玉袋　松永兄弟に広告代理店とかそういう考えはねえからな（笑）。そういうところで代理店的な目を持った小川さんが入ったのが奇跡だよね。
小川　でも最初に釘を刺されましたよ。「おまえはプロレスマニアかもしれないけど、プロレスの興行っていうのは初めて観た人に伝えるものだ」って。

玉袋 それも重い言葉だね。

小川 当時は「何を言ってるのかな?」って思いましたけどね。「この人たちはプロレスが好きじゃないからこういうことを言うのか」と思ってたんですけど。

玉袋 でも、いま思えば正論ですよね。

小川 そうですね。全国を津々浦々まで巡業して、初めて観る人たちの前でやっていたので。だからマニアは必要ないんですよ。

玉袋 そうか。俺はいまちょうど木下サーカスの本を読んでるんだけど、やっぱそういうことだよな。あそこも同族経営だしね。

小川 プロレス団体で同族っていうのは理由があるんですよ。やっぱりお金をいじるので、他人にやらせたくないんですよね。

玉袋 でも、その匂いが全女の魅力でもあったわけですよね。松永兄弟っていうのは叩き上げで、下手すりゃヤクザと殴り合っちゃうような人たちがさ、身体張ってる興行っていうね。そこも俺は好きなの。

小川 あの人たちの凄いところはヤクザとの付き合いがいっさいなかったんですよ。

ガンツ あっ、そうだったんですか。

小川 かならず人を介してましたね。プロモーターを介してたりとか。自分たちが直接ではいっさいやらない。

ガンツ　その仲介者が阿部四郎さんだったんですよね（笑）。
小川　そうですね（笑）。阿部さんはプロモーターだったから。
玉袋　リング上だけじゃなく、そっち方面でもレフェリーだからな（笑）。
小川　だから表向きはクリーンな会社ですよね。いまで言うコンプライアンスをちゃんと守ってました。
ガンツ　なるほど（笑）。
玉袋　まあ、そうしねえとテレビ中継もつかないからな。さすがにあの頃だからと言ってもさ。で、そういう昭和の興行のイメージを小川さんが、クラッシュ・ギャルズなんかで変えていったっていうのも凄いよね。
小川　ただ大きく変わったのはクラッシュのときより、そのあとですね。団体対抗戦のときに男性ファンが一気に来たじゃないですか。あのときはめちゃくちゃやり甲斐がありました。

ガンツ　あの団体対抗戦は、小川さんが他団体と全部交渉して取り仕切ってたんですよね。

小川　対抗戦をやるって決めたのは松永会長ですけどね。最初はＦＭＷから持ち込まれた話で、会長が大仁田厚と話して「決めたから、あとはやっておけ」みたいな。細かいことはできないので（笑）。

ガンツ　他団体のプロレスのことは知らないから（笑）。

小川　交渉のしようがないんですよ。だから自分が全部交渉をやって。

「ＦＭＷの横浜スタジアムで、ブル＆北斗がメインの大仁田vsシンの地雷爆破デスマッチを完全に食っちゃったんですよね」（ガンツ）

ガンツ　対抗戦っていうのは、クラッシュ・ギャルズが引退したあと、全女も経営的に苦しいから始めたんですか？

小川　プロレス団体としての経営というより、株式投資とかそっちですね。

ガンツ　ああ、なるほど（笑）。

小川　クラッシュ・ギャルズは２人とも１９８９年に引退したんですけど、全女は１９８７～１９８８年から興行というよりも株式投資を中心にやっていて。株のほうが儲かるっていうので、興行を年間２８０試合から１４０試合に減らしちゃったんですよ。いきなり半分ですよ。そのぶんで株をやるっていうことで（笑）。
玉袋　ダメだよ、それは（笑）。日銭を目当てにした人間が、何を不労所得で儲けようとしてるんだっていうね。
小川　オンラインっていうんですかね。相場の数字を見れるものを当時もう導入してましたね。それを常に見てるんですよ。
玉袋　早いデイトレだ（笑）。
椎名　でも、それはそれで興行はやらせてたらいいじゃんって思うんですけど。
小川　やっぱりクラッシュの末期になってちょっと興行も落ちてきてたんですよ。それをやるよりはこっちがいいってことで。でも、その掛け金がだんだん増えてきて借金をするようになって、それでワラントでパーになったんですよ。
玉袋　一番ダメなパターンだな（笑）。現金が似合う人で、仮想通貨みてえなものが一番似合わない人なのにさ、なんでそういうのに手をつけちゃったのかな。
小川　あとは不動産とかカラオケ店を始めたんですよ。
ガンツ　カラオケ『しじゅうから』ですね（笑）。
玉袋　それと『羅漢果ラーメン』な（笑）。
ガンツ　甘いラーメンという斬新すぎる食い物で、案の定、大失敗という（笑）。
玉袋　飲食店は全女ビル内の『ＳＵＮ族』だけでいいんだよ！
小川　でもそういう新規事業は毎回、起死回生を狙ってるんですよね。

玉袋　結局、博打だよ（笑）。
小川　興行と同じ感覚なんですよね。「一発当たれば返せる」っていう。それがなかなか当たらなかったんです。
椎名　いい時期もあったんですか？
小川　株は最初はよかったんですよ。
ガンツ　ちょうどバブル期ですからね。
椎名　手の引きどころを間違えちゃったと。
小川　それで対抗戦っていうのは、当時いろんな団体が出てきたから、当たると思ってやったんじゃないですか？
ガンツ　そこは大当たりだったわけですよね。
玉袋　あのときの対抗戦の一発目はＦＭＷか。
小川　ＦＭＷの横浜スタジアム（１９９２年9月19日）にブル＆北斗が出て、コンバット豊田＆工藤めぐみとやったときですね。
ガンツ　ボクもファン時代に観に行きましたけど、ブル＆北斗がメインの大仁田vsタイガー・ジェット・シンの地雷爆破デスマッチを完全に食っちゃったんですよね。
小川　あのとき、大仁田厚以外がマイクを持つのはＦＭＷではタブーだったんですよ。それを犯しちゃったんでモメましたね。
玉袋　そのペナルティはあったんですか？

小川　そのときはないですけど、あとから自分がターザン後藤に監禁されましたよ。
ガンツ　サティアンに（笑）。
椎名　うまいねえ。見た目が〝尊師〟だもんね（笑）。
玉袋　ポアされかけたっていう（笑）。
小川　あれは1993年5月かな。FMWの川崎球場に豊田真奈美と山田敏代が出て、工藤とコンバットに負けたんですけど、マイクを取って「全女を観に来い！」みたいなのをやったんですよ。そうしたらボクが控室に呼ばれて、後藤さんがいきなり凄んできたんですよ。「おまえはウチを潰す気か？　おまえがやらせたんだろ」って。でもボクは知らないって言うしかないじゃないですか。そうしたら後藤が殴ろうとするポーズを取るから大仁田が「やめろ！」って間に入ってまとめたっていう。
玉袋　そういうことなんだね。これも古典的な人心掌握術というか。監禁芸っていうかね（笑）。
小川　ボクもどうせ大仁田がやらせてるのか、あるいはターザン後藤が大仁田に媚びを売るためにやったのかどっちかだろうと思ってましたけどね。でも、そんなことされたのは初めてですよ。だから対抗戦の交渉はFMWが一番ややこしかったですね。あと、向こうは全女と格を同じに持っていきたかったんですよ。そうするとこっちはもう話にならないじゃないですか。
玉袋　くどめもコンバットも全女のドロップアウト組ですもんね。
小川　だから話が合うわけがないんですよ。また自分も強気だったんですよね。「全女がイチバン」を証明しなきゃいけなかったから。

玉袋　あのときの小川さんは怖かったもん。

小川　怖くはないですよ（笑）。だからＪＷＰが一番賢かったですね。勝ち負けじゃなく、この流れに乗ったほうがいいという感じで。これはＪＷＰの代表者が男だから、ビジネスとして割り切った話ができるけど、女の人が代表だとそうじゃないんですよね。

玉袋　そこがヤマモと俺たちの（風間）ルミちゃんとの違いか（笑）。

ガンツ　選手を〝商品〟としては見られないというか。

小川　そうなんですよ。だから、だいぶモメましたね。それでどうしてもこっちの思い通りにならないと、最終手段で「もう出場しないでいいです」って言って。

玉袋　出た！　嫌な芸能プロと一緒だよ、それ（笑）。

小川　そうするとかならずやりますよね。その手は何回か使いました。

「アルシオンはセンセーショナルだったよね。旗揚げのセミヌードポスターとか（笑）」（椎名）

玉袋　かなり強気な外交だよね。そこをネゴシエートしていくっていうことはさ。

小川　それは全女を守るためにやってるわけですよ。

玉袋　その時代に小川さんと仕事をしてる人は、「あの野郎、絶対に一発かましてやる！」って思ってた人は多いと思うよ。敵は増えたでしょ？

小川　その中で松永兄弟は「おまえ、もっと他団体にやさしくしてやれよ」とかって言うんですよ。松永会長は「全部自分の選手だと思って使えばいいんだよ」って感じなんですよ。他団体も全部自分のものみたいな。

ガンツ　その感覚も凄いですね。ウチの子もヨソの子もない、全部〝商品〟だという（笑）。

玉袋　でも選手は「他団体に負けたくない」っていう気持ちがあるわけでしょ？

小川　強くありましたね。

玉袋　そこの気持ちがビンビンに伝わってきたから、一時は男子プロレスより女子のほうが全然おもしれえってことで観てたんだよな。

小川　リングに殺気がありましたよね。だから交渉の席でも緊張感がありましたよ。ただ当時は全女の選手が向こうの興行に出るとお客が入ったんです。だから他団体としても全女とはつないでおかなきゃいけないっていうことで、突っ張れない状況ですよね。こっちはそれもわかってるから。

椎名　だからこそ強気に出られたと。

ガンツ　我々も全女だけじゃなくて、ＪＷＰ、ＬＬＰＷ、ＦＭＷとみんな行ってましたもんね。

玉袋　行ってたよ。そこにファンも乗っかって熱狂したわけだけど、これが長く続くもんじゃねえぞっていうのはファン側も思ってたわけじゃん。

小川　思ってました？

玉袋　思ってた。だって最初の横浜アリーナ（１９９３年４月２日）からけっこうＭＡＸまで行っちゃってるんだから。

小川　だから東京ドーム（１９９4年11月20日）のときはもう冷めてましたよね。

ガンツ　そうですね。横アリからドームが約1年半だから、ごく短い期間だったんですよね。

小川　たぶん最初の年の武道館（１９９3年8月25日）、両国（１９９3年12月6日）までがＭＡＸなんですよ。次の年からはもうやるカードがなかったんです。

ガンツ　対抗戦が始まってからは、とにかく毎月のようにビッグマッチでしたもんね。

小川　大会場の日程だけどんどん決まってくるんですよ。そこで何をやるというのはあとづけで日程だけ組まれるから、それに合わせてこっちは考えなきゃならない。

ガンツ　全女は毎月後楽園があって、2カ月に1回ぐらいビッグマッチ。さらに他団体もビッグマッチを組んでるわけですもんね。凄かったですよね、あの頃は。

玉袋　だから新日本vsＵインターのドームもさ、あの武藤vs髙田が一番ピークなわけだもんな。

ガンツ　女子プロのほうは北斗vs神取が横浜アリーナでやって、再戦で両国っていうのがあって、その間が全部作れましたよね。

小川　そうですね。あれは北斗が勝手に言い出したんですよ。「引退を賭ける」って。

玉袋　そこらへんのセンスだよね。そうじゃねえとあんな健介みたいな人間をあそこまで上げられねえって言うんだよ。

椎名　健介も勝ち逃げさせましたもんね（笑）。

ガンツ　あのオールスターの中でひとり勝ちしたんだから、やっぱり凄いですよ。

小川　対抗戦が2年目になると、北斗は急にメキシコに住みだしたんですよ。それで「もう試合に出ない」って言い出して、しょうがないから横浜アリーナと武道館、最後のドームだけ出るってことで、年間3試合だけやったんです。
ガンツ　いまではけっこう有名な話ですけど、そのときは向こうに彼氏がいたんですよね（笑）。
小川　まあ、それで引退するっていう話だったのかな（笑）。
椎名　そうだったんだ（笑）。
玉袋　そういう個人的な事情もリングでドラマチックに変えてしまうっつーのも才能だな。
ガンツ　その後、全女は株式を始めとした投資の失敗で坂道を転げ落ちていくわけですけど。小川さんは自分が団体を作るなんて、まったく考えてなかったんですよね？
小川　考えてなかったんですけど、あれはもう作らざるを得なかった。なぜかというと自分の中で女子プロレスはやっぱり全女だったから、松永会長が亡くなるか、全女がなくなるか、この2つ以外では自分は動かないって決めてたんですよ。ところが動かざるを得ない状況が起きてしまって。
ガンツ　会社がどうにもならない状況になってるわけですよね。
小川　それで選手がどんどんやめていくんで、自分も早く動かなきゃっていう意識になっちゃいましたね。
玉袋　あの頃はよくわからねえ女子プロ団体がたくさんありましたよね？　吉本女子プロレス（JD）とかよ。

小川　当時は6団体くらいあって、どこも毎月のように後楽園でやってたんですよ。
ガンツ　いろんな団体がある中で、小川さんが作ったアルシオンはビジュアル系団体っていうコンセプトがしっかりしていて、うまくいっていたイメージがありますよ。
椎名　センセーショナルだったよね。旗揚げのセミヌードポスターとか（笑）。
ガンツ　アルシオンは小川さんが自分で考えたメンバーを揃えたんですよね。
小川　あれはプロレス少年時代に自分が作る夢の団体を考えるような、そういう感覚ですよ（笑）。
ガンツ　じつは当時、そういう団体ってなかったですよね。トップ選手の派閥の人がみんなついてくる形ばかりで。
小川　レスラー主導だとそうなりますよね。人間関係優先で。
玉袋　そこで小川さんはプロレスファンのツボはわかってるから、絶対に外さねえからよ。
小川　だから全女の37年という長い歴史の中で、全女にいた社員で団体を作ったのは自分しかいないですよ。
玉袋　そうか。ボブ矢沢とかレフェリー系は作らなかったもんな。
小川　彼は同族ですもん。
ガンツ　ボブ矢沢は松永健司さんの息子でしたっけ？
小川　そうです。全女末期の頃は2世がどんどん経営に入ってきてるんですよ。自分と氏家（清春＝リングアナ）は古株なので取締役になったんですけど、なんてことはない、2世たちを取締役にしたいがために、我々はついでだったんです（笑）。

玉袋　雇われ店長だな（笑）。

小川　そうそう（笑）。だから自分は20年もいたから、だんだん居場所がなくなってくるわけですよ。

ガンツ　２世たちにとってはある意味、邪魔な存在になるわけですもんね。それで会社にお金もなくなり、選手もいなくなったら、出ていかなきゃしょうがないですよね（笑）。

玉袋　だからプロレスほど人生を濁流に巻き込むジャンルってなかなかないよな。

小川　ホントにそうですね。それで人生がダメになった人っていっぱいいますからね。

椎名　山口日昇とかね（笑）。

玉袋　いたなあ、山口日昇。いまどうしてるんだろうな。会いてえなあ（笑）。

ガンツ　でも当初は好調だったアルシオンも借金を抱えて消滅して、A to Zに変わったときはさすがに「ロッシーも終わったか」と思っちゃいましたよ（笑）。

小川　俺も思いましたよ（笑）。まあ終わったっていうか、「これヤバイなあ」って思いましたよ。

「風香が『私が選手を探すから団体を作ってください』って言い出したんですけど、『もうやりたくねえなあ』って思って（笑）」（小川）

ガンツ　借金を抱えてすっからかんなわけですよね？

小川　２カ月間、車上生活でしたからね。

椎名　えーっ、アルシオンのあとにですか？

小川　そうそう。

椎名　家がなくなっちゃったんですか？

小川　マンションが差し押さえられて、安いキャンピングカーをたまたま借りてたので、そこに寝泊まりしてました。12月、1月だったので、めちゃくちゃ寒いわけですよ。ホントに「これは終わったかな……」って思いましたよ。

椎名　どこに停めてたんですか？（笑）。

小川　前にあった道場のところですね。それまで、マンションを失ってからは道場の寮に1年間住んでたんですけど、その道場を壊すっていうんで。

ガンツ　若手が住む道場の寮に小川さんが住んでたわけですね（笑）。

玉袋　しかも1年も。長えよ、懲役が（笑）。

ガンツ　そこから車中泊生活に（笑）。

小川　そのときばかりは「俺、ちょっとヤバイな……」って思いましたよ。

玉袋　ようやくそこで気づいたっていう（笑）。

椎名　俺だったらもうちょっと先のほうで弱って、病気になっちゃってますよ（笑）。

小川　だから自分はタフだと思うんですよ。

ガンツ　小川さんの本も前半は痛快な話が多いんですけど、後半になるとＦＭＷの荒井（昌一）社長の本みたいになってきて、相当ヤバかったんだなって。

椎名　あれは怖い本だよねえ。

玉袋　あれはヤバかった。いまだにトラウマだよ。

小川　俺も荒井さんの本を読んでるんで、そこにどんどん近づいてるなって。

ガンツ　小川さんの本も途中から小見出しが「自宅マンションを差し押さえで失う」「ロッシー小川、ホームレスになる」「ヤクザに追われて千葉に逃亡」とか出てきて、明らかにヤバいですもんね（笑）。

椎名　ヤクザに追われてたんですか？

小川　アルシオンで未払いがあった選手の一部が、ある人に頼んで、その人がヤクザを使ったんですよ。

玉袋　うわっ、ひでえ。それはあまりよくねえな。

椎名　でもそんな人と関わったら、あとで自分が困るだろうに。

小川　やっぱりそういうとき、選手にいい顔をする人が出てきちゃうんですよ。その人を信じちゃったらヤクザを使われてね。

ガンツ　でも小川さんは、そういう状態からもう1回女子プロレスで蘇るって凄いですよね。

小川　自分は女子プロレスしかやったことがないですからね。これをやるしかないんですよ。

ガンツ　またうまい具合に風香だったり、ゆずぽん（愛川ゆず季）だったり、〝核〟になる存在をつかまえるから、さすがだなって。

小川　風香は長かったんですよ。約3年くらい一緒に仕事をやってて、そこそこ自分も生活できたし。で、引退する1年前くらいから「やめる」っていうのは言われてたんですけど、その後のことは何も考えてなかったんですよね。

ガンツ　もう一度、団体をやろうなんて考えてなかったんですね。とりあえずいま生活できているからいい、というだけで（笑）。

小川　でもそこでひとつ考えたのは、風香が引退する前に引っ越しだけしておこうかなと思って（笑）。

ガンツ　敷金礼金が工面できるうちに（笑）。

椎名　なんか元気が出る話だなあ（笑）。

玉袋　椎名先生もいろいろ大変だけど、俺たちの大変さなんかどうってことねえな（笑）。

小川　それで風香が引退する前に、プラチナムプロダクションから愛川ゆず季をプロレスラーにしてくれっていう話をもらって。そのときは「また風香みたいなことをやればいいのかな」って勝手に考えてたんですね。

ガンツ　マネージャーをやりながら「ゆずぽん祭り」みたいな感じで、たまに単発興行をやればいいかなと。

小川　ただとにかく愛川ゆず季をレスラーに仕立てなきゃいけないので、練習場所、練習する人を確保しなきゃいけない。そうなると風香が必要だなとなって、引退したばかりの風香にコーチ兼練習相手を頼んだら「プロレスをやりたいっていう女の子がいるので、練習させていいですか？」って言うから、「ああ、いいよ」ってことで風香が連れてきた子も含めて練習を始めたんですよ。そこに毎週のように新しい子が来るようになって。そうしたら風香が「私が選手を探すから団体を作ってください」って言い出したんですね。でも俺は「団体で失敗してるからな……やりたくねえなあ」って思って（笑）。

「いろんな家庭の事情があってこの世界に入ってくる子が多いから、疑似家族を作るっていうのは団体を維持するには絶対」（玉袋）

ガンツ　団体をやったことで地獄を一度見てるわけですからね（笑）。

小川　ただ、集まってた子が10代ばかりだったので、「これだったら1回やれるかな。おもしろそうだな」と思って、それでスターダムを旗揚げしたんですよ。

玉袋　それは20代の頃に行ってたキャバレーでの経験が役立ってるんだよ。キャバレーのホールマネージャーをずっと見てたわけだから（笑）。

椎名　全女やアルシオンも含めて、女子によってお金が生まれてるっていうところにずっといるっていう経験が活きて。

小川　だからいまは〝お父さん〟として選手たちを見てますよ。また実際にお父さんがいないっていう子も多いんです。

玉袋　やっぱりいまもそうなんだな。いろんな家庭の事情があった上でこの世界に入ってくる子が多いから。そこに疑似家族を作るっていうのは団体を維持するには絶対なんだよ。

小川　ホントに「俺、お父さんかな？」って思うときがありますよ（笑）。
ガンツ　気持ち的に（笑）。
玉袋　いやあ、プロレスっていうのは凄いなあ。
椎名　またスターダムは良くも悪くも周期的に話題を振りまいてますよね。世志琥のアレとか。
ガンツ　世志琥vs（安川）悪斗の凄惨な一戦ですね。
椎名　あれは世間もけっこう騒いだし、衝撃的でしたよ。
ガンツ　あの世志琥と悪斗の一件は、小川さんとしてはどう捉えているんですか？
小川　あの試合に関しては、たしかに仲が悪いのは知ってましたよ。仲が悪いっていうか、世志琥が悪斗を嫌ってたっていうところもあるし。これもまだ彼女が現役でいるから言いづらいところもあるんですけど、やっぱり世志琥だけの力じゃないものが動いているんじゃないかと思いますね。「やっちゃえ」みたいな。
ガンツ　そういう焚付けがあったんじゃないかと。
椎名　新日のドン荒川みたいなのがいたんだ（笑）。
玉袋　それにしてもあれはやりすぎだろうっていう話だけどな。
小川　あれの一番の問題は、やったことじゃなくてケガをさせたことなんですよ。あれでケガをしてなければたいした問題になってないんです。言い方が悪いですけど。ただ、そこをやった側が論点をズラしてきたんですよ。「いや、悪斗が悪いんだ」って。そうじゃなくてこうなっちゃったことが悪いんであって、それだけなんですよ。

椎名 そんな揉め事はどこでもあるわけですからね。
小川 そうなんですよ。あとは「組ませた人間が悪い」とかね。
ガンツ 「こうなることをわかってたんだろ!」とか（笑）。
小川 わかるわけないじゃないですか（笑）。あのときはかなり手術代がかかりましたよ。手術代というか、入院して個室に入っちゃったんですよ。
玉袋 一泊3～4万だ。
椎名 大変だ（笑）。
小川 そんなふうになるのに団体がやらせようとするわけがない。
椎名 悪斗が入ってきたときは、凄い個性の子が入ってきたなって思いましたか?
小川 悪斗は売れない舞台女優で芝居とかやってた子なので、チケットをいっぱい捌いてるなっていう印象ですよね。
ガンツ 知人にチケットを買ってもらうことに慣れてると（笑）。
小川 ただ彼女は生き方が不器用なんですよ。

「スターダムをやってるロッシー小川であると同時にいまだに趣味がプロレスだから。いまでもマスクを集めたりしてるんですよ」(小川)

玉袋 映画のタイトルどおり『がむしゃら』だもんな。あれはなかなかのドキュメンタリーだったよ。

椎名　俺もガンツも観に行っちゃったよね。

玉袋　俺なんかラジオでしゃべっちゃったくらいだもん（笑）。当時担当していたパートナーの子が「最近、プロレス観るようになった」とか言ってたから、「その前にとにかく『がむしゃら』を観ろ！　プロレスの上っ面じゃねえ部分がここに全部入ってっから！」って。あれはホラーだぜ（笑）。

ガンツ　悪斗も凄い人生ですよね。あの映画に描かれた人生のあと、世志琥戦があって。

小川　それで世志琥との一件があったあとに思ったのは、悪斗がやりたいって言うなら気が済むまでやらせるしかないって。自分から彼女を切ることはできないので。

玉袋　すげえ世界だよな。そりゃお父さんの気持ちになるのもわかるけど、こんなハラハラするお父さんは嫌だぜ、俺（笑）。

小川　でもそれも慣れちゃいましたね。だから最近はハラハラすることはないですね。

ガンツ　そういう、ある意味でスキャンダラスな事件があったのに、スターダムはそれを乗り越えてクリーンなイメージで大きくなっていきましたよね。いまや、そこから巣立った選手がどんどんWWEで活躍するという。

小川　俺はなんかそういうめぐり合わせがあるんですよね。スター選手になる人たちとのめぐり合わせが。

ガンツ　紫雷イオとカイリ・セインがいて、ASUKAも最初は小川さんのところがスタートですよね。
小川　いまだと林下詩美とか、話題性のある子が入ってきたりとか。
ガンツ　ビッグダディの娘ですもんね。
玉袋　俺、沖縄でビッグダディに会ったんだよ。ジンギスカン屋で。そのとき「ようやくウチの子からプロレスラーが生まれたんだよ。もううれしくてしょうがないんだ」って言ってたよ。
椎名　何人も子どもを作って、ようやくプロレスラーが生まれたって、豪快な価値観だね（笑）。
小川　俺はあのビッグダディの番組が好きだったんですよ。だからその娘が来たときにうれしかったんですよ。昔から「この子、入らないかな」って思ってたんで（笑）。
玉袋　番組を観ながらもスカウトの触手が動いてたっていう（笑）。
小川　だから「えっ⁉　ホントに来たのか？」みたいな。
玉袋　引きが強えな～！
ガンツ　またスター選手が引退、離脱しても、新しい若い選手をどんどん売り出していくっていうのは、ある意味で全女イズムからつながってますよね。
小川　つながってますね。
玉袋　スターダムも形を変えた全女ってことだな。
ガンツ　そして4月にはニューヨーク進出ですからね。
小川　シャレでね。シャレでやるつもりが切符が意外と売れちゃってて（笑）。
玉袋　シャレでニューヨーク進出しちゃうっていう。その無鉄砲さも全女イズムだな（笑）。

ロッシー小川

ガンツ　でも、これからますます注目されるんじゃないですか。「WWEでスターになった選手たちがどこから来たのか?」っていったら、スターダムなわけですから。明日のスーパースターがそこにいるっていう。

小川　そうなりますよね。だから俺もそっちの関係者とも会ってますよ。

玉袋　じゃあ、本格的な海外進出もあるんだな。俺らが好きだった頃の全女はさ、もう世界に輸出すべきものだったわけじゃん。それをずっと言ってたんだけどさ、いまそれが現実化してるっていうことでもあるよね。

小川　それをやっていくのに残された時間は多くないなって思ってるんですよ。いま62歳になるので、あと何年できるんですかっていう。40歳くらいだったら、まだ時間があるって思えるんですけど。

玉袋　でも40歳じゃこの仕事はできねえんだよ。

たぶんそのレベルまで上がってないんだよ。

小川 そうですね。この歳だから許されること、通じることがけっこうあると思うんで。

ガンツ そして女子プロレスは可能性があるジャンルですからね。

玉袋 そうなんだよな。

ガンツ 絶対にこれから凄い流れになりますよ。だって今回のレッスルマニアのメインイベントが女子の試合ですから。

玉袋 凄い時代になったもんだな。

小川 だからスターダムが一番ビジネスチャンスがあると思いますよ。

玉袋 小川さん、一口いくらで乗っかればいいんですかね？（笑）。

椎名 株式投資を（笑）。

玉袋 いつ上場するんですかってな。そりゃインサイダーだよ（笑）。

椎名 でもホントに上場するなら教えてください（笑）。

ガンツ すぐ乗っかります（笑）。

小川 でもここまでプロレスと関わったんだから、おもしろく、楽しく生きていきたいですよね。

玉袋 小川さんの人生がおもしれえよ。新日本も一時ドーンと落ちたのが、いまはV字回復って言われてるけど、それは企業がバックに付いたから実現できたことじゃん。小川さんの場合、個人だもん。ホームレス状態からここまでビッグカムバックしてるっつーのが、すげえよ！

小川 まだまだ、これからやりたいことがたくさんあるんですけどね。ただホントに人生は短い。

俺の中では、できてあと10年か15年かなと思ってますけど、そこまでできたら幸せですね（笑）。

椎名　やりたいと思えることが幸せですよ。世の中、仕事を早くやめたくてしょうがない人ばっかなんですから。

玉袋　この人をここまで狂わせたというか、こういうふうにした国際プロレスの千葉大会を俺は許せないね。あれさえなければ（笑）。でも、あれがあったからいまがあるわけで。

小川　そうですね。自分はスターダムをやってるロッシー小川であると同時に、いまだに趣味がプロレスだから。趣味だから、いまでもマスクを集めたりしてるんですよ（笑）。

玉袋　小川さんも俺たちも、一生プロレスから逃れられないよ（笑）。

あとがき

ガンツ　さて、『玉袋筋太郎の全女極悪列伝』いかがでしたでしょうか！
玉袋　いや〜、昭和の全女レスラーたちの生き様に痺れっぱなしだよ！
ガンツ　今回は昭和55年デビューのクラッシュ・ギャルズから、昭和最後の年である63年組の井上京子選手まで、まさに昭和の全女レスラーにあの時代を語ってもらいましたからね。
椎名　それぞれのインタビューを読み返して、あらためて全女の魅力を再確認しましたよ。プロレスとしてもちろん最高なんだけど、全女自体がきわめて特殊な集団で、ほかのどのジャンルにもない魅力があるなって。いろいろ狂ってる（笑）。
玉袋　そこに惹きつけられたんだよな。だからこの本は各レスラーの青春が語られてるんだけど、それを観ていた俺たちの青春でもあるんだよ。だからこの本の最高の表紙イラストを見るだけで涙が出てくるっていうかね。
椎名　このダンプの顔で思い出したけど、『桃鉄（桃太郎電鉄）』のキングボンビーって、絶対にダンプ松本をモデルにしてると思わない？（笑）。
ガンツ　方向性はだいぶ一緒ですね（笑）。
椎名　俺は『極悪女王』でゆりやん（レトリィバァ）が悪の覚醒をして、〝ダンプ松本〟になるシーンを見て、『桃鉄』でキングボンビーに取り憑かれた時の恐怖を思い出したよ。「ゲーッ！　もう絶対に上がれねえ！」みたいな。
ガンツ　キングボンビーに取り憑かれたら人生ズタズタですもんね（笑）。
椎名　「ポイするのねん」とか言って、持ち金バンバン捨ててさ。「わけわかんねえよ、おまえ！　ふざけんな！」って画面に向かって泣き叫んだよ！（笑）。
玉袋　たしかにキングボンビーに何回破産させられたかわかんねえな。でも、全女の場合はキングボンビーのモデルかもしれないダンプ松本がいなくなってから倒産してるんだからな。松永兄弟のほうがデタラメなんだよ（笑）。
ガンツ　全女の場合は、ダンプ、クラッシュが引退してどん底に落ちてから、ブル様やその下の世代の奮闘で90年代にもう一度女子プロレスブームを起こしたにも関わらず、全女はプロレス以外の乱脈経営で自滅してしまったわけですからね。
玉袋　儚かったよな。だからこの本に載っているブルちゃん以降の人たちの物語っていうのは、いわば『極悪女王』以降の物語。〝続編〟が語られてるってことなんだよ。
ガンツ　『極悪女王』の続編として、ブル中野を主役にした『獄門女王』観たいですね～！
玉袋　絶対に観てえよ！　ブル様とアジャ様の抗争なんて、女子プロレス史上最も過激な闘いなんだから。
椎名　『ゴジラvsコング』的でもありますからね（笑）。
玉袋　だけどよ、今回の『極悪女王』は、剛力（彩芽）ちゃん、唐田（えりか）ちゃん、ゆりやんもみんな最高の芝居をしてくれたけど、『獄門女王』のブル中野役は誰ができんのかって話なんだよ。ブル中野物語のハイライトは当然、金網最上段からのギロチンドロップになるわけだけど、あれができる女優はいないよ！

椎名　なるほど。そりゃそうですよね。

玉袋　そこをCGにしちゃうのもどうかなって思うしさ。そんなドラマ化不可能な案件かもしれねえけど、ダンプ&クラッシュの時代以降も女子プロレスはすげえレスラーがたくさんいて、すげえ時代があったんだってことをこれからも酒を飲みながら語っていきたいな。

ガンツ　実際、この座談会も居酒屋で収録してますからね（笑）。

玉袋　というわけで、素晴らしいプロレスを見せてくれた全女のレスラーたちにあらためて乾杯だ！

玉袋筋太郎の
全女極悪列伝

2024年11月6日　第一刷発行

著者　玉袋筋太郎、堀江ガンツ、椎名基樹

発行人　森下幹人

発行所　株式会社白夜書房
〒171-0033 東京都豊島区高田3-10-12
03-5292-7751（営業部） 03-6311-7225（編集部）

印刷・製本　TOPPANクロレ株式会社

編集人　森田秀一、熊谷公太

［著者プロフィール］

玉袋筋太郎
（たまぶくろ・すじたろう）
1967年、東京都生まれ、お笑い芸人、浅草キッドの片割れ。

堀江ガンツ
（ほりえ・がんつ）
1973年、栃木県生まれ、プロレス・格闘技ライター。

椎名基樹
（しいな・もとき）
1968年、静岡県生まれ、構成作家。

［初出一覧］

長与千種 ――――――――――― 『KAMINOGE』Vol.43
ライオネス飛鳥 ――――――――― 『KAMINOGE』Vol.141
ブル中野 ――――――――――― 『KAMINOGE』Vol.57
立野記代 ――――――――――― 『KAMINOGE』Vol.101
アジャコング ―――――――――― 『KAMINOGE』Vol.151
豊田真奈美 ―――――――――― 『KAMINOGE』Vol.99
井上京子 ――――――――――― 『KAMINOGE』Vol.84
阿部四郎 ――――――――――― 『KAMINOGE』Vol.21
志生野温夫 ―――――――――― 『KAMINOGE』Vol.31
ロッシー小川 ―――――――――― 『KAMINOGE』Vol.89